10ª Edição – Março de 2024

Coordenação editorial
Ronaldo A. Sperdutti

Preparação de originais
Eliana Machado Coelho

Revisão
Profª Valquíria Rofrano
Ana Maria Rael Gambarini

Projeto gráfico e arte da capa
Juliana Mollinari

Imagem da capa
123RF

Diagramação
Juliana Mollinari

Assistente editorial
Ana Maria Rael Gambarini

Impressão e acabamento
Plenaprint gráfica

Proibida a reprodução total ou parcial desta obra sem prévia autorização da editora.

© 2007-2024 by Boa Nova Editora.

Av. Porto Ferreira, 1031 | Parque Iracema
CEP 15809-020 | Catanduva-SP
17 3531.4444

www.**lumeneditorial**.com.br
www.**boanova**.net

atendimento@lumeneditorial.com.br
boanova@boanova.net

Dados Internacionais de Catalogação na Publicação (CIP)
(Câmara Brasileira do Livro, SP, Brasil)

Schellida (Espírito)
    O brilho da verdade / romance do Espírito
Schellida ; psicografia de Eliana Machado
Coelho. -- 10. ed. -- Catanduva, SP : Lúmen
Editorial, 2023.

    ISBN 978-65-5792-090-9

    1. Romance espírita I. Coelho, Eliana Machado.
II. Título.

23-187650   CDD-133.9

Índices para catálogo sistemático:

1. Romance espírita : Espiritismo   133.9

Aline Graziele Benitez - Bibliotecária - CRB-1/3129

Impresso no Brasil – Printed in Brazil
10-03-24-3.000-43.880

Psicografia de
Eliana Machado Coelho
Romance do espírito **Schellida**

O BRILHO
DA VERDADE

LÚMEN
EDITORIAL

SUMÁRIO

Aos Leitores...7

Fotos com Chico Xavier 12

Apresentação 15

Prefácio..17

1 - Após mais de 50 anos no umbral...............................19

2 - O despertar de Honório...25

3 - Oportunidade de crescimento....................................36

4 - Hipocrisia usando o nome de Deus.............................46

5 - Camila escolhe conforto e comodidade.......................58

6 - Diante da verdadeira vida...70

7 - Camila retorna à crosta 86

8 - A desonestidade de Honório através da religião............98

9 - Orientações de André Luiz......................................108

10 - A dedicação de Túlio 123

11 - Lar, oficina espiritual..136

12 - A avareza dificulta o desencarne 150

13 - Dr. Júlio e seu grande ensinamento........................169

14 - Legião de justiceiros 181

15 - O sofrimento dos abortados sob a visão espiritual.....196

16 - Educação social...212

17 - Suicídio e obsessão, aborto: remorso, perdão e reconciliação....229

18 - O reencarne de Túlio..246

19 - Honório, herdeiro do ataque das sombras 262

20 - Lições que a vida oferece 275

Aos Leitores

Amigos leitores,

Eu não poderia lhes apresentar esta obra literária sem algumas respeitáveis e responsáveis explicações.

Após o término das psicografias do primeiro livro *Despertar para a Vida*, iniciei um novo trabalho mediúnico com a querida mentora Schellida. Além disso, durante outras tarefas de psicografias no Centro Espírita, passei a receber mensagens com uma letra totalmente diferente da mentora Schellida e de outros espíritos já conhecidos em meus trabalhos mediúnicos. Só que essa letra desconhecida assinava as comunicações como "Um espírito amigo", porém, algum tempo depois, assinou André Luiz.

Frente às mensagens assinadas com o nome do ilustre Espírito André Luiz, que chegavam quase constantemente, confesso que a incredulidade invadiu meus pensamentos: "Seria um Espírito brincalhão? Uma experiência ou prova para testar minha vaidade e meu caráter?". Eu não sabia responder.

Foi então que, mais uma vez, fez-se presente o conforto doce das palavras meigas da mentora-amiga Schellida, orientando-me: "Diante da dúvida e da insegurança, tenha responsabilidade, resignação e fé. O Pai Celeste sempre manifesta Sua presença e verdade quando menos espera- mos e nas ocasiões mais singelas. Aguarde".

Orei por uma solução e prossegui na tarefa de psicografia, sem alardes.

Eu não poderia expor aquelas mensagens, mesmo sendo de alto cunho moral, sem antes ter a certeza da autoria espiritual.

Para minha maior surpresa e preocupação no decorrer das psicografias deste livro surgiram a participação e os ensi- namentos sublimes do querido Espírito André Luiz. Apesar de ser um trabalho realizado com minha mentora Schellida, ela não se manifestou deixando-me escolher, através do li- vre-arbítrio, o caminho da vaidade ou da responsabilidade. Minha cautela e consideração aos trabalhos prevaleceram e, diante disso, reservei as psicografias do livro e das mensa- gens. Era o mês de setembro de 1997.

Somente ao meu marido André e alguns poucos amigos, confiei mostrar aqueles trabalhos mediúnicos. A letra da querida Schellida é completamente diferente da outra cuja autoria dizia ser de André Luiz. Os amigos que leram as co- municações disseram ter certeza de se tratar do querido ins- trutor e Espírito André Luiz devido ao seu estilo, riqueza em detalhes, explicações amplas, ensinamentos magistrais que elucidam sem ferir nossas fraquezas e fizeram muitos outros apontamentos que somaram um peso ainda maior às minhas dúvidas.

Sem querer desprezar a atenção e o incentivo recebidos deles devo admitir que eu precisava de uma prova mais contundente. Lembrando sempre da orientação da mentora Schellida eu aguardava com resignação e fé esperando a manifestação da verdade em uma ocasião singela. Por isso guardei as mensagens e as psicografias desta obra, "arquivando" na memória tudo aquilo. Em seguida o sublime espírito Schellida e eu iniciamos a psicografia do terceiro livro sem que a nobre mentora criticasse minha decisão.

Em 09 de março de 1998, um amigo e sua esposa convidaram a mim e meu marido para irmos a Uberaba, Minas Gerais, para tirarmos a dúvida com o querido médium Chico Xavier sobre as tão polêmicas mensagens e o livro psicografado.

No sábado, 14 de março de 1998, às 13 horas, chegamos ao Grupo Espírita da Prece, em Uberaba – Minas Gerais. A reunião estava prevista para as 20 horas.

Esperei.

Na Casa da Prece, os amigos que auxiliavam o querido Chico e o Culto do Evangelho solicitavam a todos que se limitassem apenas aos cumprimentos no momento de irem embora.

Mesmo assim perguntei a uma moça que ajudava na organização se eu poderia fazer uma pergunta. Ela disse que não. Eu obedeci enquanto segurava as mensagens, o calhamaço de folhas psicografadas deste livro, inclusive o prefácio que recebi inesperadamente dias antes também assinado como André Luiz.

Sem que esperássemos, o nobre médium Chico Xavier virou-se para sua secretária e perguntou, apontando para mim:

— "O que ela precisa?"

Trêmula de emoção, aproximei-me e sem querer coloquei os papéis sobre a mesa e tentei falar, mas a voz não saía.

O querido médium pôs a mão direita sobre as psicografias, parou por alguns segundos, deixou-se relaxar na cadeira e fez uma expressão bem alegre. Olhando-me, disse em seguida:

— Você pensou que fosse um espírito brincalhão, mas não! É ele mesmo!

Ainda incrédula, insisti perguntando: "O senhor tem certeza? Tenho medo de ser enganada...".

O grandioso médium riu e sorriu lindamente afirmando:

— Mas é claro que é ele! — Entre outras coisas, o querido irmão Chico orientou finalizando: — Nós é que temos de ser dignos de trabalhos nobres. Deus te abençoe! Um bom trabalho para você!

Não contive as lágrimas. Recebi do querido Chico um doce beijo amoroso do mais alto valor moral, beijei-o com todo o carinho. Por me aproximar daquele ser tão iluminado, pela lição e bênção recebidas saí chorando de emoção.

Meu marido filmou e registrou tudo. Os amigos que nos acompanhavam testemunharam.

Já passava da 0h30 do dia 15 de março de 1998, quando nos retiramos do Grupo Espírita da Prece.

Tudo pareceu acontecer rápido demais. Porém foi maravilhoso e singelo de incalculável valor moral, sentimental e eterno na memória.

Receber a orientação e a bênção sublime do querido médium foi um momento ímpar em minha vida. Não é possível descrever.

Retornamos a São Paulo e eu só podia agradecer a Deus por aquela oportunidade e lembrar a orientação de Schellida: "Diante da dúvida e da insegurança, tenha resignação e fé. O Pai Celeste sempre manifesta Sua presença e verdade quando

menos esperamos e nas ocasiões mais singelas. Aguarde".
Como foi importante eu ter analisado e aceitado o sábio conselho da querida mentora. Foi então que tive maior consciência da responsabilidade e do dever a cumprir.

Dias depois, em reunião mediúnica realizada no Centro Espírita, na qual se encontravam vários médiuns e entre eles alguns clarividentes, comecei a receber uma psicografia.

Mais uma vez, além do prefácio deste livro, o ilustre Espírito e Instrutor André Luiz se empenhou em uma apresentação da querida Schellida, agraciando-nos com uma maravilhosa mensagem ao recepcioná-la.

Após a leitura da mensagem, o doce e amoroso Espírito Schellida se manifestou através de minha psicofonia.

A emoção foi geral. Houve lágrimas dos médiuns presentes que a admiraram pela luzente paz. Fizeram-lhe perguntas e testemunharam a psicografia do Espírito André Luiz.

Isso novamente me alertou sobre a responsabilidade para com os trabalhos e os deveres a cumprir com humildade, respeito e muito amor.

A mensagem recebida na noite de 01 de maio de 1998, no Centro Espírita, através da qual a querida Schellida foi apresentada, deixo-lhes aqui juntamente com o prefácio do espírito André Luiz para este livro.

Fico com a consciência tranquila pelo fato de as psicografias do tão ilustre espírito André Luiz terem sido confirmadas pelo admirável e sublime médium Francisco Cândido Xavier, o nosso querido Chico.

Muita paz a todos e que Deus os abençoe.

Com carinho,
Eliana Machado Coelho.

FOTOS COM CHICO XAVIER

Apresentação

Diante da tarefa de apresentação, confesso, calei-me pressuroso, maravilhado.

Estupefato com tal emoção, vigiei-me. Não queria que a vaidade tocasse meu coração, mesmo assim, cauteloso, admito estar imensamente feliz.

Sejamos dignos de trabalhos nobres.

Ao darmos boas-vindas, podemos transmitir, de todo nosso coração, os mais belos sentimentos e os mais nobres pensamentos.

Devotemo-nos. Abneguemos nossas mentes para que o nosso coração aja, acima de tudo, com imensurável sabedoria.

Todas as lições de caridade e humildade devem ser recebidas e expandidas, através de nós, com amor e caridade para sentirmo-nos tranquilos e resignados.

"Amai-vos e Instrui-vos".

Atentemos aos ensinamentos valiosos e luzentes que nos enviaram.

Dignemo-nos de assistir e participar.

Aqui estamos, prontos para executar a vontade do Pai Celeste e, cobertos que somos por Suas Bênçãos Santificantes, deixemo-nos abraçar por jubilosa e sublime Luz para prosseguirmos na jornada de servir com amor, bondade e responsabilidade os ensinamentos Divinos.

Enorme prazer e digníssima felicidade envolvem-me.

Desejo, de coração, repartir com todos a alegria que me invadiu nesse instante tão edificante e nobre.

Agradeço o grande carinho dispensado.

Recebamos nossa irmã Schellida com imensa ternura e todo respeito que lhe é meritório.

Que as Luzes Divinas abracem a nós todos.

André Luiz.

Prefácio

Ensinar, através dos romances literários, verdadeiras obras espíritas, é uma tarefa árdua que exige do encarnado e dos desencarnados imensurável compromisso com a verdade.

Aventuro-me a considerar que encarnados e desencarnados gritam por incessante socorro espiritual e, como sabemos, a toda prece é dada imensa consideração e estima, advindo, para nosso auxílio, a oferta de amigos do Plano Superior, de trabalhos jubilosos, dispondo estes de ensinamentos e experiências inúmeras.

Em tais literários, fico contente em relatar-lhes, pode ser encontrado verdadeiro alívio ao coração e imensurável aproveitamento a serem refletidos pela mente.

Os que buscarem essas obras terão, sem dúvida, inúmeros interesses em comum e, sabendo aproveitar, revigorar-se-ão com elas, pois estarão envolvidos com imensos ensinos edificantes.

Todavia, preciso acrescentar que o esforço para o aprendizado é sempre individual, além de ser imprescindível toda dedicação possível, muita paciência, pureza dos pensamentos e a boa-vontade que sempre devem estar presente.

Todo trabalho nobre e edificante recebe amparo e apoio sério.

Schellida, parabéns por refazer o aprendizado no caminho de Deus, nas Verdades Eternas e por amor incondicional aos nossos queridos irmãos.

Enlacemo-nos todos em suas grandes obras de ensino, amor e verdades que procuram expor, com carinho, as alegrias supremas na união com o Eterno Divino.

Seu amigo,

André Luiz.
São Paulo, 10 de março de 1998.

1

APÓS MAIS DE 50 ANOS NO UMBRAL

Por não atentar, na situação de encarnada, aos mais sublimes e íntimos chamados direcionados aos valores benéficos, nobres e educativos à evolução do espírito humano que recebia, Samara passou muito tempo sofrendo na ignorância quando se deu seu desencarne súbito. Isso a levou a cumprir penas rígidas e dolorosas experiências pelo tão horripilante e indescritível Umbral.

Naquela encarnação, não havia traços ou planos para que Samara enlaçasse amizade ou afeição a ambientes inferiores, porém não tentou reagir contra os incitamentos, as propostas e as sugestões ocasionais de pessoas que cultivavam uma moral de pouco valor, deixando-se levar de forma incoerente a atos inconsequentes.

Devido aos pensamentos inconfessáveis e a compatibilidade momentânea com os prazeres carnais, ela atraiu para si a afeição de uma criatura muito inferior, possuidora de uma monstruosidade indescritível ao caráter humano.

Esse infeliz e desgraçado ser desencarnou logo depois dela. Acostumado com as horríveis vinganças e a liderança nas práticas das perversidades coletivas, ele familiarizou-se rapidamente com outras criaturas espirituais de semelhante caráter ao chegar ao Umbral, horrorizando e acompanhando o espírito Samara por mais de meio século após o desencarne.

Por muito tempo, o espírito Samara vagou e sofreu penas horrorosas em lugares descomunais. Além do desmesurado tratamento do qual padecia, ela experimentava sofrer moralmente pelas organizações que se fazia a sua volta.

Tudo ali era repulsivo, monstruoso, de uma qualidade espiritual terrivelmente inferior, a qual provocava aos inúmeros seres habitantes do Umbral uma aparência que não convém descrever devido à soma de matéria mental que poderá trazer tal ideia de seres tão horrendos.

Cabendo salientar que cultivamos à nossa volta a energia de nossos próprios pensamentos. Por essa razão, o que imaginarmos ou tivermos por ideia, atrairemos à nossa volta e para a nossa companhia.

Sendo essa atração, que é feita através de nossos próprios pensamentos, uma ameaça ao nosso equilíbrio mental, moral e espiritual, trazendo-nos imagens, ideias e sentimentos de ordem inferior, o que seria imensamente desnecessário a nós como espírito.

Depois de muito vagar sem rumo, objetivo ou propósito, Samara passou a refletir sobre tudo o que havia feito quando encarnada, sobre as desnecessárias indecorosidades vividas e o seu desrespeito às leis Divinas da Sábia Natureza.

Por um relance ela se observou, sua imagem física não era mais a mesma. Aliás, ela nem mesmo se reconhecia. Estava completamente desfigurada, cadavérica, feia e malcheirosa.

Samara possuía vaga noção cristã que ganhou conhecimento no catolicismo arcaico, pois o latim, pronunciado durante as missas que frequentava, dificultou, e muito, seus conhecimentos, entendimentos morais e religiosos sobre a vida adequada que qualquer pessoa tem de procurar manter.

Desde o seu desencarne, a partir do momento que começou a sofrer, padecendo como escrava, ela sempre rezou frases prontas pedindo para sair daquela lamentável situação, mas acreditou que nunca fora ouvida. Achou que estava no inferno. Único lugar onde poderia padecer tanto.

Com o passar dos anos, algo parecia estar diferente dentro dela.

O espírito Samara sempre procurou tentar, por si só, livrar-se de todo aquele horror sofrido no Umbral. Lamentou as dores e angústias que experimentava viver. Sentia-se desmilinguir, pois acreditava estar só em sua luta.

Certa vez, lembrou-se das palavras de Jesus: "Batei e abrir-se-vos á" e recordou também de sua avó que, de modo simples, sempre dizia: "Jesus ama a todos, em qualquer situação. É só a gente acreditar, pedir e saber esperar".

O espírito Samara compreendeu que todo aquele sofrimento era por sua culpa, por culpa de seu descaso ao bom comportamento moral e espiritual. Quando encarnada, desafeiçoou-se de tudo de bom que a vida lhe ofereceu para a compreensão às leis da honestidade, do pudor e dos bons costumes. Usando seu livre-arbítrio se dispôs a outros tipos de aventuras, que julgava serem mais divertidas, atraindo-se espiritualmente àquela situação.

Não mais rezou palavras decoradas. Passou a sentir realmente vontade de mudar sua condição, de evoluir, de sair daquela situação. Ela desejou ter agido melhor quando encarnada, arrependendo-se de todos seus feitos indignos e pensou:

— "Se há um Deus, Ele sabe realmente o que eu sinto. Deus sabe que estou arrependida e que desejo mudar. Desejaria ter agido diferente, entretanto, pobre de mim, só agora pude perceber isso. Senhor, ouça minhas preces. Perdoe meus pecados. Acolha-me em Seu reino. Dá-me orientação. Preciso de Sua paz, Senhor. Preciso de Sua proteção Divina".

Nem um segundo se fez e o espírito Samara acreditou ter visto uma luz brilhante e forte. Depois disso, de nada se lembra, pois sentiu grande e irresistível sonolência que a dominou completamente, anestesiando-lhe os sentidos.

Acolhida a um Posto de Socorro, tratada com muito carinho e atenção, ela ficou em repouso por algum tempo, pois sua aparência espiritual era cadavérica e suas necessidades inúmeras.

Tempos depois, já se levantava do leito e andava pela enfermaria. Dias passaram e ela se dispôs a caminhar pelos corredores e saguões.

Mesmo com permissão, temia passear pelos jardins. Somente muito tempo depois ganhou confiança, através dos incentivos que recebia, para caminhar pelos belos canteiros cobertos por flores magníficas. Tinha medo de sair daquele edifício e não retornar mais, voltando à miserável situação e condição anterior. Sentia receio de que aqueles seres inferiores pudessem aparecer ali e levá-la novamente, o que seria impossível de acontecer naquele lugar.

O tempo foi passando e Samara começou a perceber que sua aparência física mudara sensivelmente para melhor. Ela já não tinha mais aquele aspecto cadavérico e sujo. Suas vestes apresentavam-se limpas e alimentava-se bem.

Seus pensamentos, agora, eram voltados para coisas construtivas e enobrecedoras do espírito humano, o que melhorava incrivelmente seu aspecto.

Ganhou considerável conhecimento sobre o plano espiritual e agradecia imensamente a Deus por estar em tão nobre e elevada situação, por receber tanta orientação e carinho.

Certo dia, o espírito Inácio, administrador daquele Posto, pediu a presença de Samara em sua sala.

— Bom dia, Samara! — expressou-se Inácio animadamente. — Como tens passado?

— Bem. Muito bem, obrigada — respondeu encabulada. Mesmo assim continuou: — Em primeiro lugar, eu gostaria de aproveitar esta nobre oportunidade para agradecer-vos pela hospitalidade e pelo excelente tratamento que venho recebendo neste ilustre e elevado local que é de vossa distinta administração.

"O caro senhor não deve imaginar como vinha sofrendo desde que morri. Demorou eu entender minha morte. Quando me vi desorientada, procurei no início por meus familiares que ignoravam minha presença e maldiziam-me. Mesmo diante de meu fronteiriço e meus revides às ofensas recebidas, eles não podiam me ouvir e nem me percebiam. Eu não quis crer em minha morte. Não aceitava aquela situação. Muito sofri. Depois fui levada a vagar por..."

Samara passou a relatar toda a sua dolorosa odisseia, como se Inácio a desconhecesse. Paciente ouvinte, ele deixou-a contar tudo, enquanto sentia seu desabafo. Acreditou que aquilo lhe seria necessário.

Após muito falar, diante da atenção recebida de Inácio, Samara suspirou aliviada e por fim argumentou:

— É por tudo isso que vos sou imensamente grata e coloco-me a vossa inteira disposição, tendo em vista o que fizera por mim. Já estou em condições de trabalhar e ajudar-vos com outros "doentes" que estão aqui em condições semelhantes as minhas quando cheguei. Além disso...

Pela primeira vez Inácio, com delicadeza, interrompeu-a:

— Cara Samara — disse ele —, sinto-me imensamente feliz por compartilhar, juntamente contigo e com os demais irmãos, de tão nobre e revigoroso abrigo que é este Posto de Socorro. No entanto, cabe-me orientar-te de que não é a mim a quem deves agradecer e muito menos colocar-te, sinceramente, a tão nobre e honrosa disposição. Deves sim voltar teus agradecimentos e tua disponibilidade ao querido e amado Mestre Jesus, pois foi Ele quem nos ensinou o caminho de amor e paz, de moral e dignidade, de fraternidade, paciência e perdão que nos leva ao Pai Eterno e de infinita bondade a quem chamamos de Deus. — Percebendo o embaraço de Samara, Inácio prosseguiu tentando abrandar-lhe a timidez: — Sei que são sinceros teus devotamentos, porém quero lembrar-te de que sou um humilde servidor deste Posto como qualquer um outro que há aqui. Não deves a mim nenhum agradecimento, ao contrário, eu te devo agradecer em nome de todos os trabalhadores daqui a oportunidade que nos deste de te servir e orientar. Esperamos que nossas humildes e limitadas condições tenham te proporcionado grande e proveitoso bem-estar e crescimento espiritual.

Vendo-a mais à vontade, o gentil espírito Inácio esboçou leve sorriso e decidiu definir o seu chamado:

— Bem, cara Samara, eu a chamei justamente por termos percebido o teu progresso em crescente escala animadora, desde que chegaste aqui. Particularmente, venho observando teu desenvolvimento, tua sinceridade e vontade de servir, mas para isso, a cara companheira necessita de muito mais conhecimento que receberá através dos meios e métodos de instruções que não dispomos, pois, como sabes, este é um Posto de Socorro e em uma colônia terá condições e oportunidades para melhor aprimorar teus conhecimentos na esfera evolutiva da espiritualidade.

Explicando-lhe os motivos de sua ida para uma colônia maior, Inácio sentiu-se satisfeito como quem se depara com o dever cumprido.

Samara, por sua vez, sentia-se lisonjeada e orgulhosa de si mesma, apesar de ainda não se achar segura o suficiente para enfrentar lugares e situações novas e diferentes.

2

O DESPERTAR DE HONÓRIO

Tendo, no Posto em que administrava, outros dois espíritos que julgava estarem preparados, assim como o espírito Samara, para receberem mais esclarecimentos e desenvolvimento espiritual, Inácio encaminhou e acompanhou Samara, Maria e Helena a uma colônia próxima e mais apropriada, aproveitando a visita para rever velhos amigos.

Ao chegarem lá, foram levadas aos aposentos reservados a elas. As três encontravam-se admiradas com tudo o que viam.

Assim que se acomodaram e conheceram o lugar onde lhes seria proporcionado grande parte de seus estudos,

Inácio solicitou a presença de Samara no salão principal, avisando-a de que alguém gostaria muito de revê-la e cumprimentá-la.

Rapidamente, caminhou até o salão. No trajeto, sentia um misto de emoções que se alternavam entre a ansiedade e a curiosidade.

Ao deparar-se com a figura conhecida de Nicolau, estremeceu encabulada.

O espírito Nicolau centralizou seu olhar fraterno em Samara, aproximou-se encantado de alegria pelo prazer de vê-la agora ali, na mesma colônia em que ele habitava e trabalhava como assistente do coordenador do departamento de orientação.

Aproximando-se um pouco mais, segurou ambas as mãos de Samara, que abaixou o olhar envergonhada, e, com imensa alegria, cumprimentou-a:

— Querida amiga Samara! Como estou feliz por tê-la aqui!

Ela, por sua vez, não conseguiu encará-lo.

Quando encarnada, apaixonou-se imensamente por Nicolau que, na época, já era casado com sua prima Lavínea.

Por todos os meios, tentava persuadi-lo para que vivessem juntos uma imensa paixão, não medindo as consequências de seus atos.

Tentava separá-lo de sua prima, intrigando Lavínea contra Nicolau, querendo provocar imensa discórdia entre ambos.

A experiência vivida entre Nicolau e Lavínea foi imensamente difícil, tendo em vista as tramas complexas armadas pela pobre Samara. Porém, o casal teve mais fé e assim adquiriu muita força para superar o desafio.

Durante os dez anos de matrimônio que os uniram, Samara os incomodou, dando-lhes paz somente quando Nicolau desencarnou num acidente em que a charrete tombou e ele quebrou o pescoço deixando a viúva com três pequenos órfãos de pai.

Samara, mesmo em boas condições financeiras, não se propôs em ajudar sua prima, muito menos aos filhos de Nicolau, que passaram inúmeras necessidades devido à falta do pai.

Mesmo viúva, empenhou-se ao máximo na educação e na boa formação moral dos pequeninos, guiando-os sempre para o caminho do bem e do amor fraterno.

Desencarnou depois de um mês do casamento de seu caçula quando já possuía dois netos, um de cada filho já casado.

Naquele instante, chegou, ali naquele saguão, o espírito Lavínea que também queria cumprimentar a recém-chegada.

Aproximando-se de Samara, abraçou-a com terno carinho emanando-lhe imensa quantidade de energias fraternas.

Samara retribuiu o afeto, mas não conteve as lágrimas de vergonha e arrependimento.

Lavínea afastou-se do abraço e, colocando firmemente as mãos nos ombros da outra, balançou-a com firmeza dizendo:

— Aqui não há lugar para lágrimas de tristezas. Se estais aqui é porque tu mereces esta condição.

— Eu te fiz tanto mal... — murmurou embargada pelos soluços. — Eu deixei de obedecer às razões morais para dar atenção aos meus instintos imorais. Perturbei a vossa felicidade para destruir vosso matrimônio. Não auxiliei quando em vossa viuvez... quando eu poderia e deveria. Não sei o que dizer-vos.

Nicolau, para atenuar o constrangimento de Samara, completou:

— Cara Samara, se reconsiderastes tudo o que deixastes de fazer, arrependendo-vos dos valores que, infelizmente desprezou, se o remorso e o arrependimento tocou-vos a razão, fazendo-vos refletir e desejar imensamente a mudança e a correção do que vós fizestes, esta é a oportunidade de elevação que tendes! Aqui não há lugar para lamentações e sim para o desejo de evoluir. Eu e minha amada Lavínea estamos aqui para apresentar-vos a nossa fraternidade, o nosso carinho e o nosso desejo em vosso progresso moral e espiritual. Estamos a sua disposição.

Samara abraçou-os emocionada e, diante de tanto conforto, passou a sorrir, ansiosa por aprender e reparar suas faltas.

Empenhou-se ao máximo, preparou-se por décadas e décadas no plano espiritual para as condições que sabia enfrentar na próxima reencarnação.

Com a ajuda de Nicolau e Lavínea, ela superava todos os obstáculos que surgiam, dedicando-se incessantemente aos trabalhos oportunos.

Após anos e anos de preparo, Nicolau e Lavínea partiram da colônia para o reencarne terreno, dispondo-se à dura tarefa de doutrinação no campo do Espiritismo Evangélico.

Lavínea acompanharia Nicolau como sua amada fiel, esposa e amiga terrena, apoiando, incentivando e auxiliando-o na instrução de irmãos encarnados e desencarnados, amparando e esclarecendo a mediunidade dos companheiros que lhes fossem colocados à disposição. Caberia a eles o difícil trabalho de inserir e elucidar, no seio familiar junto aos parentes mais próximos, os preceitos espíritas, não deixando de perder as oportunidades de oferecer-lhes todo o embasamento necessário para o entendimento de tão nobres ensinamentos.

Eles sabiam de antemão que receberiam como filhos duas criaturas maravilhosas, amáveis companheiros competentes que se dedicariam à instrução e à orientação do semelhante, dos quais o casal receberia muito apoio, compreensão e colaboração.

Ao saber dos planos reencarnatórios, o espírito Samara ficou felicíssimo ao saber que teria os espíritos Nicolau e Lavínea como parentes próximos.

Nicolau seria seu tio e, agora já encarnado, recebera o nome de Alfredo. Era irmão de seu futuro pai: Honório.

Lavínea reencarnada recebera o nome de Dora.

Dora e Alfredo já tinham como bênção os dois tão esperados e amados filhos: Dirceu e Júlio.

Alfredo, presidente de um organizado grupo espírita, edificava cada vez mais sua meta com os ensinamentos do Espiritismo Cristão. Por outro lado, Dora, dedicada mãe e companheira, ajudava-o com as noções basicamente espíritas na educação dos tão amados filhos que aproveitavam ao máximo tudo o que lhes era ensinado.

Alfredo não era rico. Tinha de trabalhar muito para manter a família, porém parecia nunca se cansar. Era extremamente dedicado, não medindo esforços ao ensinamento do Evangelho e sua prática. Seu maior obstáculo era passar para seus irmãos Honório, Sílvia e Marta o entendimento e a aceitação das explicações espíritas para os fatos da vida terrena.

A mãe deles, dona Filomena, católica, não interferia na educação religiosa dos filhos, deixando-os à deriva.

Com o tempo, Honório casou-se com uma moça chamada Clara e receberam, como primogênita, Samara, a quem deram o nome de Camila.

Tendo na memória o absoluto esquecimento do passado, Alfredo e Dora tinham, em seus corações, a lembrança intuitiva e por isso muito se afeiçoaram à sobrinha Camila.

Tempos depois, Camila teve duas outras irmãs: Cida e Vera, que eram gêmeas. Anos se passaram e quando Camila já era uma adolescente, ganhou outro irmão, Júnior.

Nessa época, Honório e Clara passavam por inúmeras dificuldades financeiras e a situação parecia estar cada vez mais desesperadora.

Alfredo, sempre prestativo, começou a dividir o que tinha com o irmão Honório.

Seus pais, já velhos e sem possuir muitos bens financeiros, pouco podiam ajudar. As irmãs, Sílvia e Marta, casaram-se e moravam em outra cidade. Quase não tinham notícias delas. Raramente escreviam ou enviavam algum cartão de Natal.

O desespero tomava conta de Honório que, não conseguindo nem mesmo pagar o aluguel, teve de se mudar para a casa de Alfredo, que, sozinho, passou a sustentar as duas famílias.

Dora e Clara se dispuseram a fazer faxina em casa de família para ajudar no orçamento e na manutenção da casa, enquanto Camila e seus primos mais velhos, Dirceu e Júlio, se revezavam entre o horário escolar e os cuidados com os menores.

Alfredo incentivava Honório, que já se deixava abater com a crise. Entretanto, por causa das dificuldades, Honório apresentava-se mais humilde, menos arrogante. Passou a frequentar o Centro Espírita, do qual Alfredo era presidente, junto com toda a família.

Alfredo e Dora passavam horas com os filhos e a sobrinha mais velha, Camila, contando-lhes crônicas e exemplos espíritas, elevando-lhes o espírito e o entendimento com os ensinamentos à luz do Espiritismo.

O divino livro *O Evangelho segundo o Espiritismo* era lido e estudado diariamente no lar de Alfredo, que fazia questão da presença de todos em volta da humilde mesa, a fim de que fossem expostos e estudados os tesouros sagrados nele contidos. Honório participava, porém distante daquelas vibrações harmoniosas que reinavam, pois estava bem desanimado. Saindo à procura de emprego, diariamente ele retornava desconsolado pelas portas que se faziam fechar a sua frente.

Certo dia, quando o sol escaldante do mês de dezembro se fazia brilhar radiante na imensidão azul, depois de horas numa fila imensa de desempregados à porta de uma firma, Honório revoltou-se diante da negativa feita às suas qualificações profissionais.

Aflito e desorientado, passou a caminhar sem rumo.

Depois de andar muito, chegou suado e todo desalinhado à praia de Copacabana. Ele tirou os sapatos e afrouxou a gravata que já se desarrumara toda. Sentou-se na areia quente e ficou ali por bastante tempo pensando em tudo o que acontecia e no que fazer de sua vida.

Seu irmão não tinha a obrigação de sustentá-lo juntamente com a esposa e quatro filhos. Alfredo mal ganhava para o sustento da própria família e ainda tinha de dividir com ele, e os seus, o pouco que havia. Algumas vezes nem ele mesmo entendia como conseguiam comer diariamente nem se fosse uma só refeição.

Mas alguns pensamentos monstruosos passaram a tomar conta dos sentimentos de Honório.

A princípio pensou em suicídio. Em seguida acreditou não ser o suficiente. O melhor a fazer era acabar com a vida dos quatro filhos, que por sua causa estavam nesse mundo, e com a da esposa a qual sofria com aquela situação por culpa dele. Aí sim, depois disso consumado, ele se mataria, pois somente assim não deixaria suas obrigações para alguém.

A caminho da casa de Alfredo, Honório começou a pensar em uma maneira de pôr um fim àquele sofrimento e começou a tecer planos de como executar tal tragédia. Ele andava pela calçada de forma mecânica e instintiva, fazendo imperceptivelmente o trajeto de volta.

Sem perceber, passando ele frente a uma igreja evangélica, chamaram-lhe a atenção as palavras altas vociferadas pelo pastor que iniciava o culto naquele momento. Sem refletir, Honório entrou no templo religioso acomodando-se em uma cadeira bem no fundo da igreja e lá ficou extasiado.

Aos chamados irritadiços do pastor aos que se negavam se entregarem a Deus, Honório despertou assustado, como quem acabasse de acordar.

Em alto e bravo som, o pastor chamou novamente:

— Entregue-te a Deus Pai Todo-Poderoso! Só Ele pode te salvar da maldição!!! Da angústia!!! Da insatisfação desse mundo pecaminoso!!! Se tu sofres, se estás passando por dificuldades, se estás desolado, entrega ao Senhor o teu coração e os teus problemas. Venha aqui na frente e entrega-te!

Honório, com os olhos cheios de lágrimas, não resistiu e caiu em pranto.

O pastor, apesar da distância, percebeu seu desespero. Então, vendo-o inseguro e indeciso, passou a manipular suas palavras dizendo coisas que lhe tocavam nos problemas íntimos, fazendo-o desabafar em desesperado choro compulsivo.

— Irmão!!! — dizia. — Venha aqui e entrega a Deus os teus problemas e as tuas dúvidas! Deixa que o Senhor tome-te em

Teus braços e conduza-te ao conforto do que reservou a ti!!! O sofrimento não pertence ao homem e sim ao demônio!!!

Honório, levado por uma força sobrenatural, caminhou até a frente e, chegando próximo aos degraus onde ele estava, colocou-se de joelhos e pôs-se a chorar ainda mais.

O pastor, dando gritos de glória e aleluia, era acompanhado pela multidão que junto vibrava feliz por ter entre eles mais um irmão que entregava a Deus o seu coração e os seus problemas.

No fim do culto, depois dos cantos e dos agradecimentos, o ministro Freitas procurou ter uma conversa em particular com Honório, pois o percebeu muito alterado e imensamente perturbado.

Honório, recompondo as emoções e mais calmo, relatou suas dificuldades financeiras, profissionais e o transtorno que levava para a casa de seu irmão. Apesar de ele não reclamar, não tinha obrigações de arcar com tantas responsabilidades.

O pastor Freitas ouviu seu desabafo com grande atenção e ficou profundamente chocado quando Honório relatou-lhe a perversidade desumana de seus pensamentos e desejos de exterminar-se, juntamente com a família, para pôr fim a tanto sofrimento.

— Irmão — disse com brandura —, esses pensamentos não são teus! É o demônio que está falando aos teus ouvidos! O demônio é monstruoso e astuto fazendo parecer teus os pensamentos que ele te transmite. Por outro lado, o irmão pode perceber que o anjo do Senhor foi mais forte, trazendo-o à nossa direção e guiando-o a entrar na casa de Deus e ouvir seus ensinamentos.

Honório, por ter desabafado, estava um tanto mais tranquilo, porém pouco conseguia atentar as palavras de Freitas que continuava a orientá-lo:

— O irmão pode ter certeza de que tudo vai melhorar em tua vida a partir de hoje, de agora!!! Há em nossa igreja inúmeros irmãos que, eu sei, vão empenhar-se em ajudar-te! Eu mesmo tomarei providências a esse respeito. Agora, porém, vou acompanhá-lo à casa de teu irmão para que te sintas seguro e chegues a salvo.

Freitas acompanhou Honório até a casa de Alfredo onde todos já estavam preocupados com sua ausência, pois já se fazia noite.

Honório, um tanto envergonhado, apresentou-o a seu irmão e a família.

Educado, Alfredo convidou-o a entrar na humilde residência e ofereceu-lhe um refresco para abafar o calor. No decorrer da conversação, Freitas contou quem ele era e o que havia acontecido. Relatou até mesmo as confissões que Honório lhe fizera sobre os pensamentos monstruosos de matar toda a família e se suicidar.

Alfredo se resguardou de tecer quaisquer comentários para não julgar ou ser precipitado, ficando na expectativa.

Freitas não foi embora enquanto não realizou, dentro daquele lar já tão iluminado, uma nobre e bela oração na qual vibrou muito positivamente para o bem-estar de todos.

Alfredo ficou imensamente satisfeito por seu irmão ter encontrado em hora tão difícil uma criatura que o fizesse mudar de pensamento e sentimento, não importando a religião, mas sim o valor de sua atenção e compreensão dos bons princípios.

O pastor pediu a Honório para ir à igreja bem cedo na manhã seguinte para tratarem de arrumar-lhe um emprego. Convidou também a todos para o próximo culto.

Mais tarde, procurando Alfredo em particular, Dora se preocupou:

— Alfredo, não estou muito simpática à ideia de Honório ligar-se a esse pastor — comentou descontente.

— Não vejo motivo para preocupar-se, minha querida. Esse homem me pareceu ser gente de bem. Não observei nada de errado com seus desejos e devemos admitir que sua prece foi muito rica.

— Não é ao pastor a quem me refiro. Desculpe-me a franqueza, sei que tu muito desejas ajudar teu irmão, porém refiro-me a Honório.

— Não entendi, Dora. Tu poderias ser mais clara?

— Honório não acredita em Deus, muito menos em religião. Já percebeste isso?

— Quem sabe seja esse o caminho que o levará a aprender, entender e aceitar os ensinamentos do nosso Irmão Maior, que é Jesus?

— Mais uma vez peço-te desculpa pela franqueza, Alfredo. Porém duvido e ainda acredito que esse tipo de doutrina religiosa possa complicar, ainda mais, a vida espiritual de Honório e talvez até a de sua família.

— Por quê?

— Não sei dizer, é só um palpite. — Minutos de silêncio e Dora argumentou: — Desculpe-me, meu amor, eu não queria que ficasses preocupado.

Alfredo nada comentou. Entretanto, também sentia algo errado com a religiosidade tão repentina de seu irmão, e em tudo o que Honório pensara assumir em nome de Deus.

3

OPORTUNIDADE DE CRESCIMENTO

Na manhã seguinte bem cedo, conforme combinaram, Honório pontualmente estava na igreja. Com satisfação foi recebido pelo pastor Freitas e um outro irmão da congregação que já o esperava.

— Honório! É com imenso prazer que te temos aqui! — disse o pastor Freitas apertando-lhe a mão e puxando-o para um abraço. — Deixe-me apresentar-te! Este é Alcides, nosso irmão na congregação.

O novo conhecido cumprimentou-o com satisfação.

— O digníssimo pastor Freitas contou-me teus pesares e isso muito me sensibilizou — falou Alcides em tom comovedor. — Porém, eu gostaria de esclarecer que, independente dessa apresentação feita pelo pastor, eu procuro um funcionário responsável. Sou proprietário de um pequeno armazém e necessito de alguém a quem possa depositar minha inteira confiança. Quando o pastor apresentou-me teu perfil, acreditei ter encontrado o funcionário ideal.

— Pois bem, senhor Alcides — disse Honório —, eu me coloco a tua inteira disposição. Tenho aqui toda a minha documentação e trago também as cartas de referência de meus dois últimos empregos.

— As cartas não serão necessárias, entretanto a documentação terá de ser apresentada a meu contador. Apesar do meu empório não ser muito grande, faço questão de ter meus funcionários registrados e com todos os seus direitos garantidos. Quanto ao salário, este ficará em torno de setecentos cruzeiros. Está bom pra ti?

Sem titubear, Honório aceitou emocionado:

— Sim, claro! Sem dúvidas!

— Irmão Alcides — interrompeu o pastor —, o caro irmão me falou sobre a casa que tens para alugar, creio que o irmão esqueceu-se desse detalhe.

— Ah, sim! Como pude!... É que tenho algumas casas de aluguel, e para alguns funcionários com família eu costumo alugá-las e fazer o desconto da locação direto na folha de pagamento, caso seja de teu interesse...

Honório ficou maravilhado. Vieram-lhe à mente as cenas que se repetiam todas as noites havia cerca de oito meses na casa de seu irmão, onde só havia um quarto, sala, cozinha e um banheiro. Portanto, para acomodar a todos, até embaixo da mesa da cozinha haviam de espalhar colchões a fim de poderem dormir.

— Não sei como posso agradecer o senhor! — exclamou Honório com os olhos transbordando lágrimas. — Não sei o que dizer!

— Então não digas nada, homem! Aceite o emprego e a oferta da casa!

— Sem dúvida que aceito! — respondeu Honório. — Nem sei como agradecer!

O pastor Freitas virou-se para Honório e comentou:

— Irmão Honório, agradeça a Deus. Agradeça aos anjos do Senhor que o colocaram no caminho da luz, no caminho do bem e do amor para ser socorrido e não deixou aqueles pensamentos tenebrosos se tornarem realidade. Pois se o anjo do Senhor não aparecesse para sussurrar-lhe aos ouvidos suas preces, o demônio te teria tomado conta da alma.

Honório sorriu de satisfação porque sua vida começou a ter propósito de melhorias.

Embora ele acreditasse que sua entrada em uma igreja evangélica, bem como o emprego que acabara de arrumar e a saída da casa de seu irmão, fora uma mera casualidade, logicamente, não foi.

Apesar de não perceber, muito menos acreditar, Honório era amparado pelo plano espiritual devido às preces e aos pedidos de seu irmão Alfredo, que muito acreditava no auxílio do invisível. Cabe lembrar que nenhuma oração ou pedido deixam de ser observados pelo plano espiritual e amparados na medida do possível.

Honório não dava atenção aos pensamentos mais sublimes que continham uma elevada carga de instrução e apoio espiritual superior.

Entretanto, quando em sua mente começou a vigorar instintos monstruosos inerentes às mais perversas fraquezas humanas, naquela tarde na praia de Copacabana, ele foi guiado a entrar em uma igreja que elevava o nome de Deus como Onipotente, sendo esse o único lugar onde conseguiu paz para seu espírito perturbado.

Os frequentadores daquela igreja evangélica chamavam-se de irmãos por acreditarem em um único Pai. Diante dessa irmandade, e até mesmo por causa dela, os adeptos se auxiliavam material e espiritualmente em nome de Deus.

Honório foi alertado por essa doutrina que os nossos pensamentos são invadidos pela vontade ou pelos desejos traiçoeiros de espíritos inferiores, aos quais eles denominam demônio ou satanás. Essas mesmas criaturas são reconhecidas, no Espiritismo, como nossos irmãos. Espíritos ainda sem evolução, sofredores e infelizes. Tais irmãos sem instrução, e com o coração endurecido pela falta de perdão e amor incondicional, recusam auxílio para a sua elevação, à qual todos os seres vivos têm direito, independente da etapa ou escala espiritual na qual se encontre. No Espiritismo, o comum é a denominação dessas criaturas como obsessores, mas isso em casos em que haja uma perseguição muito ostensiva por parte do desencarnado. No entanto, é bom lembrarmos que também existem os obsessores encarnados que podem se dedicar exclusivamente para tentar prejudicar outro encarnado.

Naquela mesma semana, Honório começou a trabalhar. E na seguinte ele, com toda a sua família, mudou-se para a nova casa.

Em meio a tantas arrumações, Honório não teve tempo ou lembrança de sequer dizer obrigado ao seu irmão Alfredo que o apoiou moral, espiritual e financeiramente por quase um ano em sua casa.

Honório, bem esforçado, não se importava em trabalhar até mais tarde a bem do serviço e sempre que solicitado ajudava, inclusive nos finais de semana.

Entretanto, nos dias de culto na igreja, Alcides deixava os funcionários, seguidores de sua religião, saírem mais cedo. Honório era um dos privilegiados. E querendo demonstrar-se dedicado, chegava a casa e rapidamente se arrumava. Nunca admitia chegarem atrasados, pois era muito grato a Freitas e a Alcides pela oportunidade de serviço e por viver com mais dignidade agora.

Começou a integrar-se com toda a família na disciplina e nas tarefas da igreja. Somente não se satisfazia com o pagamento do dízimo a bem da doutrina religiosa, porém não encontrava um meio de livrar-se de tal colaboração.

Não demorou para que Honório, sua mulher e filhos se batizassem, firmando com isso maiores compromissos com a igreja evangélica. Tudo em sua vida mudou. Não havia riqueza, no entanto, agora, podiam contar com uma boa alimentação e um pouco mais de conforto.

Honório e Clara se afastaram totalmente do resto da família e também não permitiam que os filhos os visitassem sozinhos. Nem mesmo Camila, que já estava uma moça-feita e responsável, não tinha permissão do pai para ir ver os avós e muito menos os tios, Alfredo e Dora, que tanto o ajudaram.

— Não! Definitivamente, não!!! — vociferava Honório. — Não admito que vá a casa deles!

— Mas pai, qual o problema?! — reclamava Camila, filha mais velha de Honório. — O tio Alfredo e a tia Dora não falam mais nada de Espiritismo pra mim. Eles nem tocam no assunto. Eu...

— Eu disse: não!!! Entendeu, Camila?!! Não!!!

— Mas pai...

Interrompendo-a com veemência, colocando-se robustamente frente à filha e levantando o braço com ameaça de agredi-la, Honório berrou:

— Mais uma palavra e tu apanhas!!! Ninguém aqui vai se envolver com quem tem pacto com o demônio!!! Entendeu?!!!

— Acuada diante da ameaça, ela não disse nada. Porém Honório continuou: — Enquanto eu vivi ligado àqueles endemoninhados nunca tive sequer um emprego! Depois que conheci a palavra do Senhor nunca mais nos faltou nada!

A filha sentia algo errado acontecendo com as opiniões e pensamentos de seu pai. Sabia que ele nunca fora religioso. Porém agora se dedicava integralmente àquela doutrina. Mesmo diante de todo empenho e imposição para que seguissem as normas religiosas que ele demonstrava adotar, ela não conseguia acreditar em tanta devoção por parte dele.

Camila sempre gostou e concordou com tudo o que ouvira de seu tio Alfredo sobre o Espiritismo, o Evangelho feito no lar, as conversas sobre assuntos espirituais, as literaturas espíritas... Tudo aquilo lhe trazia imenso conforto e uma profunda paz.

Como é que poderia ser coisa do demônio algo que lhe trazia imenso esclarecimento e tranquilidade?

Algumas das vezes que esse tipo de dúvida surgiu, a jovem procurou conversar com sua mãe para saber sobre seu parecer.

— Filha — dizia Clara —, teu pai trabalha muito para manter a casa e a família em boas condições. Esse emprego foi conseguido somente por intermédio de pessoas que têm uma determinada crença e um único tipo de conduta. Portanto não seria justo nós trairmos teu pai e essa gente que tanto nos ajuda vivendo próximo daqueles que eles consideram pecadores.

— Mãe, não quero contrariar-te, no entanto esqueces que primeiro esses a quem chamas de pecadores são nossos parentes e segundo são pessoas que sempre nos ajudaram nos momentos mais difíceis pelos quais passamos. Não é justo esquecermos tudo o que o tio Alfredo fez por nós! Ele sustentou-nos por muito tempo sem pedir nada, sem nunca reclamar de nada! No entanto eu nem mesmo posso visitá-lo!

— É que teu pai percebeu que tu foste quem sempre mais admirou e se identificou com o tipo de pregação religiosa que teu tio Alfredo e a tia Dora faziam enquanto morávamos com eles. Hoje, temendo que tu te deixes enganar por aquelas conversas sobre Espiritismo e reencarnações, teu pai quer poupá-la, isso é justo.

— Já sou maior de idade e tenho o direito de seguir o que eu quero!

— Não deixe teu pai ouvir-te falando assim!

— Mãe, a senhora é muito submissa.

— Camila! Agora tu foste longe demais! — Clara começava a se zangar devido à insistência da filha. — Não quero que toques mais nesse assunto! Tu farás o que teu pai determinar!

Inconformada, a jovem sempre procurava uma maneira de visitar seus tios às escondidas. Alfredo não concordava com isso. Entretanto não conseguia negar sua imensa satisfação ao ver a sobrinha.

— Camila, não é correto o que tu fazes — dizia sua tia Dora, pacientemente.

— Tia, meu pai é muito rígido comigo! Não suporto ter de ir à igreja por obrigação, não gosto de lá.

— O melhor que tu tens a fazer é conversar com ele e explicar a situação — completou Alfredo.

— Tio, o senhor não entende. Meu pai não quer falar nesse assunto. Aliás, tenho mais oportunidade e liberdade para conversar com o senhor ou com a tia Dora do que com ele ou minha mãe.

— Quantas vezes tu tentaste conversar com Honório e explicar tua insatisfação? — quis saber Alfredo.

— Várias, tio!

— Mesmo?...

— Sim, tio!

— Quer que eu vá procurá-lo para falar-lhe sobre teus desejos, opiniões e...

Antes que Alfredo terminasse sua frase, Camila reagiu impulsiva:

— Não! Por favor, tio!... Deixa como está! Promete-me?!

Sem alternativa, Alfredo decidiu deixar tudo como estava diante da imploração da sobrinha.

Com o tempo, Camila passou a diminuir suas visitas à casa de seu tio. Entretanto, alguns dias da semana, dizia à sua mãe que, após sair do colégio, iria à casa de uma amiga para fazer algum trabalho escolar, mas na verdade ela ia à praia com sua colega ou a outros lugares de diversão como cinema e parques.

Inevitavelmente a jovem começou a namorar às escondidas com um rapaz que a incentivava e apoiava a continuar com tais mentiras e também a cabular as aulas do colégio.

Honório estava envolvido demais com seu trabalho, com as tarefas e compromissos assumidos na igreja e não conseguia atentar para as atitudes das filhas, pois Júnior não lhe dava trabalho. Sua exigência era que todos estivessem prontos no horário dos cultos. Ele não admitia atraso.

Certo dia o pastor Freitas pediu a Alcides, proprietário do empório onde Honório trabalhava, que esse fizesse o imenso favor de liberar por um dia Honório e um outro funcionário de nome Monteiro, o qual também era adepto da doutrina, para que, junto com ele, fossem pesquisar e efetuar as compras de alguns materiais de construção para a reforma de ampliação da igreja. Prontamente Alcides os liberou.

A partir de então Honório passou a ter mais conhecimento da verba arrecadada pela igreja através das doações dos fiéis por intermédio do dízimo ou das doações voluntárias, extras aos pagamentos obrigatórios dos fiéis.

Ele começou a fazer parte da administração e da contabilidade da igreja, passando a ter conhecimento de todo o numerário recebido e de como ou em que era gasto. Tendo em vista a confiança depositada nos irmãos de igreja na compra de qualquer material, nunca foram solicitadas as notas fiscais ou qualquer outro tipo de comprovante de pagamento. Na primeira oportunidade, começou a desviar e apropriar-se de pequenas quantias, quase insignificantes, para uso pessoal.

Não demorou para perceber que Monteiro não era muito fiel àquela doutrina, pois, quando estava perto dele, sentia cheiro de bebida alcoólica que disfarçava com o uso de um perfume forte. Assim como ele, Monteiro frequentava a igreja com o intuito de garantir o emprego. Astuto, Honório o convenceu a trapacear. Juntos eles começaram a conseguir desviar valores bem maiores das arrecadações feitas e sem levantar qualquer suspeita. Agindo assim, um era testemunho do outro quando prestavam contas referentes aos gastos nas compras que realizavam. Por anunciarem um preço bem acima do efetivamente cobrado, passaram a dividir o dinheiro que sobrava, o qual deveria ser devolvido à igreja.

Honório e Monteiro começaram a ter ideias diferentes das pregadas pelo pastor Freitas sobre a humildade, a riqueza através da ganância e do logro. Sem se importarem com as pregações tiraram vantagens de tudo o que a eles era designado.

Em conversa com Honório, Monteiro, tentando justificar suas atitudes, dizia:

— Queres saber? Estou a mais tempo ligado a eles do que pensas. Pelo que vejo, quem me garante que Freitas e outros da igreja já não tiraram o seu quinhão da verba destinada às obras? E quando nenhuma melhoria está sendo realizada, pra onde tu achas que vai essa dinheirama toda?

— É verdade, Monteiro. Eu também me pergunto tudo isso. A gente fica feito trouxa lá, trabalhando nisso e naquilo e?... Coisas que eu não conserto na minha casa fico arrumando lá na igreja pra eles economizarem com mão de obra. Faço isso só para manter meu emprego e a minha casa, do contrário...

— E eu Honório, tu achas que estou lá por que, hein? Ainda bem que te encontrei e que concordas comigo. Estou cansado de ser oprimido e não ter para quem reclamar. Emprego é coisa rara hoje em dia. O governo acaba com a nossa liberdade e com os nossos direitos, entre outras coisas. Por fim vem a igreja evangélica que me obriga a tosar o cabelo feito um recruta, a usar paletó e gravata no clima do Rio de Janeiro, determina que minha mulher e minhas filhas fiquem com toda aquela cabeleira que só serve para esquentar as ideias e criar piolho, além de prendê-las àquelas saias ridículas. Todas essas determinações me revoltam, pois é a característica típica do "crente". Estou cheio!

— O que eu puder fazer para não sair no prejuízo, farei — disse Honório convicto.

— Eu estarei contigo!

— Tenho uma ideia — disse Honório. — Em nossas condições o que nos sobra é tempo. Vamos usá-lo!

— Como?!

Honório começou a relatar seus planos para Monteiro. O melhor a fazer era estudar a Bíblia e obter muito conhecimento, trazendo decorados trechos importantes que justificassem seus objetivos escusos, ilícitos. Aprenderiam a falar corretamente de modo a convencer e envolver as pessoas através da entoação de voz e da dramatização das palavras. Cativando-as teria como consequência o aflorar de suas carências afetivas, o apego fanático na dependência de oradores fervorosos. Para amparar-se usariam somente a Bíblia, proferindo palavras e esclarecimentos dúbios com o intuito de confundir o entendimento. Julgavam que poderiam ser exímios oradores, portanto teriam muitos fiéis.

Não se deixariam mais dominar como discípulos da igreja que frequentavam. Eles sim teriam autoridade e poder. Pretendiam exercer influência sobre multidões, angariando confiança através de suas dedicações aos necessitados. Tinham em mente que levariam uma boa palavra e grande orientação através das mensagens bíblicas aos sofredores, obtendo destes a gratidão, a obediência, o devotamento e, lógico, o agradecimento através de numerários que seriam arrecadados em nome de Deus e como prova do desapego material dos fiéis ou como meio de fé, pois acreditariam que receberiam em dobro o que doassem.

O objetivo de Honório e Monteiro era que todos fossem dependentes deles religiosa e espiritualmente.

— Nós seremos as bengalas, as cadeiras de roda aos aleijados de religião e fé! — gritou Honório com euforia.

— Um brinde a isso! — concordou Monteiro, oferecendo ao amigo Honório um copo com aperitivo alcoólico, convidando-o para uma comemoração.

4

HIPOCRISIA USANDO O NOME DE DEUS

Honório e Monteiro empenharam-se ao máximo em estudos bíblicos em todos os seus momentos vagos. Ambos se reuniam às portas fechadas, treinando e ensaiando o que seriam as apresentações em público para dirigirem um culto evangélico tão bem, ou melhor que o pastor Freitas.

Chegavam a ajoelhar e chorar nos ensaios, de forma tão autêntica que não colocaria em dúvida nem mesmo um experiente diretor cinematográfico. Todo esse espetáculo era feito em nome de Deus.

No final riam e parabenizavam-se pela perfeição exibida na representação durante tão árduo ensaio.

Um dia a oportunidade surgiu.

O pastor Freitas teve de ser operado às pressas por ocasião de uma apendicite aguda e não havia quem o substituísse de imediato, pois todos, pegos de surpresa, ficaram desorientados. Foi então que Honório se prontificou.

Assumindo a frente da igreja com seriedade, Honório manteve uma expressão austera. Olhou para todos e começou a cantar, sendo acompanhado por todos os fiéis. Em seguida, após leitura rápida de uma passagem do Evangelho, iniciou a explicação com vigor dando ênfase em tudo o que falava, usando de todas suas sutilezas e raciocínio rápido para convencer os fiéis e angariar o respeito deles.

Sua apresentação foi fenomenal! Nem mesmo se esqueceu de uma calorosa oração pela melhora da saúde do pastor Freitas.

No final, os fiéis estavam fervorosamente alegres. Acreditavam que o anjo do Senhor havia se pronunciado através do irmão Honório e que Deus não os abandonou, pois na falta do pastor Freitas mandou Seu emissário proferir Suas palavras. Honório sentiu-se saciado. Nem mesmo ele acreditava se sair tão bem.

Então passou a se incumbir dos próximos cultos por causa da recuperação do pastor Freitas.

Monteiro vibrou de alegria e, não se contendo, procurou Honório na mesma noite:

— Bem que me disse que daria certo, Honório! Eu até achei que estávamos perdendo tempo com tanto estudo e ensaio.

— Eu nunca perco tempo. Foi uma questão de oportunidade e nós a tivemos. Agora é só ganharmos confiança.

— Tu viste quanto arrecadamos?! — exclamou Monteiro entusiasmado.

— Não. Tu não querias que eu fosse atrás do cesto de óbolos para saber de dinheiro perto do Alcides e dos outros, querias?

— Tu não imaginas!!! Triplicamos o último numerário arrecadado por Freitas!!!

— Tu não brincas?! — disse Honório admirado.

— Aqui está. Confere tu mesmo.

Exibindo dois feixes de notas, Monteiro entregou um na palma da mão de Honório dizendo:

— Combinastes metade comigo, certo? Eis tua parte.

— Foi o combinado — confirmou Honório com os olhos brilhando ao tocar as notas e verificando o valor.

— As moedas e alguns trocados eu deixei lá para eles verem que seu culto rendeu mais que o do Freitas. Sabes, não foi fácil tirar nossa parte com o Alcides por perto. Ele é uma águia.

Com um sorriso irônico, Honório comentou:

— Alcides está preocupado com a parte dele.

— Sabes qual é o pior? — ironizou Monteiro. — Alcides é tão trouxa e covarde que não tira nada para ele. Acho que o idiota é honesto mesmo.

Depois de rirem muito e combinarem novos planos, Monteiro se foi, deixando Honório fora de si ruminando novas intenções para ganhar poder e fama dentro da religião. Ele entendeu que as pessoas pagavam por um espetáculo, pois só através deste é que conseguiam ter fé e esperança. Quando era bom, pagavam bem; quando era ótimo, pagavam mais.

Outros cultos ocorreram e, apesar de admirar muito Honório, Alcides passou a ter certas suspeitas tanto dele quanto de Monteiro, e em uma de suas visitas ao pastor Freitas, que se recuperava da cirurgia, chegou a comentar:

— Pastor, sei que é pecado caluniar, porém algo está errado. Não sei ao certo o que é, entretanto sinto uma cumplicidade entre Honório e Monteiro. A impressão que tenho é que o olhar deles os denuncia.

— Não posso dizer nada, caro irmão. Confio neles. Nunca tivemos em nossa comunidade irmãos que não fossem fiéis e honestos.

— Pastor — insistia Alcides —, sou eu quem cuida da verba da igreja e logo após a arrecadação eu a confiro. Sempre agradeci a Deus pela honestidade em minhas mãos e a tranquilidade em minha consciência para separar e direcionar cada centavo recebido. O senhor sabe que cuido de pagar todas as contas, cubro todas as necessidades da igreja e ainda sobra para comprarmos alimentos para os nossos irmãos pobres, e também doamos o restante até para aqueles pobres que ainda não se envolveram na palavra de Deus e não frequentam a casa do Senhor.

— Se não soubesse de sua honestidade, Alcides, não ocuparias essa função.

— Agradeço a confiança, pastor Freitas.

— Seja claro, irmão Alcides. Do que tu desconfias?

— O irmão Monteiro é quem faz a arrecadação do numerário e a separação das notas e moedas. Eu... bem... eu... — gaguejou Alcides.

— Digas, homem!

— Eu creio que ele tira para si algumas notas.

Freitas arregalou os olhos incrédulos e insistiu:

— Como?! Do que tu falas?!

— O pastor sabe que o irmão Honório é talentoso. Agora que ele está dirigindo o culto, parece que algo se manifesta por ele, pastor.

— Como assim irmão?! Eu te estranho! Nunca contestaste sobre alguém de nossa igreja.

— Eu me explico. Durante o culto, o irmão Honório se apodera de um dom espetacular! Ele envolve os fiéis e os leva ao delírio! Chega a pronunciar coisas estranhas em forma de prece em idioma que eu desconheço.

— Ora, ora, irmão. Ao anjo do Senhor não há fronteiras linguísticas.

— Certo, pastor, eu concordo contigo. Entretanto o irmão Honório envolve os fiéis com sugestões engenhosas que induzem a uma alucinada doação e entrega de seus bens materiais, e o primeiro a ser entregue é o dinheiro. Eu pude observar, durante o culto, que a doação aumentou, porém, ao chegar as minhas mãos para contabilizar, esta se encontra no valor aproximado das antigas arrecadações. Como se explica isso?

O pastor Freitas ficou preocupado. Tal fato jamais havia ocorrido dentro de sua igreja.

— O irmão tem certeza disso? É uma suspeita muito séria.

— Estou disposto, se o pastor permitir, a marcar algumas notas e distribuí-la à minha família para a doação. Dentre essas notas colocarei uma de bom valor, tipo...dez cruzeiros. Se todas as notas forem parar na contabilidade, eu me retiro desse trabalho ao Senhor e até deixo de ser membro da igreja, pois não é cabível que alguém como eu dê-se ao desfrute de ouvir o demônio ao ponto de acusar e querer testar irmãos da doutrina.

— Se o irmão Alcides quiser fazer isso, tem minha aprovação. Porém não permitirei que saias da minha igreja caso não proves nada contra o irmão Honório e o irmão Monteiro. Se isso ocorrer, esse é o momento que o irmão necessitará de nós.

— Então será feito, pastor. Temos aqui quatro notas de cinco cruzeiros e uma de dez cruzeiros. Eu gostaria que o senhor mesmo anotasse a numeração. Quando o numerário chegar à contabilidade, quero que o senhor esteja lá comigo para comprovarmos.

Assim foi feito. Marcaram em um papel a numeração das notas e guardaram.

Dois dias depois, com a saúde quase totalmente restabelecida, Freitas foi à igreja para se encontrar com Alcides e conferirem a arrecadação da noite anterior.

José, outro membro da igreja, que junto com Alcides encarregava-se da contabilidade, estava a par da situação. Ele confirmou ao pastor que após a arrecadação, foi Monteiro quem colocou no cofre os valores e pertences valiosos doados pelos fiéis. Depois disso ninguém mais mexeu neles.

Abriram o pequeno cofre e começaram a procurar pelas notas marcadas. Mas, para a surpresa dos três, não havia nenhuma nota de dez cruzeiros e todas as outras notas de cinco cruzeiros, cuja numeração fora anotada, também não estavam ali.

Alcides revoltou-se. Como podiam fazer aquilo? Não acreditavam no castigo de Deus?

José, por sua vez, queria expor toda a situação e a experiência durante o próximo culto para que todos soubessem das falcatruas de Honório e Monteiro.

Freitas acalmou-os. Porém, não poderia permitir novas lesões ou furtos às doações recebidas para a igreja. Teria uma conversa com Honório e Monteiro para esclarecerem tal fato.

Alcides imediatamente prontificou-se a ir buscar no empório Monteiro e Honório, colocando-os na frente do pastor e de José para pedir-lhes explicações sobre o fato.

— Estão acusando-nos de roubo?! — exclamou Monteiro cinicamente. — O irmão acredita mesmo que seríamos capazes de subtrair quaisquer valores das obras de Deus?!!

— Como, então, os irmãos explicam o desaparecimento das notas que marcamos o número de série? — indagou

Alcides. — Há tempos venho observando uma atitude estranha dos irmãos e percebi também que o montante arrecadado não era compatível com a somatória final.

— Seus olhos te traíram, irmão Alcides — manifestou-se Honório com largo descaramento e um leve semblante debochado.

— Explica o sumiço das notas marcadas que ontem doamos!!! — vociferou Alcides.

— Não há explicação. A não ser de que o demônio tem por vontade e prioridade o nosso desentendimento e a nossa desconfiança — defendeu-se Honório. — O demônio quer que nos agridamos e nos odiemos. Como o próprio pastor nos disse um dia: "o demônio é ardiloso e vive nos rodeando de armadilhas perigosas".

— Não me venha com dissimulações! — insistiu Alcides. — Eu digo que, ontem assim que entreguei as doações, vi no cesto de óbolos a nota de dez cruzeiros, mas quando Monteiro organizou, contou os valores arrecadados e colocou-os no cofre, a nota desapareceu!

Alcides estava exaltado. Enquanto o pastor, preocupado com a harmonia que já se esvaía da conversação, pôs-se de permeio.

— Acalmem-se, irmãos. — Voltando-se para Alcides, continuou: — Caro Alcides, mantenhamos cautela antes de acusações tão fortes. O irmão Honório alertou-nos para um fato importante sobre o demônio ser ardiloso, concorda?

— Não!!! — vociferou Alcides terminantemente.

Nesse instante Honório ergueu o tronco, curvando-o levemente para trás, desfechando uma delirante gargalhada de zombaria.

Todos se surpreenderam, inclusive Monteiro, e fitaram-no pasmados de surpresa.

Honório não conseguia conter-se. Chegou a apoiar-se com uma mão na parede e outra no ventre para equilibrar-se. Ao mesmo tempo os outros, paralisados pela incredulidade provocada pela cena, não conseguiam manifestar-se.

Em certo momento Honório fitou-os com o semblante bem sério e falou:

— Pensavam que poderiam tripudiar sobre mim por muito tempo?! Enganaram-se! — Desfechando um soco sobre a mesa, ele continuou: — Os caros companheiros foram ardis, bem astuciosos até hoje para com os pobres, fracos e dependentes de fé.

— O irmão Honório está suscetível ao demônio! — exclamou José.

— Cale-se e ouça! — continuou Honório. — Demônio não existe! Cheguei a essa conclusão depois de quase um ano ouvindo todas as baboseiras nas pregações!!! Anjos e demônios não existem! Demônios e satanás somos nós!!! — gritou batendo no próprio peito. Sem trégua, continuou: — Anjos e guardiões podemos ser nós! Tudo de acordo com as nossas atitudes e os nossos desejos e, pelo que eu vejo aqui, só há demônios disfarçados de anjos, querendo ser muito espertos!!!

— O irmão está!... — tentou interferir o pastor.

— Eu disse para calarem-se! — gritou Honório novamente. — Agora irão ouvir tudo o que precisam para saber sobre a verdade dos espíritos, anjos ou demônios. — Fitando os ouvintes avidamente, circunvagou o olhar e prosseguiu: — Estão todos nervosos pelo sumiço das notas, por quê?! Uma intensa cobiça chega a emanar de cada um só pela arrecadação realizada nas últimas pregações feitas por mim!!! Será porque nada mais sobrou a todos além do que já era comum?

— Está nos caluniando de ladrões?! — alterou-se Alcides.

— Tu não, caro e estúpido Alcides. Porém acredito que todos os envolvidos, direta ou indiretamente com a contabilidade arrecadada para a igreja, sempre subtraem para si o seu quinhão. Entretanto, tu, irmão Alcides, é o único cego que não percebeu as falcatruas. És o único idiota honesto existente na direção da contabilidade da igreja que nada tirou para si. Se existe anjo, tu representas um. Só pregas o bem e praticas exatamente tudo o que diz. No entanto, o que o digníssimo pastor me diz sobre os custos dos materiais comprados no depósito de Copacabana no último dia quinze e que no dia seguinte, sem saber de tua estada lá, pessoalmente levei a mesma lista e o orçamento ficou 10% mais barato. Justifique isso, caro pastor Freitas! — intimou Honório com ironia.

Freitas empalideceu e os demais estupefaram-se. Não obtendo resposta, Honório prosseguiu.

— O digníssimo irmão Jorge, que infelizmente não está presente, também fez o mesmo com a compra das telhas, ou melhor, solicitou junto ao depósito de materiais que dois centos das referidas telhas fossem entregues em sua residência e as outras quinhentas no terreno da igreja. O que os caros irmãos dizem disso?!

José manifestou-se:

— Como pode haver esse tipo de ocorrência na obra do Senhor?! Pastor Freitas, eu me admiro...

Honório gargalhou novamente interrompendo-o:

— Não te faças de ingênuo, José! Tenho também provas de que tu não és tão honesto quanto representas!

— Tenho as notas de tudo quanto comprei para a obra da nova igreja! — defendeu-se José.

— Quem quiser poderá ir até a loja onde tu compraste o material para a fiação da parte elétrica, e comprovar com o vendedor de nome Vicente, que tu solicitaste uma nota com um valor bem acima do custo real! O vendedor, ironicamente, ainda me disse: "Se vais comprar material para a igreja, como fez o teu amigo, eu também posso jogar um valor a mais na notinha..." Portanto, daqui só não consegui provar falcatruas do pobre Alcides que acredita na honestidade de todos. Quanto a mim, o que tenho em minha defesa é que cansei de ser subjugado e espezinhado! Tenho capacidade e provei isso nos sermões, nas pregações àqueles infelizes, desprovidos de inteligência e perseverança para alcançarem paz de espírito através de suas próprias buscas, através de sua própria fé! Esses são uns pobres coitados dependentes da astúcia e do alvitre alheio para terem fé em alguma coisa e acreditarem nela, por isso pagam em dinheiro para possuírem paz, para terem amor, como se isso fossem coisas compradas. E são! Eu mesmo vendi a eles fé, esperança e muito mais. Talvez eu seja o único aqui que tenha ganhado esse dinheiro honestamente, porque trabalhei, fiz algumas coisas por algumas pessoas e elas pagaram o quanto quiseram por meus préstimos! E tu José, o que foi que ensinaste a esse bando de fiéis? E o Jorge? O que ele tem feito por esses necessitados? Bem, o pastor Freitas esforçou-se um pouco mais!!! — Rindo ironicamente, completou: — Ele vem se mobilizando muito para guiar essas ovelhas e tem que receber algum pelo seu trabalho, não é pastor?

— Não posso acreditar nisso! — exclamou Alcides.

— Tenho provas de tudo!!! Caso o irmão queira confirmar!!! — insistiu Honório num grito.

— Eu mesmo faço a divisão do numerário — disse Alcides.

— Não sejas tão estúpido, Alcides — manifestou-se Monteiro. — Tu só entregas o dinheiro nas mãos deles e depois recebes uns trocos de volta e não verificas onde e quanto foi consumido. Se tu queres ser cego, seja, mas, diante da realidade, não sejas burro!

— Não tenho mais motivos para ficar aqui — disse Honório. — Eu e Monteiro estamos abrindo uma nova igreja em outro bairro.

— Vou chamar a Força Pública! Tenho conhecidos lá e tu serás preso! — gritou Freitas.

— Chame! Chame mesmo!!! Assim tu, teus comparsas e cúmplices sereis presos comigo. Haverá um belo escândalo público! Só não te esqueças de que há vários soldados, um tenente e um capitão que são membros ativos da tua igreja! Eles são colaboradores e contribuintes assíduos com valores consideráveis que tu, em pessoa, desviaste! Chame-os, vamos lá! Denuncie-me! — Virando-se para Alcides, que estava assombrado com tudo, Honório falou: — Em poucos dias sairei da casa que me alugaste. Outra já está sendo providenciada. Quanto ao emprego... só irei lá amanhã para o acerto de contas. Eu me demito. — Voltando-se aos demais explicou: — A verdade sobre anjos e demônios é uma só: todos nós temos uma alma ou espírito, sei lá, mas tenho certeza de que temos o direito de agirmos livremente como anjos ou demônios. Ninguém aqui pode se considerar mais honesto do que eu que admito o que faço. Se há demônios a me rodear, esses são vós que não sois dignos de se intitularem servidores do Senhor!

Honório deu-lhes as costas e Monteiro o seguiu.

Alcides, a princípio, revoltou-se por saber de toda a verdade, mas decidiu manter a calma e não se precipitar antes de ter mais esclarecimentos.

Freitas, envergonhado, chamou os demais membros que compunham a direção e a contabilidade. Todos confessaram os desvios das verbas ou materiais destinados à reforma da igreja para seus próprios benefícios. Eles assumiram suas culpas e verdadeiro arrependimento prometendo ressarcir tudo o que haviam subtraído o mais breve possível, além de solicitarem o perdão de Deus junto com a promessa de que não mais repetiriam aquilo.

Apesar de contrariar-se, Alcides aceitou lembrando-se de que o perdão é o mais nobre sentimento recomendado pelo Evangelho de Jesus.

Assim foi feito.

Aqueles homens dedicaram-se inteiramente ao trabalho a que se propuseram de maneira humilde e honesta, ajudando de forma material e espiritual todos os membros daquela congregação, não mais se deixando levar pela cobiça de engariar algo para si.

5

CAMILA ESCOLHE CONFORTO E COMODIDADE

Num bairro próximo de onde já moravam, Honório e Monteiro alugaram pequenas casas e continuaram vizinhos. Alugaram também um pequeno salão onde começaram sua nova igreja.

Guardavam consigo a tranquilidade de que nunca seriam denunciados pelo pastor Freitas ou por qualquer um dos outros, tendo em vista que ocultavam também grande segredo destes.

A pequena igreja, fundada por Honório e Monteiro, contava com a participação de alguns membros da igreja anterior que os seguiram por se identificarem com a pregação de Honório, sem desconfiarem do que havia ocorrido para que Honório se afastasse de Freitas.

Quando questionado sobre o assunto, Honório respondia:
— Em um reino não pode haver dois reis. Eu recebi um aviso para dedicar-me inteiramente a Deus a fim de guiar Suas ovelhas e assim estou fazendo. Como o digníssimo pastor Freitas já tem seu rebanho formado, só me restou sair em busca das ovelhas que se desgarraram para trazê-las até Deus guiando-as no caminho do Senhor.

Honório era sagaz, ardiloso e em pouco tempo sua igreja mudou de um pequeno salão alugado para um grande salão emprestado, indefinidamente, por um dos fiéis. Enquanto isso, outros doaram cadeiras e bancos. Aos poucos até um microfone e algumas caixas de som, coisas raras na época, Honório recebeu como doação.

Incentivados por Honório durante as pregações, os fiéis doavam altas verbas a fim de adquirirem um terreno para a sede própria da igreja. Não demorou muito e foi feita a aquisição do referido imóvel e, junto com a compra, Honório e Monteiro omitiram que parte do valor usado foi destinado à compra de outro terreno bem próximo de onde seria a sede da igreja. Essa aquisição ilícita teria a finalidade da construção de suas casas, uma ao lado da outra.

Contra sua própria vontade, Camila foi imposta a namorar um membro da igreja. Era um compromisso arranjado por conveniência e determinado por seu pai. O mesmo ocorreu com Vera, uma das gêmeas.

Seu pai providenciou sua transferência de escola sem sua prévia opinião. Além disso, obrigava-a a frequentar e seguir uma doutrina religiosa com a qual a jovem não concordava e ainda namorar quem ela não queria. Não! Tudo isso era excessivamente tirano. Camila revoltou-se por esse e outros motivos.

Por essa razão ela não tinha o menor remorso ao sair às escondidas para namorar outro rapaz e passear com algumas poucas amigas que ainda tinha.

Em pouco tempo Honório terminou a construção de sua casa e estabilizou-se nela. Nessa mesma época a sede da igreja também ficou pronta. O novo templo religioso era razoavelmente confortável, havia mais espaço e o número de fiéis passou a aumentar consideravelmente.

Quando não estava fazendo pregações na igreja, Honório dava-se ao trabalho de visitar os fiéis em suas casas e até nos hospitais para fazê-los perceber sua dedicação, seu interesse e sua preocupação para com os membros da igreja.

Pouco tempo restava-lhe para dedicar-se à mulher e aos filhos. Entretanto sabia que sua família encontrava-se financeiramente estável, vivendo com muito conforto e bem amparados.

Camila era a mais vaidosa e exigente.

Apesar de a televisão ser proibida por aquela doutrina religiosa, Camila tanto reclamou e impôs que pai comprou uma e a instalou em um quarto destinado somente para essa finalidade. Esse quarto seria trancado, pois ninguém poderia saber que eles tinham uma televisão.

Mesmo assim para a jovem nada estava bom. Ela queria liberdade.

Certo dia insistiu em conversar com seu pai a respeito de sua presença obrigatória na igreja e sobre seu namoro. Afinal, ela não gostava do rapaz e não queria mais ostentar aquela farsa. Tanto teimou e protestou com modos exigentes alteando o volume da voz que Honório, perdendo a paciência, deu-lhe uma surra forte e marcas roxas espalharam-se por todo o corpo da moça.

Camila não pensou muito. Na manhã seguinte, na primeira oportunidade, apoderou-se de algumas roupas e até de algum dinheiro e saiu de casa. Sem rumo e ainda revoltada, foi para a casa de seu tio Alfredo.

Ao recebê-la, Dora não sabia como agir. Não poderia fechar-lhe a porta nem mesmo incentivá-la e apoiar a sobrinha naquela decisão.

Aos prantos, Camila relatava tudo para a tia:

— Ele me bateu, tia! Me espancou! Eu não volto mais para aquela casa, nunca mais!

— Camila, minha filha — dizia Dora —, a situação é recente. Tu estás nervosa. Não sabes o que estás dizendo. Quando te acalmares...

— Não volto, tia! Não volto mais lá!

Quando se fez noite e Alfredo chegou, surpreendeu-se com a situação e, pensando na preocupação de Honório e Clara, imaginou que os pais não sabiam onde procurar a filha, ele decidiu, na mesma hora, ir até a casa do irmão.

Ao ser atendido por Honório ao portão daquela bela residência, Alfredo, com satisfação, cumprimentou-o.

— Honório, meu irmão, tu estás bem?

— O que desejas? — perguntou Honório friamente.

— Desculpe-me se o incomodo, mas gostaria de falar-te sobre Camila. Poderíamos conversar? — expressou-se Alfredo recatado diante da indiferença do irmão.

— Eu deduzi que ela te havia procurado. Não temos nada a conversar.

— Mas Honório, é tua filha!

— Será minha filha somente diante do perdão que há de pedir-me. Do contrário, hoje ela deixou de ser. — Depois de pequena pausa, Honório perguntou: — Era só isso?

Alfredo ficou perplexo, pasmo de espanto. Diante disso, ele não teve alternativa e desfechou:

— Quero que tu saibas que Camila está em minha casa e, é claro, será muito bem tratada e orientada. Caso tu ou Clara queiram vê-la, minha casa está de portas abertas.

— Sou-te grato. No entanto, não posso dizer-te o mesmo. Rezarei por ti, para que vejas a luz antes que se apague. Porém minha igreja estará de portas abertas caso queira o perdão.

— Obrigado, meu irmão.

Alfredo ficou decepcionado com a frieza do irmão. E por conta de tudo, Camila passou a morar na casa de Alfredo e Dora.

Com o passar dos dias, ela arrumou um emprego como auxiliar de crediário numa loja de grande porte financeiro. Parte do que recebia como salário ela dava à tia a fim de auxiliar com as despesas da casa e a outra parte ficava para si.

Passou a frequentar o Centro Espírita junto com seus tios e primos, pois acreditava identificar-se com a Doutrina Espírita que quase nada exigia dela, somente orientava.

A casa de Alfredo era humilde e com muito custo e sacrifício era mantido o estudo dos filhos.

Era comum Dora fazer faxina em casa de família para ajudar com as despesas. Dirceu, o filho mais velho do casal, trabalhava e com seu salário conseguia pagar a própria faculdade e parte da faculdade do irmão. Alfredo arcava, com dificuldade, o restante do pagamento da faculdade de Júlio, filho mais novo, e o que sobrava do que recebia era exato para as despesas da casa.

Dirceu estava no último ano da faculdade de Direito e Júlio no terceiro ano de Medicina.

Muitas vezes, Júlio enfraquecia e queria largar os estudos. Sentia-se inútil uma vez que o estudo roubava-lhe todo o tempo e ele não podia trabalhar para ajudar nas despesas. Porém Alfredo não admitia. Se Júlio quisesse deixar a faculdade por não gostar do curso, seria justo, mas por dinheiro, ele nunca iria deixar. Por essa razão, o pai fazia muitas horas extras sem que o filho soubesse.

Mais de um ano depois, Alfredo encontrava-se num ônibus que colidiu com um caminhão. No terrível acidente, morreram cinco pessoas e Alfredo foi uma delas.

Dora sofreu muito com a separação. Entretanto sua evolução espiritual serviu de muita sustentação. Sabendo que essa experiência terrena é passageira e que a separação seria temporária, conseguiu se resignar, mas não deixou de chorar e experimentar imensa dor.

Com a falta de Alfredo, as dificuldades financeiras aumentavam.

A pensão, que recebia como esposa, era pouca para pagar a faculdade de Júlio. Dirceu, recém-formado, não ganhava o suficiente para ajudar o irmão.

— Não, Júlio — dizia Dora firmemente —, tu não largarás a faculdade.

— Mãe, milagres não existem — justificava-se Júlio. — Não posso estudar sem pagar. Não é justo a senhora se matar de tanto fazer faxina, lavar e passar roupas para os outros para que eu estude. Vamos dizer a verdade, com todo respeito: mãe, nem que a senhora fizesse isso todos os dias da semana, não conseguiria pagar meus estudos. A senhora sabe disso.

— Tem que haver um jeito, filho. Tem que haver.

Camila ouvindo a conversa não se manifestou. Havia tempos percebia que tudo ali estava difícil. Os alimentos já não eram tão fartos como antes e mal tinham uma porção de arroz para dividir no jantar. Ela trabalhava, mas não achava justo entregar seu pagamento nas mãos de Júlio só para ele estudar e ela ficar sem nada.

Tinha uma pequena economia que guardara desde quando começou a trabalhar, mas não podia desfazer-se dela, o futuro era incerto e já começava a ficar preocupada.

Dora, em seu desespero de mãe, sem ter a quem recorrer, procurou por seu cunhado Honório. Afinal, Júlio era seu sobrinho e era um caso de necessidade.

— Procura-me para pagar a faculdade de Júlio?! — exclamou Honório. — Ficastes louca, mulher?! Hoje nenhum dos meus filhos se dá ao luxo de estudar em uma faculdade!

— Se não fosse pela falta de Alfredo, eu não recorreria a ti, Honório. Mas tenho pena de meu filho. Deixá-lo parar com um estudo tão nobre e útil à humanidade na metade de seu curso... Ele é estudioso, devotado mesmo...

Interrompendo-a bruscamente, Honório desfechou:

— Peça dinheiro ao satanás. Não é ele que se comunica através de ti? Não é o espírito do demônio em que acreditas? Então peça a ele. Tenho causas mais importantes para me preocupar. Sou pastor de Deus e é aos filhos Dele que devo ajudar.

Virando as costas, Honório entrou e deixou Dora parada junto ao largo e majestoso portão de sua residência.

Voltando para casa, a pobre mulher lamentou a atitude de Honório. Entretanto nem em pensamento protestou ou se arrependeu do favor que já haviam prestado ao cunhado no passado. Ela orou e pediu a Deus uma solução, a melhor possível e que sua alma estivesse forte o bastante para aceitar e suportar com paciência o aprendizado daquela prova.

Não era fácil para uma mãe devotada ver tanto empenho e sacrifício de um filho cair por terra.

Naquela mesma noite Camila a procurou.

— Tia, sei que a situação é difícil. Nada está dando certo para a senhora desde que o tio Alfredo morreu. Não quero ser mais um estorvo, por isso, amanhã, vou deixar esta casa.

— De maneira alguma, Camila! Não posso permitir que tu saias daqui para ir sabe Deus pra aonde. O pouco que temos também é teu. Nunca nos importunamos com tua presença. Não vou permitir isso.

— Tia, já decidi. Voltarei para a casa do meu pai. — Dora calou-se incrédula e Camila continuou: — Sabe o que é, estou cansada de importunar, além de tudo aqui está muito difícil.

— Filha, se lamentas da falta de conforto e fartura, não estamos te negando tal tratamento. Dividimos o que temos contigo e ninguém te negas nada aqui.

— Não é isso, ou melhor, creio que terão mais se eu sair daqui.

Dora não disse mais nada sentindo que a sobrinha não conseguia viver sem conforto. Abraçou e beijou-a com carinho, afirmando que sempre estaria ali e disposta a ajudá-la em qualquer coisa.

Na manhã seguinte Camila procurou pelo pai. Rotulando no rosto um falso arrependimento, ajoelhou-se diante dele e pediu perdão por tudo.

Naquela noite a igreja de Honório pôs-se em festa. O tema foi a volta do "Filho pródigo".

Uma semana depois, Dirceu, atuando como advogado, acabara de ganhar uma causa no fórum e estava sendo cumprimentado por alguns colegas. Apesar de sua bela atuação, ele não conseguia disfarçar uma nítida preocupação, sem conseguir alegrar-se.

Um juiz de direito, muito amigável, aproximou-se dele e o interpelou inesperadamente:

— O que há contigo, caro rapaz? Não estás satisfeito?!

— Sim meritíssimo, claro que sim.

— O que te aflige?

Sem titubear, Dirceu desabafou e contou tudo sobre a morte de seu pai e o prejuízo que isso causou aos estudos de seu irmão. Impressionado e comovido, o juiz chamou-o até seu gabinete para que conversassem mais à vontade.

Depois de uma hora saiu do fórum direto para casa. Ao chegar, viu que Júlio preenchia a documentação para trancar a matrícula da faculdade.

Aproximou-se, tomou-lhe das mãos os papéis, olhou-os rapidamente e os rasgou.

— Tu ficaste louco?! — perguntou Júlio estupefato com a atitude do irmão.

Dirceu, sorrindo largamente, respondeu:

— Tu já ouviste falar em bolsa de estudo?

— O que tem isso a ver comigo?

— Acabaste de ganhar uma até o último ano de seu curso! — gritou, abraçando-o e saltitando como um menino.

— O quê?! Como?! Já tentei por todos os meios conseguir uma bolsa, mas não teve jeito! — dizia o irmão sem entender nada.

— Resumirei. Conversando com um juiz de direito sobre teu caso, depois de três ou quatro telefonemas, ele te conseguiu a tão sonhada bolsa!!!

Do outro cômodo da casa, a mãe ouviu a conversa e se aproximou quase incrédula.

Dora, Júlio e Dirceu abraçaram-se de felicidade. Suas lágrimas se misturaram. Não conseguiam conter a imensa alegria que lhes invadiu a alma.

Na casa de Honório e Clara, Camila se satisfazia no conforto e na fartura, coisas das quais sentiu muita saudade. Ela não precisava mais trabalhar nem levantar tão cedo para pegar uma condução lotada. Depois de tão sofrida experiência, começou a acreditar ou forçar-se a crer que seu pai estava certo.

Às vezes, a jovem pensava em seu tio Alfredo. Ele tanto acreditou no Espiritismo e em espíritos, no entanto por que nenhum espírito o avisou do acidente fazendo-o escapar da tragédia?

Seu tio sempre viveu na pobreza e defendendo o Espiritismo.

Onde se escondiam os amigos espíritas agora que sua tia estava quase na miséria?

Seu primo deixaria a faculdade por falta de dinheiro. Como se explica isso?

Por outro lado seu pai, que tanto defendia o Velho Testamento e o Evangelho, possuía mais dinheiro, conforto e fartura. Cabendo salientar que somente depois de começar a fazer isso, a vida dele, bem como a de toda família, mudou para melhor. Ele tinha razão em não concordar com essa história de cultivar estima aos espíritos.

Veja só ela. Estaria também na miséria se continuasse naquela casa. Teria dado todo o dinheiro que guardou com muito sacrifício e talvez até entregasse tudo o que ganhava para sustentar a faculdade de seu primo. Se o Espiritismo desse algum lucro, aquele pessoal não passaria dificuldade.

Como fora tola. Seu pai estava certo. Sinceramente sabia o que era bom para ela.

Realmente, a bênção de Deus encontrava-se no que ele defendia, no que pregava. Foi preciso que trabalhasse, passasse por necessidades e desconfortos para saber valorizar as graças de Deus.

Depois de sua volta para casa e sua reintegração na igreja, Camila observou que Honório ficou mais atencioso com ela. Agora ele a inteirava sobre alguns fatos e detalhes da igreja e de seus planos para o futuro.

A jovem passou a entendê-lo melhor e partilhar com as tarefas da igreja. Fingia ignorar a subtração do numerário doado para fins evangélicos usados para o conforto e bem-estar de sua família.

Quando, vez ou outra, questionava-se em pensamento sobre o fato de se acharem bem estabelecidos diante de um governo de opressão, Camila procurava desviar suas ideias acreditando ser induzida pelo demônio a pensar daquela forma, levantando suspeitas infundadas e injustas sobre seu próprio pai.

Honório e Monteiro estavam às vésperas de inaugurar sua segunda igreja, quando Monteiro, aflito, procurou pelo sócio:

— Honório! Honório! — gritou Monteiro desesperado, entrando às pressas no escritório de ambos.

— Acalme-se, homem! — pediu Honório. — O que te aflige?!

— É minha filha mais velha, a Telma, tu não imaginas... — Sentando-se em uma cadeira, Monteiro passou as mãos pelos cabelos e aflito continuou: — Soube agora que a menina engravidou.

— Isso jamais poderia ter acontecido! — exclamou Honório enfurecido. — Como pode ser uma coisa dessa?! A filha de um pastor!... O que dirão?! Que a moral e os bons princípios não são mantidos dentro de nossa própria casa! Que não damos bons exemplos!

— O que faço agora, Honório?!

— Mande tirar, é claro! — respondeu Honório de imediato.

— Mas!...

— Mas o quê?! — gritou Honório. — Tu queres ser chamado de quê?! Acha que continuarão te respeitando depois que vier ao conhecimento de todos?!

— Tenho medo por ela. É uma menina ainda e... muito nova... Vai completar dezessete...

— Se fosse tão nova assim, não teria engravidado! Sabes quem é o pai pelo menos?!

— Um garoto da escola. Colega da mesma classe. Deve ter a mesma idade.

— Por isso tirei minhas filhas daquela escola! — Pensando por poucos segundos, planejou: — Vejamos... tu terás que levá-la para outro lugar para fazer esse tipo de serviço! Não podemos nos arriscar! Ninguém mais deve saber. Tenho alguns contatos em São Paulo e tu a levarás lá para fazer isso! Entendeu?!

Monteiro concordou imediatamente. Aquilo era uma imensurável vergonha para um pai, principalmente um pai evangélico. Por essa razão, tudo foi realizado com o mais rigoroso sigilo.

As igrejas de Honório e Monteiro, cada dia que passava, estavam mais repletas de seguidores que os idolatravam.

Honório era considerado pelos fiéis um homem culto, leal aos princípios que pregava e, acima de tudo, muito honrado.

Nunca preocupou-se em saber como estava passando Dora, a viúva de seu irmão que tanto o ajudou, nem mesmo procurava saber sobre sua própria mãe e irmãs.

Camila, por sua vez, esforçava-se para esquecer dos dias em que viveu junto aos pecadores para fugir das imposições de seu pai. E sem maiores problemas ou preocupações, passou a saciar-se numa vida tranquila e muito cômoda.

Dora, agora mais do que nunca, se empenhava na divulgação e no entendimento do Evangelho à Luz do Espiritismo juntamente com seus filhos Júlio, que continuava na faculdade de Medicina, e Dirceu, que decidiu não mais militar na carreira de advogado e estava associando-se na abertura de uma imobiliária.

6

DIANTE DA VERDADEIRA VIDA

Alfredo, desencarnado já há alguns anos, desempenhava importantes tarefas na colônia espiritual onde vivia e também, como não poderia deixar de ser, visitava seu lar terreno com certa frequência auxiliando os trabalhos espirituais ali realizados.

Na colônia, foi informado sobre o desencarne de sua sobrinha mais velha, Camila. Ficou satisfeito por saber que ela havia sido envolvida e levada com carinho para um Posto de Socorro próximo da colônia onde ele estava.

Depois de argumentar com seus superiores, recebeu autorização para ir em visita ao Posto de Socorro recepcionar

Camila quando ela despertasse a fim de ajudar seu entendimento e sua aceitação sobre suas novas condições no plano espiritual. O tio sabia que a sobrinha tivera uma educação religiosa rígida e inflexível. Apesar das explicações e entendimentos que ele e Dora procuraram passar-lhe sobre Espiritismo, sabia que não seria fácil fazê-la acreditar tão rapidamente que o espírito passa por inúmeras experiências, repara seus erros, aprende e vive evoluindo, não ficando tão somente confinado ao céu ou ao inferno, como Camila passou a acreditar piamente.

Meses depois do desencarne da sobrinha, foi até o Posto onde ela se encontrava.

Pondo-se em conversação com o dirigente do lugar, seu velho conhecido, Alfredo dizia:

— Caro Inácio, eu creio que Camila vai entender e aceitar. Ela é inteligente e logo perceberá que está em um bom lugar e se sentirá entre amigos.

— Sim Alfredo. Ela vai perceber que está em um bom lugar. Porém, temo pelo seu entendimento. Temos de admitir que Camila viveu nos últimos anos uma vida religiosa rigorosa e fanática. Como sabes, o fanatismo nos leva até mesmo a auto-obsessão, a um flagelo físico e mental desnecessário e a um grande desequilíbrio espiritual.

— Sei que és muito sensato e prevenido, Inácio, mas sempre me dei muito bem com Camila. Acredito que ela vai me ouvir com atenção e logo aceitará sua nova condição. Nós conversávamos muito quando encarnados.

— Prezado Alfredo, não quero de forma alguma te contrariar. Entretanto devemos atentar que, quando em experiência na vida terrena, o amigo foi parente de sangue da querida Camila. O que o leva a ter imensa afeição pela amada sobrinha. Isso não é errado. No entanto, com o teu conhecimento, sabes que és tu quem deseja ardentemente que ela aceite a situação presente e talvez isso, no momento, seja difícil.

— Antes desse último reencarne, Camila aprendeu muito no plano espiritual. Como sabemos, ela sofreu demasiadamente após o desencarne como Samara e passou por terríveis experiências no Umbral. Resgatada por elevar os pensamentos, abraçou as lições com muito amor e dedicação. Não creio que todo esse aprendizado possa se perder agora.

— O amigo Alfredo não quer perder as esperanças. Porém deve alertar-se para o fato de que todo o bom aprendizado que demonstrou ter abraçado com imensa dedicação na espiritualidade, e até as terríveis experiências nas tristes caminhadas pelo Umbral, ela, sozinha, colocou a perder. Isso ocorreu a partir do momento em que não atentou à suas mais sublimes intuições a fim de almejar a verdade e seguir o bom caminho. Não te deixes enganar pela pouca idade terrena. Camila estava madura o suficiente para decidir o que queria ou no que acreditar. No entanto ela não hesitou e escolheu o que era mais cômodo e eficiente para o seu próprio bem-estar.

"Ela nunca questionou o pai sobre suas atitudes, sobre a verdadeira fonte que lhes servia de subsistência e enorme conforto. Nunca encarou suas reflexões ou tentou investigar seus próprios pensamentos, analisando sobre o certo e o errado. Mesmo possuindo conhecimento e preparo espiritual suficientes para isso, preferiu ignorar suas dúvidas e incertezas, desviando seus pensamentos dos fatos que presenciava para disfarçar a realidade e viver de fantasias para seu bem-estar não ser abalado.

"O que agrava ainda mais sua situação é o fato de que ela, no pouco tempo que conviveu contigo e tua família, teve a oportunidade de rever os ensinamentos Cristãos sob a Luz do Espiritismo. Entendeu sobre a Lei de Causa e Efeito e experimentou os ensinamentos evangélicos. Fora isso, viveu o teu exemplo de caridade e humildade, exemplo este que, cabe salientar, foi em benefício dela, de seus pais e de seus irmãos. No entanto, quando ela poderia ajudar, mesmo com pequena participação, Camila negou-se, repetindo o erro do passado. Fez imenso esforço para convencer-se de que Deus demonstra suas bênçãos através do bem-estar e do conforto em que vivem algumas pessoas. Nós, espíritas, sabemos que isso não condiz com a verdade. Quanto maior o valor em dinheiro, maior será a prova, maior será a expiação e maior poderá ser o arrependimento. Jesus, nosso Irmão Maior, já alertou: "Será mais fácil um camelo passar por uma agulha do que um rico entrar no reino de Deus." Camelo era o nome dado, na região de Jerusalém, a uma corda muito grossa, feita de pelagem da crina e rabo do animal: camelo, e como sabemos, uma agulha possui um orifício pequeno demais para que uma corda o atravesse."

— Com isso o amigo Inácio quer dizer quê?...

— Quero dizer que não será fácil o esclarecimento e a aceitação de Camila.

— Vais me deixar ter com ela?

— Claro! Sem dúvida. Não quis, dizendo isso, insinuar uma negativa à sua recepção. Por experiência, só estou avisando-te. Não será fácil. Devemos, sim, é orar muito por seu entendimento, pois, como te falei, temo por suas condições espirituais caso se negue a aceitar a verdadeira realidade que se desvendará, deixando por terra todos os seus mitos e ilusões. Será um momento de grande conflito íntimo. O caro amigo sabe que não podemos intervir por ela. Não podemos prendê-la. Se Camila está aqui, se foi atendida em seu momento de transição, é porque teve méritos para isso, teve dignidade suficiente a fim de não ser abandonada e ficar vagando. Esses valores pessoais são independentes de quaisquer graus de parentesco adquirido durante a vida corpórea. Entretanto não temos como impedi-la. Lembre-se do livre-arbítrio, que é o direito de escolha através da vontade própria.

Com o olhar indefinido e o semblante preocupado, Alfredo concordou.

— Eu compreendo, caro Inácio, porém quero empenhar-me ao máximo para auxiliar Camila em sua evolução, em seu entendimento.

— Nós nos empenharemos, meu amigo — disse Inácio espalmando com firmeza o ombro de Alfredo. — Daremos todo o apoio e toda a força necessária.

— Fico-te imensamente grato.

— Não há pelo que me agradecer. Agradeça ao Pai por nos dar essa oportunidade de tarefa em nome do Cristo.

Sentindo a preocupação de Alfredo, Inácio começou a narrar seus planos para animá-lo:

— No momento, tua amada sobrinha está em uma enfermaria junto com outras tantas irmãs que se encontram em sono profundo, como ela, depois do desencarne. Se Camila não foi uma criatura má, o bem ela não praticou. Não há regalias ou tratamentos especiais a alguém só pelo fato deste ter esse ou aquele parente que, quando encarnado, praticou boas ações, caridade ou agiu corretamente. Essas virtudes são individuais. Os méritos, assim como os débitos, só a ela pertencem. Quando Camila estiver próxima de despertar, nós a tiraremos da enfermaria e a levaremos a um quarto individual para não formar opiniões precipitadas sobre suas condições ou sobre o lugar. Logicamente não se lembrará imediatamente de tudo. Nós a envolveremos com fluidos calmantes. Em seguida a faremos conhecer este lugar para que ela sinta as vibrações aqui existentes. Além de se beneficiar, experimentará impressões boas e agradáveis. Tudo isso antes que tenha referências sobre o seu desencarne. Depois conversaremos e daremos todas as explicações necessárias, com tua ajuda, é claro.

Alfredo animou-se um pouco mais, embora ainda estivesse temeroso.

Ao despertar, Camila pensou estar em um hospital. O quarto onde ela se encontrava não era muito grande, porém muito bem iluminado e de mobília muito simples.

Após suspirar profundamente e sentindo-se confusa, ela olhou querendo reconhecer o local. Procurou lembrar-se do que havia ocorrido.

Examinou a janela coberta por suaves cortinas de renda branca tentando, parcialmente, barrar a luz do sol que teimava penetrar através delas.

Num canto do quarto, havia uma pequena mesa onde se depositava uma jarra de vidro transparente cheia com água e ao lado um copo. Existia também um vaso solitário com uma flor semelhante a uma margarida.

Este pequeno quarto possuía duas portas, Camila ficou observando-as e desejando que entrasse alguém por uma delas.

Experimentou sentar no leito, mas sentiu-se tonta desistindo logo na primeira tentativa.

Esfregou o rosto com as mãos, buscando animar-se mais. Porém algo estava diferente. Sentia como se a textura de sua pele fosse mais sutil e achou isso engraçado.

Pensando encontrar-se em um hospital, procurou por uma campainha na cabeceira do leito, pois em todo leito hospitalar há uma. Foi quando uma das portas se abriu vagarosamente e entrou uma senhora sorridente, de aparência amável e gestos delicados.

Camila não a conhecia.

A senhora era de estatura baixa e aparentava ter uns cinquenta anos de idade.

Sorridente, ela aproximou-se do leito e disse:

— Olá, meu bem! Sei como se sente. Mas em breve irá recuperar suas forças e ânimo.

— Onde estou? Que lugar é esse? — perguntou ainda confusa.

— Este é um Posto de Socorro. — respondeu a senhora amavelmente. — Fique tranquila que em breve tu terás esclarecimento sobre tudo.

Ainda sentia-se tonta, porém com muito esforço e a ajuda daquela senhora conseguiu sentar-se.

Foi aí que indagou em pensamento:

— Como é meu nome? Quem sou eu? De onde vim?

A bondosa senhora virou-se e, colocando água no copo, foi em sua direção dizendo:

— Beba um pouco, é água.

Segurando o copo com ambas as mãos, pois temia deixá-lo cair, levou-o à boca e passou a beber pequenos goles. Suas mãos estavam trêmulas e nada havia que pudesse fazer para impedir tal reação involuntária. Sentia um torpor e não se lembrava de nada. Até aquele momento não conseguia, sequer, recordar o próprio nome.

A amável senhora, percebendo os pensamentos que a estavam deixando nervosa e angustiada, pois o medo e a dúvida já lhe tomavam conta, explicou:

— Camila, desculpe por não me apresentar, meu nome é Aurora. Não precisas te preocupar, estás em um bom lugar e em breve tudo vai se esclarecer em tua própria mente. Não te precipites. Tu sempre acreditaste em Deus, não é? Pois bem, agora é hora de ter muita fé e confiar em nosso Criador, aguardando com tranquilidade tudo o que Ele nos reservou.

— Aguardar o quê? Do que a senhora está falando? Eu não me sinto muito bem. Estou tonta e, há um minuto, não recordava meu próprio nome. O que me aconteceu?!

Camila fez uma avalanche de perguntas à senhora, sem dar uma pequena pausa para as respostas. Durante todo o tempo, Aurora sorria tranquilamente, o que a deixava, ainda mais, com o semblante generoso.

— Acalma-te, meu bem. Tu estiveste dormindo por muito tempo. É normal que te sintas confusa. Pessoas que se encontram em estado semelhante ao teu podem esquecer temporariamente das coisas. Em breve tua memória voltará e estarás mais lúcida do que nunca.

— Dormindo?! — indagou Camila. — Eu, dormindo por muito tempo?! Como isso aconteceu?!

— Espere, Camila. Logo receberás uma visita. É alguém que não vês há muito tempo e ficou feliz em saber que estás aqui entre nós. Mas antes que ele chegue, se quiseres, ali naquela porta, há um banheiro onde poderás te lavar e, no armário, encontrarás roupas de teu agrado. — Sorrindo delicadamente, Aurora brincou: — Não vais querer receber visitas com esse camisolão de hospital, vais?

— Eu me sinto fraca.

— Não. Não estás fraca — respondeu com firmeza. Em seguida observou com doce carinho: — Tu estás te restabelecendo e à medida que desejares reagir e sentires-te forte, estarás revigorada e todo esse mal-estar vai passar, certo?

Mesmo se achando fraca, concordou.

Foi então que Aurora aumentou o volume da voz com ênfase e alegria, dando energia e ânimo à Camila:

— Vamos, meu bem! Vamos logo! Escolhe uma roupa bonita, lava-te, penteia teus cabelos e arruma-te! Lá fora há um sol maravilhoso à tua espera e poderás aproveitar o final da tarde no belo jardim que há à tua disposição.

— Tenho medo de cair — temeu Camila.

— Tu não vais cair.

Com a ajuda da senhora, Camila levantou-se e ficou em pé. Notou seus pés adormecidos. Aliás, todo seu corpo parecia adormecido.

— Aurora — perguntou não conseguindo esperar muito tempo para elucidar os fatos —, o que eu estou fazendo aqui?

Por que me sinto tonta embora não tenha nenhum machucado aparente? Sinto-me mal.

— Mal? Quem disse que tu estás mal?

— Eu estou dizendo — insistiu Camila.

— Meu bem — tornou Aurora paciente —, esteve dormindo por algum tempo. Acordou poucas vezes nesse último mês e voltou a dormir. Só que não se lembra.

— Acordei algumas vezes nesse último mês?! Do que estás falando?!

A mulher sorriu com ternura e respondeu:

— Tu estás em um Posto de Socorro. Este é um bom lugar. Daqui a pouco terás todas as informações que quiseres e as terá por ti mesma. Agora vamos, tens de te arrumar para receberes uma visita. Ele já está chegando.

— Quem é?

— Um parente teu.

— Um parente! Espera aí! Quem são meus parentes e onde estão? Se é um hospital, onde está minha família? Eu não me lembro da minha família. Não consigo recordar de ninguém. Estou com amnésia!

— Dê o nome que quiseres ao teu esquecimento. Mas eu te garanto, isso já vai passar. Acalma-te.

Camila contentou-se temporariamente. Ela banhou-se, penteou os cabelos e escolheu uma roupa de seu agrado. Ao sair da toalete, sentou-se na cadeira próxima à pequena mesa. Sentia-se exausta. Arrumar-se sozinha parecia ter-lhe exigido grande esforço. Aurora havia saído e não retornara até aquele momento.

Foi então que levantou-se, caminhou até a porta e a abriu deparando-se com um enorme corredor onde havia várias portas que pareciam ser de quartos iguais ao seu. No final desse corredor, surgiu uma moça trazendo uma bandeja.

A jovem se aproximou e parou frente a ela dizendo amistosamente:

— Boa tarde. Tudo bem?

— Sim. Obrigada.

Quando Camila percebeu que a moça desejava entrar ali, recuou dando-lhe passagem. Dentro do quarto ela se apresentou:

— Meu nome é Lara.

— O que faz aqui, Lara?

— Eu trabalho neste Posto de Socorro. — Tirou a tampa da bandeja, chamando-lhe a atenção para o que trazia: — Veja, Camila, que frutas lindas! São especialmente para tu saboreares. Creio que irás adorá-las, são deverasmente deliciosas!

— De fato são lindas! — concordou Camila.

— Saboreia. Tenho certeza de que vai gostar.

Camila aproximou-se da mesa e pegou uma pera, observando:

— Sempre gostei muito de pera.

— Viu só! Já lembraste que gosta de pera.

Camila sorriu. Ao prová-la, sentiu alguma coisa especial em seu sabor. Nunca havia experimentado fruta como aquela. Apesar do gosto ser o mesmo, existia algo diferente em seu impressionante paladar, em sua essência que não sabia explicar.

— Dê-me licença. Tenho outros para servir. Daqui a pouco Aurora vai voltar para levá-la a um passeio. Foi um prazer enorme conhecê-la.

— Obrigada, Lara. Muito obrigada.

— Ora! Não por isso. Até mais.

Lara se foi e um imenso vazio se fez nos sentimentos de Camila.

Ao acabar de comer a pera, resolveu saborear uma nectarina que lhe pareceu deliciosa.

Após bater suavemente à porta, Aurora entrou.

— Vejo que estás te alimentando! Isso é bom. Não quero te interromper, mas quando acabar vamos dar uma volta para que possas conhecer este local enquanto o nosso astro maior está presente no céu límpido e de um azul esplêndido!

— Se quiseres — disse Camila —, estou pronta. Entretanto me sinto fraca. Não sei se poderei andar muito.

— Isso não é problema, veja.

Abrindo a porta, Aurora mostrou uma cadeira de rodas que a esperava do lado de fora do quarto.

— Pra mim?! — surpreendeu-se Camila.

— Claro. Quanto mais tempo ficamos presos entre paredes e deitados em camas, maior é o desânimo que nos assola. Sei que precisas sair. Lá fora há um lindo jardim a tua espera.

Um pouco constrangida, por achar-se um estorvo, Camila aceitou a cadeira de rodas. Aurora, animada, pôs-se a empurrá-la corredor afora. Passaram por corredores e saguões até que chegaram a um imenso jardim.

Seu gramado era de um verde inigualável parecendo ser aveludado. Seus canteiros ornamentavam lindas flores que nunca vira antes. Havia rosas e margaridas também. Ao longe, podiam-se ver magníficas árvores semelhantes a eucaliptos gigantescos.

O sol realmente estava radiante. Camila nunca havia observado um entardecer tão lindo.

Os pássaros, percebendo a aproximação do crepúsculo, faziam suas revoadas encenando um lindo balé aéreo.

Ela ficou deslumbrada com tudo e, por alguns minutos, esqueceu suas dúvidas e curiosidades.

A certa distância ela pôde observar outras pessoas que se encontravam por ali. Uns pareciam apenas passear, admirando a bela natureza; outros, sentados em bancos de jardins, apreciavam um bom livro; outros, ainda, somente andavam de um lado para outro, parecendo trabalhadores do local.

Depois de longo tempo, quando o sol quase se punha, Aurora interrompeu sua apreciação perguntando:

— Gostou do nosso jardim?

— É maravilhoso! — respondeu Camila emocionada. — Este lugar é encantador. Quem o fez tem imenso bom gosto.

— Quem o fez, projetou-o com amor, com muito amor — enfatizou Aurora sorridente.

Depois de ficarem ali por mais alguns minutos, a generosa senhora convidou-a para entrar:

— Importas-te de entrarmos agora? Creio que tua visita já chegou e te aguarda.

— Sim, claro. Vamos entrar.

Manobrando a cadeira de rodas, Aurora empurrou-a até uma sala onde havia dois sofás e uma mesinha central que ostentava um vaso com belas flores.

— Camila — disse Aurora. —, se desejares, podes levantar e caminhar um pouco. Tua visita não vai demorar.

Aceitando o convite, andou até a larga janela de onde pôde observar o jardim de outro ângulo. Após alguns minutos, ela ouviu seu nome pronunciado por uma voz que lhe pareceu familiar.

— Camila?...

Quando ela se virou...

— Minha querida, que bom que tu estás aqui!

Ela ficou petrificada e incrédula. Repentinamente, lembrou-se da família, do passado mais recente e não conseguia entender como estava frente àquele homem que fora seu tio por parte de pai e que havia falecido há uns seis anos.

Alfredo ficou parado, esperando alguma reação, pois entendia o espanto da sobrinha.

A custo Camila murmurou:

— Tio Alfredo!...

— Camila, querida...

Quando Alfredo tentou aproximar-se imediatamente ela se afastou e gritou:

— Não!!! Socorro!!! Por favor, ajudem-me!!! Ele morreu!!! Socorro!!!

— Querida, seu tio te ama. Ele só quer teu bem — disse Aurora.

Alfredo, querendo ser amável e para não atormentá-la mais, tentou explicar em rápidas palavras:

— Camila, meu bem, eu não morri, só deixei de viver na carne para viver em espírito. Já te expliquei isso quando vivemos encarnados.

Abraçada à Aurora, Camila chorava enquanto implorava em soluços:

— Não deixe que ele se aproxime de mim. Ele morreu. É uma assombração!

— Ele não é uma assombração. Nenhum de nós somos. Teu tio Alfredo desencarnou, ou melhor, deixou de viver entre os encarnados para viver entre nós, como espírito, como tu também.

— Eu?!!! — gritou inconformada.

— Sim querida. Assim como todos os que vês ou viste por aqui. Nós só deixamos de viver na Terra. Isso não significa morte, significa que deixamos a carne, deixamos de viver no nosso corpo material e agora somos só espíritos.

— Não pode ser! Não é verdade!

— É sim — confirmou Alfredo amável.

Camila afastou-se de Aurora, como se a repudiasse, e perguntou ofensivamente:

— Onde estão meus pais?! Onde estão meus irmãos?!

— Na Terra, Camila. Eles ainda vivem encarnados — respondeu Alfredo em tom generoso.

— E eu... eu morri?!

— Tu desencarnaste há seis meses — tornou Alfredo.

— O que eu estou fazendo em um lugar como este?!

— Estás sendo socorrida, ajudada. Estás aqui para receberes orientação sobre o plano espiritual. Recordares tudo o que já sabes sobre o mundo dos espíritos e as experiências que tiveste de vivenciar para harmonizares e evoluíres moralmente. Não é a primeira vez que tu desencarnas. Temos a certeza de que, em breve, vais lembrar-te de tuas outras reencarnações, das outras experiências quando desencarnada, dos cursos em colônias que já viveste...

— Chega!!! Chega!!! Isso não existe! Isso é besteira! O que é que estou fazendo no mesmo lugar que ele?!! — perguntou Camila à Aurora, apontando com desdenho ao seu tio.

— Alfredo não vive aqui. Ele pertence a uma colônia espiritual não muito distante e veio para cá a fim de te recepcionar e nos ajudar a te esclarecer tudo — respondeu Inácio que acabara de entrar na sala.

Camila não se conformou. Agitando a cabeça como se tentasse negar a situação e o esclarecimento que recebia, passou a andar de um lado para outro repetindo:

— Não! Eu não morri! Não morri! Se eu morri, não é esse o meu lugar. Não foi para um lugar deste que eu me preparei e me eduquei. — Olhando para o alto, como em súplicas, ela ainda disse: — Oh! Senhor! Tenha misericórdia de mim! Eu não pequei. Sempre segui Teus mandamentos! Nunca fiz nada de errado para merecer estar nas mesmas condições que os pecadores!

— Camila, para. Por favor — pediu Alfredo com voz enérgica. — Não digas nada sem antes tentares entender a situação.

— Não fales comigo! O senhor só viveu em pecado e quando morreu foi pro inferno porque viveu pregando coisa do demônio!

— Não digas mais nada, Camila — insistiu Alfredo. — Não te precipites.

— O senhor viveu no erro, tio! Eu bem sei! Viveu no pecado. Eu fui cristã!!! Meu pai sempre nos disse que o senhor iria pro inferno quando morresse e, se eu morri, não posso estar junto de pecadores! Isso eu não aceito! Aqui é o inferno e tu és o satanás!!! Eu quero sair daqui!

— Acalma-te! Não digas mais nada. Tua atitude, palavras e sentimentos não são convenientes às vibrações existentes neste lugar. Não fales mais nada ou poderás te arrepender disso — tornou Alfredo novamente enérgico.

Porém ela não o ouviu.

— Aqui é o inferno!!! Quero sair daqui!!! Este lugar é para os sujos e pecadores!!! Este lugar é para imundos, sujos!!!...

Camila entrou em desespero e, sem que pudesse reagir, sentiu-se tonta e foi enfraquecendo. Alfredo aproximou-se e tentou segurá-la, mas escorregou por entre seus braços e se fez sumir.

Aurora e Alfredo se entreolharam. Sabiam o que havia acontecido.

Alfredo olhou em seguida para Inácio como quem questionasse. Entendendo sua expressão, Inácio falou:

— Lamento muito, caro Alfredo. Bem sabe como lamento. Mas as vibrações emanadas por Camila destruiriam a harmonia de nosso Posto caso continuasse aqui. Na hora e no momento certos, ela se harmonizará e voltará para nós. Oremos para que isso seja em breve. Camila é uma criatura de personalidade superior e já foi enriquecida, em outros tempos, com orientações que irão operar em seu âmago. Após certificar-se de seu desencarne e recordar suas experiências passadas, ela própria se guiará, a princípio pelo instinto, depois pela certeza no caminho da evolução.

— Eu não consigo entender como isso pôde acontecer. Preparou-se tanto no plano espiritual para esse último reencarne. Teve tanto estudo, assistência e amparo, além de imensa boa vontade e orientações quando encarnada.

— Tu entendes sim, Alfredo. É claro que entendes. A ignorância, o medo e a comodidade não permitirão, a qualquer espírito, lembrar-se das verdades eternas. Quando, no círculo da carne, a criatura se acomoda e se acovarda, negando-se a ser o servidor que deveria, tende a encontrar dificuldade diante da verdadeira vida, que é no mundo espiritual, e quer, muitas vezes, tentar justificar sua existência improdutiva. Se ela não se integrar no trabalho de propagação de valores espirituais, morais e educativos para as almas com ela encarnadas, recolhe-se indevidamente na comodidade que lhe traz o mais completo bem-estar físico e material. A Terra é uma oficina de trabalho para os que lá se preparam. Não importa o que a vida nos apresente como experiência quando encarnados. Temos de seguir os nossos mais suaves sussurros interiores voltados para o bem e cumprir nossas obrigações fundamentais com muita responsabilidade. Vamos aguardar e vibrar para que Camila encontre o melhor, onde quer que vá. A propósito, para que saibas, será possível enviarmos uma excelsa criatura que atingiu elevados valores morais e espirituais para tentar acompanhar nossa querida Camila. Há muito ele vem, gentilmente, fazendo tal solicitação na Colônia onde se encontra, mas somente agora ela pode alcançar a vibração espiritual para vê-lo, se ele diminuir a luminescência. — O espírito Alfredo olhou-o surpreso, mas nada disse. Porém o nobre Inácio revelou: — O amor verdadeiro e incondicional transcende as barreiras da vida e do tempo. Falo do nosso querido e elevado Túlio. Sabemos o quanto ele se empenhará para ajudá-la e trazê-la para junto de si como filha espiritual.

Os olhos de Alfredo brilharam. Ele não conseguia argumentar nada. Depois de algum tempo sorriu e agradeceu imensamente.

7

CAMILA RETORNA
À CROSTA

De súbito Camila sentou rapidamente em sua cama. Sentindo o coração bater aos saltos, pensou:

— Puxa, que pesadelo horrível! Como pode ser isso?

Olhando-se, observou:

— Adormeci vestida. Que engraçado! Perdi a noção do tempo. Devo ter dormido demais.

Logo sua atenção voltou-se aos chamados de sua mãe.

— Vamos, meninas. Estamos atrasadas! Seu pai não pode se atrasar hoje, viu?! Vamos logo.

Camila saltou da cama, olhou-se rapidamente no espelho e saiu correndo.

Na sala, ela viu quando Cida e Vera saiam às pressas enquanto sua mãe segurava a maçaneta da porta, pronta para fechá-la.

As irmãs entraram no carro acomodando-se no banco de trás onde Júnior já se encontrava sentado.

Cida e Vera começaram algum tipo de brincadeira logo interrompida pelo severo senhor Honório que, sentado no banco do motorista, repreendeu-as zangado:

— Parem com isso! Se perturbarem mais uma única vez, eu as colocarei de castigo e até prometo-lhes uma surra.

Sabendo da rigorosidade do pai e temendo a punição, as meninas se aquietaram.

Dona Clara acomodou-se no banco dianteiro e todos seguiram em total silêncio até a igreja.

Ao chegarem, como sempre faziam, sentaram-se logo nos primeiros bancos à espera do início do culto, que não iria demorar.

O senhor Honório era cumprimentado por todos de forma muito cortês e amistosa.

Uma senhora, que se pôs ao órgão, passou a executar um belo hino.

Alguns jovens apossaram-se de violões enquanto outros emitiam sons em instrumentos percussivos que estavam num dos cantos do imenso salão.

Nesse momento o ambiente ficou perturbado pela miscigenação sonora que se fez devido aos acordes emitidos pela afinação dos instrumentos.

Cida e Vera cochichavam e gracejavam de algumas coisas que viam, enquanto Camila sentia-se ainda desconcertada.

Aquele sonho parecia ter-lhe feito mal de alguma forma. Estava confusa e um pouco atordoada.

Virando-se para a irmã, Camila chamou:

— Vera?

Vera não se importou com o chamado e continuou murmurando graças com Cida.

— Vera! — insistiu Camila que se irritou. — Deixem de ser crianças. Parem com essas besteiras!

Vendo que as irmãs não se importavam, virou-se soberba e resmungou:

— Crianças são assim mesmo! Espero que cresçam algum dia.

Ao perceberem a entrada do pastor, que assumiria seu lugar na frente, todos os presentes se colocaram em pé e se puseram a cantar um belo hino para iniciar o culto.

O senhor Honório, pastor da igreja, entrou muito animado e sorridente, cantando enquanto batia palmas. Ele sentiu-se orgulhoso ao assumir, na frente de todos, o patamar mais alto de onde podia ver aquele salão lotado de fiéis fervorosos e dedicados.

Depois dos cantos, cumprimentos coletivos e de ler uma passagem bíblica com muita emoção, o pastor Honório explicou de maneira conveniente e pregou alvitrando favoravelmente aos interesses daquela igreja. A cada pedido de confirmação de fé, os fiéis deliravam em gritos fervorosos de aleluia.

Pela primeira vez, Camila começou a sentir-se muito mal com todo aquele alarido que se fez. Era um sentimento estranho, pois já se acostumara com tudo aquilo.

Em alguns momentos, a multidão de fiéis parecia enlouquecida. Eles estavam realmente fora de si, longe de seus juízos normais. Pareciam completamente insanos em seus protestos chorosos, pedidos, súplicas, agradecimentos e rogativas infinitas.

No momento da coleta e arrecadação de valores denominados serem para a "casa do Senhor", o pastor Honório falava em altos brados:

— Ninguém é tão pobre que não tenha nada para oferecer! Isso está escrito aqui... no livro do Senhor! — e erguendo a Bíblia, ele gritava: — Colaborem, irmãos! Colaborem para o crescimento do amor. Provem seu amor pelo Senhor e que darão a Ele tudo em nome do amor! Doando, todos vós provam que não têm ambições em seus corações! Livrando-se de todos os valores, todos vós provam ao Senhor que são puros de coração! Que são isentos do grande pecado, que é a ambição, pois o dinheiro abundante que não tiver o destino ao Senhor, é sujo! É pecaminoso! Nenhum prazer vós tirareis dele aqui neste mundo!

A cada exclamação dita, ouviam-se louvores de "glória e aleluia" da multidão que parecia dominada pelas propostas e considerações proferidas pelo pastor Honório que os fascinava e entorpecia, parecendo fazer debilitar as faculdades da multidão que se deixava enfraquecer sem raciocínio algum sobre o deblaterar proclamado pelo pastor que tinha como objetivo, talvez inconsciente, uma insana lavagem cerebral coletiva.

Observando a igreja, já lotada, Camila percebeu que o número de fiéis parecia ter dobrado.

Enquanto os músicos executavam uma canção e uma mulher cantava, o pastor Honório dizia palavras de agradecimentos aos que colaboraram com tudo o que tinham e ainda incentivava aqueles que não haviam doado o suficiente.

— Irmãos! — gritava o pastor Honório. — O que quer que tenham doado aqui de coração, podem ter certeza de que o Senhor está vendo! O Senhor sabe se realmente tu ofertaste à Ele tudo o que podia! E por isso o Senhor te abençoará! Ele te dará em dobro tudo o que tu deste a Ele aqui! O Senhor sabe se tu estás ou não sendo sincero! O senhor sabe dos teus pensamentos e da tua ganância! Mas se não quiseres doar ao

Senhor os teus bens, não tem problema. Porém, lembra-te de que se estiveres sendo egoísta para com Ele, Ele também será egoísta para com vós! O Senhor não te dará mais nada! Ele negará a ti a entrada no reino dos céus!!!

Em meio aos apelos fervorosos do pastor, a multidão aglomerada clamava repetidas vezes:

— Glória!!! Aleluia!!!

Fazia-se um emaranhado de vozes no ar, vibrando para uma só proposta: a de convencer mais um a doar seus bens, pois sempre havia um e outro fiel a se levantar e dirigia-se à frente a fim de dar seu último óbolo e, muitas vezes, realmente era o último valor em dinheiro que havia para si e para sua família. Mas a credibilidade nas palavras do pastor, de que aquele numerário seria para Deus, os fiéis ali presentes se desfaziam até mesmo de pertences e adornos pessoais, acreditando pudessem ter algum valor às obras do Senhor e os doavam para não serem vistos por Deus como avarentos, ambiciosos ou egoístas.

Aqueles homens e mulheres estavam entorpecidos pelas palavras do pastor, que mais parecia um ditador usando de manifestos convincentes aos desprovidos de perspicácia e observações, óbvias aos olhos de quaisquer pessoas de espírito prudente e lógico. Porém Honório convencia-os com sagaz palavreado de indução aos óbolos, fazendo desta petição de donativos um ponto fundamental e indiscutível da doutrina religiosa, dando-lhes referências vagas e indiretas de como e onde tudo aquilo seria usado por Deus.

Camila começou a sentir-se indignada com os dizeres, observações e alusões feitas com disfarces por seu pai para aquela gente humilde e ignorante aos conceitos espirituais.

Ela sentiu imensa vontade de sair dali, mas como poderia? Onde já se viu a filha do pastor abandonar o culto? Poderia parecer arredia à vista dos irmãos de crença.

Observando melhor seu pai, não como um parente e sim como quem observa um desconhecido, Camila estarreceu.

Como é que ele poderia usar o nome de Deus para arrecadar aqueles valores de pessoas que pareciam ser tão pobres e indefesas? Isso era um crime! Seu pai usava de sutileza em suas palavras, era engenhoso com os trechos bíblicos lidos, direcionando, com ousadia, suas explicações a tudo o que lhe era conveniente.

Seu pai possuía grande sutileza de raciocínio ao argumentar qualquer contenda que poderia surgir. Ele conseguia encobrir, com astúcia, seus propósitos, ocultando o que realmente almejava obter.

Por outro lado, Camila não entendia como aquelas pessoas se deixavam levar por tais argumentações, por todo aquele enredo exibido e proposto pelo pastor Honório. Muitas vezes, em suas encenações, ele fazia de seus cultos um verdadeiro espetáculo circense simplesmente para incentivar, animar e convencer aquelas pessoas às suas argumentações e propósitos, dissimulando o verdadeiro significado da boa conduta que nos ensina a Bíblia.

De súbito Camila questionou-se por tais pensamentos. Por que pensava aquilo e somente agora? Não contendo mais a imensa vontade de abandonar aquele recinto, levantou-se e, sem titubear, andou corredor afora saindo pela porta principal.

— Os irmãos de igreja — pensou ela — estão tão envolvidos em delírios que nem mesmo se incomodaram com minha retirada.

Ao ganhar a porta principal e passar rapidamente pelos homens que estavam ali em pé fazendo-se de sentinelas para inibir a entrada daqueles que não são bem-vindos aos cultos dessa doutrina, Camila sentiu-se aliviada.

Os homens que se faziam de guardiões para a segurança da igreja e do pastor estavam atentos a tudo, porém não se incomodaram com sua saída rápida nem poderiam.

Já no pequeno quintal da igreja, antes de sair pelos portões, Camila começou a observar as pregações feitas por seu pai. Reparou que suas palavras nos longos discursos maçantes nunca deixavam de arguir e até ofender outros credos ou doutrinas religiosas, como se todos os não simpatizantes com aquelas pregações pudessem ser pecadores sem perdão, confinados às chamas eternas do tão temido inferno.

O pastor Honório possuía refinada argúcia, empregando em suas palavras manifestos e gesticulações que convenciam a todos. Ele enobrecia seus palavreados, suas propostas e sugestões de modo a tolher e constranger a qualquer um dos presentes a alguma dúvida que pudesse surgir.

Camila começou a ficar preocupada com o que deveria dizer a seu pai sobre sua súbita retirada.

Logo mais, quando findou o culto e todos os irmãos começaram a sair, ela passou a afligir-se ainda mais.

Assim que seus pais começaram a descer os poucos degraus para chegarem ao pátio, sorriam prazerosamente aos cumprimentos recebidos dos estimados irmãos de doutrina. Alguns deles estavam ali a visitá-los, pois pertenciam a outra comunidade da mesma regra religiosa. Outros não eram vistos há alguns dias.

Mesmo temendo a punição de seu pai, pois sabia de sua severidade, principalmente tratando-se da religião, Camila pôs-se à frente deles para ser notada e com isso procuraria sentir, ao observar a fisionomia de ambos, qual o conceito que tiveram de sua atitude.

Os pais de Camila se fizeram neutros. As expressões fisionômicas eram de que nada viam. Por sua vez, aproximou-se de sua mãe e a chamou:

— Mãe?!

Mas de imediato, outro grupo de conhecido se fez à frente deles, por isso Clara não lhe deu atenção, pensou ela.

Aguardando que houvesse uma pausa na conversação, Camila se pôs ao lado dos pais, mas notou que ninguém a cumprimentava.

— Estariam eles punindo-me com o desprezo, ignorando minha presença devido à atitude arredia durante o culto? — pensou Camila.

Porém sobressaltou-se ao ouvir de um irmão de culto a seguinte condolência:

— Irmã Clara — disse ele —, eu lamentei imensamente a morte de nossa irmã Camila. Aceite os meus pesares. Soube ontem, quando retornei de minha viagem a São Paulo. Fiquei imensamente triste, mas ao mesmo tempo estou contente por ter a certeza de que nossa irmãzinha Camila se encontra no reino do Senhor e não mais neste mundo infectado pelas tentações perniciosas dos infelizes e maldosos que não acreditam na fúria do Senhor e vivem no erro e no pecado. Nós aqui na Terra, cara irmã, estamos rodeados de satanases disfarçados de gente.

— O que é isso?!! — gritou Camila, tentando interrompê-los. — De que Camila o senhor está falando?!

Mas nem sua mãe ou o amigo puderam ouvi-la.

— Sim, caro irmão Pedro — respondeu Clara —, tenho certeza de que minha filha está ao lado do Senhor, longe das maldades deste mundo, pois se houve algo que sempre eu e Honório lhe ensinamos, foi a boa conduta. Nunca deixamos que Camila se aproximasse daqueles que transgridem as leis do Senhor. Hoje eu tenho a certeza de que os anjos cuidam de minha filha ao lado do Senhor! No reino de Deus! Na glória eterna!

— Aleluia, irmã! — disse Pedro. — Glória ao Senhor!

— Espere aí! — desesperava-se Camila em pânico. — Mãe! Senhor Pedro! Estou aqui! Vejam! Olhem para mim!!!

Porém toda a tentativa para ser vista ou ouvida era inútil. De nada adiantavam seus gritos, rogativas e desespero.

O assunto sobre sua morte continuou:

— Irmã Clara — perguntou o senhor Pedro —, eu ainda não soube com detalhes o que aconteceu a ela, se não se incomodar...

— De forma alguma, irmão Pedro. Eu estou amparada nas forças do Senhor, pois tenho certeza de que se o Senhor levou minha filha para junto Dele, lá ela estará bem melhor. O Senhor me consola e me fortifica... — Clara passou a interpor em sua conversação termos bíblicos decorados e, voltando logo as suas explicações, continuou: — O Senhor teve misericórdia de mim porque minha alma confia Nele! E à sombra de suas asas me abrigo até que passe as calamidades! Clamei ao Deus Altíssimo, que por mim tudo executa! E Ele dos céus enviou o seu auxílio e me salvou do desespero. O Senhor me enviou Sua misericórdia e a Sua verdade. Por isso, confiante no Senhor, não temo em contar o que houve.

"No sítio do irmão Paulo, as meninas dele junto com as minhas filhas animaram-se a passear de barco na represa próxima. O irmão Paulo se prontificou a levá-las. Colocando todas em sua caminhonete, levou-as ao tão solicitado passeio.

"Eu e Honório ficamos no sítio. Contaram-nos posteriormente que, as sete meninas, junto com o irmão Paulo, seguiram represa adentro num barco a remo. Momentos depois, quando estavam muito longe da margem, a água passou a invadir o pequeno barco. As meninas se apavoraram e começaram a gritar. Angela, a filha mais nova do irmão Paulo, caiu na água e o irmão atirou-se nela para salvá-la. As meninas contam que, com o balanço que se fez no barco, um dos remos atingiu

Camila na cabeça e que no mesmo instante ela caiu na água. Angela foi posta no barco pelo pai com a ajuda das meninas que logo contaram ao irmão Paulo que Camila também caíra na água. Disseram-nos que o irmão mergulhou à procura de Camila que, ao cair, conforme contam as meninas, afundou sem voltar à superfície por uma única vez.

"O irmão Paulo ficou fora do barco para não fazer mais peso até a chegada do socorro, que não demorou. Os bombeiros encontraram o corpo de minha filha somente horas mais tarde.

"Segundo os médicos, Camila afogou-se dormindo. Ela desmaiou imediatamente, no momento em que o remo a atingiu e não sofreu a angústia do afogamento."

— Tão nova. Tão bondosa. O Senhor só poderia colhê-la dormindo — salientou o senhor Pedro.

— Minha filha foi levada ao reino dos céus logo depois de fazer vinte e seis anos — disse Clara.

Camila ficou estarrecida. Não lembrava, em absoluto, o que sua mãe contara. Contudo aquela narrativa lhe era familiar.

Em seguida, veio à memória a conversa que, acreditando ser sonho, teve com seu tio Alfredo, do lugar onde esteve que parecia ser um hospital e do pôr do sol luzente e inigualável.

Sentindo-se atordoada com todas aquelas recordações, agitou a cabeça como se quisesse negar o que ocorria ou despertar de um pesadelo.

Resolveu insistir com eles, mais uma vez, sobre sua presença:

— Mãe, por favor, mãe. Veja! Por Deus, mãe! Olha pra mim!!! Eu não morri! — Clara não conseguia registrar sua presença e ficava completamente indiferente aos chamados da filha. — Não pode ser! — reclamava o espírito Camila em seu desespero. — Eu acordei há pouco e... Foi isso mesmo! Eu acordei, sentei na cama... na minha cama... Depois entrei no carro com meus irmãos e vim pra igreja. Eu não morri! Eu vejo a todos, sinto meu corpo. Eu não morri!

Correu para seu pai, que não pôde percebê-la. Depois para as irmãs, que não puderam senti-la. Tentou então outros conhecidos da igreja, com quem outrora vinculara amizade.

Tudo em vão. Ninguém a notava. Ninguém registrava sua presença.

Camila pensou que iria enlouquecer. Até que um senhor de certa idade, já encurvado pelos anos, pôs-se frente a ela e perguntou:

— Menina, também te sentes boba falando e falando sem ninguém te dar ouvidos?

— É comigo que o senhor está falando?

— Puxa, menina! Ainda bem que me ouviste!

— O senhor pode me ver?!

— Claro! Com quem acha que estou conversando? Ninguém aqui dá importância ao que eu digo.

— Como é que o senhor pode me ver e também falar comigo? Aqui ninguém mais consegue me perceber.

— É simples. Tu morreste. Como eu e muitos outros que estamos aqui. Veja só.

E apontando para alguns grupos de pessoas reunidas, Camila notou que um e outro se juntavam aos aglomerados, mas esses eram diferentes dos demais, porém agiam como se pudessem ser notados e palestravam sobre o assunto em pauta como se os demais acatassem suas opiniões, o que frequentemente acontecia.

— Estou ficando louca! — exclamou Camila. — Isso não está acontecendo comigo!!!

— Mas está. Não se assuste. No começo é difícil, mas depois tu acostumas. Agora tenho que ir. Minha família já está se retirando. Ah! Só um aviso: cuidado com as sombras.

— As sombras?! — perguntou Camila.

O senhor se virou sem se incomodar com a indagação e acompanhou seus parentes.

Percebendo também que sua família estava indo embora, sem titubear, ela os seguiu.

8

A DESONESTIDADE DE HONÓRIO ATRAVÉS DA RELIGIÃO

Dentro do carro, a caminho de sua casa, Camila tentou, em vão e seguidas vezes, falar com seus familiares. Chorosa por suas condições, começou a sentir-se insegura pelo seu futuro incerto.

Acompanhando a família em tudo o que faziam, ela não tinha alternativa, se não a de ficar ali vegetando na companhia dos seus.

Ao amanhecer, sentiu fome. Tentou pegar alguns dos alimentos que se encontravam arrumados sobre a mesa para o desjejum de todos.

Incapaz de sequer tocá-los, desistiu após inúmeras tentativas. Depois chorou.

Sentindo-se um ser translúcido e malfadado, começou a impugnar a existência de Deus e todos os valores morais que aprendera a respeitar durante toda a sua vida.

Em seu pensamento, começaram a surgir inúmeras indagações:

— Para onde vão os que morrem? Se estou em minha casa, onde está o restante dos meus familiares que cruzaram a fronteira da morte antes de mim?! Meus avós maternos, que morreram há anos?... Por que será que não estão aqui agora?! Para onde foram?!

Mesmo sem obter respostas, ela prosseguiu seu raciocínio naquela linha de pensamento, questionando:

— Onde será que fica o céu? E o inferno? Seria o inferno aqui, junto com os vivos? Não. No inferno há fogo e sofrimento. O que eu tenho, no momento, é fome.

Sentando ao lado de sua mãe durante o tempo em que tomavam o café da manhã, Camila recostou sua cabeça no ombro da genitora buscando afeto, pois a carência afetiva era imensa.

Durante aquele desjejum, Clara ficou com um semblante choroso e passou a pensar na filha que perdera desejando ter ali sua presença, ou querendo ter a certeza de que ela estivesse em boas condições.

Honório, notando a tristeza presente na mulher, vociferou:

— Lembre-se, mulher, o demônio entra em nossos pensamentos quando nós deixamos!!!

Clara não se pronunciou, continuando seu café.

Logo depois que todos se retiraram da mesa, Camila sentia-se menos faminta. Ela havia absorvido as energias dos alimentos através de sua mãe. Porém não se deu conta disso.

Sem saber o que fazer naquelas condições em que se achava, Camila foi para a sala de estar onde seu pai se encontrava empenhado na leitura de um jornal.

Minutos depois, Vera e Cida pararam junto à estante, vasta de livros, à procura de uma determinada matéria.

As irmãs discutiam sobre o assunto enquanto Honório, resoluto e inflexível, pronunciou a elas, de forma hostil e desagradável, sem respeitar a atividade nem os direitos das filhas.

— Vão para o quarto. Preciso telefonar.

— Mas pai... precisamos de... — Vera tentou dizer.

Interrompendo-a bruscamente ele reagiu:

— Eu mandei irem para o quarto!

Sem demora ou reclamação, elas se retiraram temerosas.

Camila passou a refletir sobre o comportamento de seu pai.

— Para que tanta animosidade? — pensava ela. — Meu pai não tinha razão para tratá-las assim de forma tão irracional e estúpida. Tua maneira de falar sempre fora hostil. Isso é admirável, pois os ensinamentos e as pregações que ele faz como pastor diferem completamente de suas atitudes quando se trata de sua família.

Sabendo que seu pai não podia ouvi-la, ela falou-lhe ao ouvido:

— É, pai, dentro de tua própria casa o senhor não sabe praticar um dos principais mandamentos que é "Amar ao próximo como a ti mesmo." Esse próximo, de que nos fala o mandamento, são aqueles que encontramos dentro do nosso lar. É no lar que deve haver imensa, extrema troca de gentilezas. Além de causar excelentes energias benéficas, carregadas de otimismo sadio e tranquilo aos que delas vibram e compartilham, proporciona aos ouvintes ou espectadores o exemplo e as impressões salutares que os estimularão à prática de ações semelhantes.

Honório não podia sequer sentir o raciocínio sensato e edificante que sua filha lhe emitiu, pois ele se encontrava espiritualmente distante dessas sensibilidades, agora tão aguçadas, de sua filha que podia vê-lo com "outros olhos".

Camila reteve aqueles pensamentos e mencionou:

— Por que estou falando assim? O que pode me levar a essas conclusões sobre as atitudes de meu pai? Será que eu deveria defender esse mandamento de "Amar ao Próximo", pois hoje tenho a impressão de que Deus me abandonou? Se Deus existe, por que Ele não impede meu pai de falar e agir de forma imprudente sobre os ensinamentos do Evangelho? Por que não me tira daqui, Senhor?

Nesse instante ela passou a experimentar uma amarga e infeliz sensação de angústia e abandono. De súbito, sua atenção se voltou à gargalhada emitida por seu pai, que estava em concentrada conversa ao telefone. Foi então que passou a atentar ao que ele dizia:

— ...mas é claro! Tu pensas que sou otário?!

E novamente um sorriso simulado com o canto da boca se fez na face de Honório, que passou a ouvir o seu interlocutor.

Camila inquietou-se. Nunca vira seu pai com aquela fisionomia. Logo ele revidou novamente a alguma indagação que partiu do outro:

— Não. De forma alguma. Sabe Monteiro, eu tenho em mente uma coisa: presto àquele bando de infelizes amargurados um serviço de extrema necessidade e importância, pois, pelo que nós podemos perceber, eles são incapazes de raciocinarem sozinhos, são totalmente dependentes no sentido de palavra e fé. Se esse pessoal não for à igreja, não consegue rezar sozinho. Depois caem em melancólica ociosidade, depressão, não tendo ânimo para trabalhar ou conduzir bem-estar para dentro de suas próprias casas. Eles não conseguem nada sozinhos! Ao ponto de que, quando vão aos cultos, depois de atentarem muito às pregações, aos conselhos, às propostas que nós temos imenso trabalho de preparar e explicar a esses ignorantes, é que eles conseguem ganhar ânimo, força, energia que os revigoram. Daí que eles saem de lá entusiasmados, renovados... E tudo isso graças a quê?! Graças ao nosso esforço e a nossa capacidade! Sem nós, esses pobres e infelizes entrariam em conflitos interiores, desarmonia em seus lares, preguiça para o trabalho etc. E quem é que despende imenso esforço mental, além de enorme tempo gasto para que esse pessoal possa ter um pouco de autoestima?! Nós, é claro!!!

Enquanto Honório escutava a opinião de seu colega, Camila foi vencida pela golfada de verdades horrendas sobre as opiniões sinceras de seu pai quanto ao que ele realmente sentia sobre aqueles fiéis tão dedicados. Ela ficou estupefata e deixou-se escorregar pela parede onde encostara até chegar ao chão e lá ficou sentada.

Seu primeiro impulso foi o de revolta contra tudo e todos.

Olhando incrédula para seu pai, que ainda deleitava sobre aquele assunto, pôde ver rolando em torno dele sombras agressivas que tentavam atingi-lo. Porém Honório não conseguia senti-las ou percebê-las até porque seu animado assunto prosseguia:

— Eu não os engano, Monteiro — dizia Honório irônico. — Sempre digo que aquela arrecadação é, em nome de Deus, para a casa do Senhor! Eu não disse a ninguém que esse senhor, ao qual me refiro, é Deus, concorda? Esse senhor sou eu! — E novamente outra gargalhada se fez, mas logo Honório voltou a falar. — As obras do Senhor são o término da construção da minha casa em Angra dos Reis. Sabe, Monteiro... veja bem... Os médicos, dentistas, assistentes sociais e outros estudam para proporcionar saúde e bem-estar aos necessitados daqueles serviços, certo? E quando nós precisamos de um deles, nós pagamos por isso, e bem caro! O nosso caso não é diferente. Nós temos de estudar, e muito, para realizarmos o nosso trabalho, que é o de proporcionar paz de espírito, calma, resignação, paciência, harmonia, compreensão e muito mais aos necessitados, aos desequilibrados, aos ébrios, aos doentes, entre outros que não conseguem sozinhos esse estado. Prestando esse serviço, que é árduo e tendo em vista a qualidade e o tipo de gente que nos procuram, nós nos desgastamos muito, nos empenhamos extremamente e por isso temos direito a numerários ou salários, como qualquer outro profissional. Se um médico é excelente e cobra mais caro do que os outros por uma consulta e se inúmeras pessoas desejam ser atendidas por ele, esses pacientes têm de pagar pelo que desejam ou o profissional não os atende. Nosso caso não é diferente. Se minha igreja está sempre cheia, é porque os frequentadores gostam do que encontram lá e o que encontram é o que eu dou. Portanto têm de pagar por tudo o que eles querem ter de mim, como pagam para qualquer outro profissional que lhes presta serviços.

Sentada no chão, com as pernas estendidas, Camila ficou ainda mais assombrada com o que ouvia.

— Sim Monteiro — continuou Honório —, pretendo abrir outra igreja no Leblon ou na Tijuca... — Breve pausa: — Não... Não estarei forçando nada. Eu confio na minha sutileza, no meu raciocínio rápido. Tu sabes... sou esperto!

Não suportando mais ouvir a verdadeira opinião de seu pai quanto à religiosidade, na qual esclarecia com exatidão o seu próprio caráter e sua verdadeira personalidade, Camila levantou-se e foi até o quarto onde estavam suas irmãs.

— Passa bastante pomada para que, quando voltarmos, o pai não veja que estamos vermelhas — dizia Vera.

As irmãs se preparavam para irem à praia sem que seu pai soubesse. Elas diriam que havia um trabalho escolar importante e que o fariam na casa de uma colega da escola.

— Quanta hipocrisia! — disse Camila. — Como somos falsos. Fiz tanto disso. Menti, fugi, saí às escondidas para namorar... como se tudo ficasse encoberto para sempre. E tudo isso por quê? — depois de uma breve pausa, ela mesma respondeu — Porque, a começar pelo nosso pai, sempre tivemos o fingimento, a mentira e a falsidade vigorando em nossos corações. Nosso pai, indiretamente, sempre nos ensinou a mentir quando nos pedia para não contarmos isso ou aquilo aos outros sobre o que tivéssemos ouvido ou presenciado.

Impressionada por tomar ciência de que seu pai era um homem impudico, cínico e longe de ser temente à justiça Divina, Camila passou a ter um sentimento repulsivo por ele.

Voltando novamente à sala de visita, onde Honório ainda se encontrava, ela passou a experimentar um outro tipo de sentimento que divergia ao de pai e filha ou a qualquer outro de laços sanguíneos. Agora repudiava-o. Odiava.

Ouvindo o final da conversa de seu pai ao telefone, ela alertou-se:

— É claro que estou disposto — dizia Honório. — Quero ver sim! Além do que será melhor conversarmos pessoalmente. Estou indo agora mesmo. Até mais.

Camila não hesitou. Resolveu acompanhá-lo para descobrir o que mais camuflava de forma astuciosa.

Honório arrumou-se rapidamente. Avisou a esposa que não voltaria para o almoço daquele domingo e, depois de seu encontro, iria direto para a igreja onde se encontraria com ela e os filhos.

Ao sair de casa , Honório fechou a porta sobre Camila que descobriu, naquele instante, que portas e paredes não lhes seriam mais obstáculos. Entretanto aquela experiência a fez sentir um frio estranho correr-lhe pelo corpo espiritual.

Ela entrou no luxuoso carro junto com seu pai e acompanhou-o até um requintado edifício no Leblon. Depois de estacionar, Honório desceu e alinhou ligeiramente as roupas que desajustara quando sentara para dirigir. O espírito Camila desceu com ele observando para onde iria.

Caminhando alguns metros distraidamente pela calçada, Honório sobressaltou-se ao deparar com uma mulher que com animada e sincera simplicidade o cumprimentou de forma cortês:

— Honório, como vai?! Quanto tempo!...

Honório, demonstrando nítida insatisfação ao vê-la, revidou ao cumprimento com modos rústicos e descortês:

— Vou indo.

Quando ele quase se virou para seguir seu rumo, a mulher insistiu:

— E a Clara? Como tem passado... Os filhos?... Que já devem estar bem grandes!

— Vão indo bem. Desculpe-me, Dora, mas tenho um pouco de pressa.

Nessa pequena pausa, Camila exclamou emocionada:

— Tia Dora!

Dora transformou sua fisionomia de forma indefinível. Atenta, pareceu aguçar os ouvidos e girou a cabeça como se procurasse quem havia lhe chamado, enquanto dava um profundo suspiro de emoção. Mesmo sabendo que não foram os órgãos físicos que lhe proporcionavam a clariaudiência, foi instintiva aquela reação.

Camila teve a nítida impressão de que Dora a tinha percebido.

— Tia! Tia Dora! A senhora pode me ouvir?!

Dora sentindo-se surpresa e com os olhos lacrimejando, acenou levemente a cabeça de forma positiva. Honório nada entendeu e insistiu friamente:

— Com licença, Dora. Tenho de ir. Foi um prazer te ver. Podes deixar que eu darei tuas lembranças a todos lá em casa.

Camila não se importou mais com seu pai, perdendo completamente o interesse pelos seus objetivos. Correndo para perto de Dora, começou a abraçá-la e inexplicavelmente passou a sentir-se melhor, pois havia preenchido parte do vazio e da solidão que a corroía, pois alguém, do "mundo dos vivos", conseguiu percebê-la e passar-lhe verdadeiro amor.

Abraçada a Dora, Camila banhou-se de lágrimas em meio a um choro compulsivo. Dora passou a andar vagarosamente, esboçando no rosto um leve e delicado sorriso.

Ambas pegaram o ônibus. Depois de algum tempo desceram e andaram muito até chegarem a simples, porém aconchegante, casa onde Dora morava com seus dois filhos.

A última vez que Honório vira Dora, foi quando a cunhada pediu-lhe ajuda para pagar a faculdade do filho Júlio. Diante da negativa e repudiante resposta de Honório, Dora e os filhos não mais o procuraram nem mesmo mencionaram críticas ou comentários quanto ao tempo que Honório e a família viveram à mercê da bondade e do esforço deles.

Dora soube do desencarne de Camila por alguns conhecidos que lhe informaram quando já havia passado duas semanas.

Honório, depois que se mudou da casa de seu irmão Alfredo, influenciou e convenceu sua mulher e filhos de que seu irmão e a família viviam em pecado mortal por acreditar no que dizia o Espiritismo e na comunicação dos que já morreram, pois os mortos, que se comunicam com os vivos, só podem ter pacto com o diabo. Afinal, na opinião dele, somente o satanás seria capaz de voltar ao mundo dos vivos usando o corpo e a mente de

um encarnado para atazanar os que ainda estão aqui, enga-
nando-os com suas mentiras para persuadi-los ao inferno.
Somente assim o demônio teria mais escravos para servi-lo.

Toda a família teve por opinião formada aquele conceito
deliberado que lhe foi imposto pelas ideias preconceituosas
e convenientes de Honório.

9

ORIENTAÇÕES DE ANDRÉ LUIZ

Já se fazia hora do almoço.

Dora, rubra pelo calor escaldante do dezembro carioca, adentrou sua cozinha e foi à procura de água fresca, saciando-se.

Camila, inquieta, andava pela cozinha proseando o tempo todo.

— Tia Dora, tenho certeza que me ouviste. A senhora mudou o teu rosto no momento em que eu disse teu nome. Quase chorou de emoção quando me percebeste. Tenho certeza, tia, a senhora me ouviu.

O espírito Camila estava eufórico, desassossegado e ansioso para que Dora demonstrasse algo mais sobre o registro de sua presença. Porém, de súbito, Camila estarreceu ao ver perto de sua tia um homem luzente que parecia não tocar seus pés no chão. Ela fitou-o assustada, contudo não conseguiu sentir medo. Sorrindo, ele estendeu-lhe a mão cumprimentando-a e dizendo: — Eu sou André. Fiquei imensamente feliz por ter nos acompanhado.

— E... eu... sou Ca... Camila — gaguejou ela ainda pasmada, pois sentiu uma indescritível emoção ao ver e conversar com um espírito dotado de uma luz imensa.

— É um imensurável prazer tê-la conosco — respondeu André de maneira carinhosa e cativante.

Camila, olhos esbugalhados e nitidamente embaraçada, não sabia o que falar, porém retribuiu ao cumprimento.

Indicando-lhe onde sentar-se, André generosamente falou:

— Sente-se, Camila. Sossegue as ressaltas momentâneas, em breve tudo te será claro, acredite.

Sentando-se no lugar indicado, Camila nem mesmo piscava.

Aquele homem era um espírito circundado por uma luz resplandecente, transmissor de uma paz, de uma segurança incompreensível por ela. Temerosa, em meio a um sorriso quase forçoso, devido ao seu recente estado atônito, Camila timidamente perguntou:

— O senhor disse que eu os acompanhei... só segui minha tia Dora.

— A ilustre Dora não estava sozinha. Eu lhe fazia companhia.

— Mas eu não o vi — insistiu Camila.

— Não acredite que, somente por ter rompido os laços que a unia com a matéria corpórea, poderá ver todos aqueles que já o fizeram também.

— Mas se já morri, por que não posso ver todos aqueles que também já morreram?

— Porque há inúmeros escalões no mundo dos espíritos. Conforme o grau de espiritualidade, de sutileza do espírito, há para ele inúmeras barreiras que não são só a da visão.

— Por quê?

— Há, na espiritualidade, infalíveis leis dirigidas pelo poder cósmico, que são Leis Divinas. Elas existem sempre por inúmeras razões que, no momento, seria desnecessário explicar-te, uma vez que já tens grande bagagem de não tão remoto passado.

— Eu tive algum conhecimento espiritual no passado?

— Obviamente que sim — respondeu André com um doce sorriso esboçado no rosto. — Outrora, plenas energias lhe desabrocharam as faculdades espirituais através da dedicação à disciplina e incansáveis exercícios mentais despendidos por ti.

— Quando morri e despertei não me lembrava do próprio nome. Não lembrava o que me levou à morte. Como posso lembrar um passado que o senhor me diz ter vivido, se não me lembro do que fiz há poucos meses?

— Talvez não o recorde de plena consciência. Contudo, usando o amor do coração, hoje, ouviu a voz da Consciência Divina, que te falou através dos íntimos pensamentos e sentimentos e, com isso, seguiu-nos até aqui.

— Eu segui minha tia porque, ao ficar contente em vê-la, pronunciei seu nome e ela pareceu me escutar.

— Será que foi somente isso? Não vens, nos últimos tempos, pedindo guarida a Deus para o teu espírito inquieto e inseguro? Não teceste inúmeras indagações em que acreditaste não serem ouvidas e por isso pensaste estar sem respostas?

— Como assim?

— Bem se vê a brevidade de tuas recordações — tornou ele de modo fraterno —, porém relembremos. Quando te certificaste de teu desencarne, desejaste ardentemente saber onde estavam teus parentes que haviam "cruzado a fronteira da morte antes de ti?" Quiseste saber "onde é o céu ou o inferno?" Perguntaste "Por que Deus deixava teu pai agir de forma imprudente e por que não a tirava daquelas condições?" Não foi?

Camila, com os olhos mergulhados em lágrimas, que logo lhe correram a face, acenou a cabeça positivamente.

— Pois bem, filha, "pede e te és dado".— garantiu André ao falar. — Deixe-me acompanhar os movimentos orientando-te. Seria casualidade não conseguir isentar-te de imensurável ânimo ao ver tua estimada tia Dora? — Fez-se breve pausa, mas logo continuou: — E quanto a expressiva e farta empolgação que te fizeste desinteressar de tuas casuais curiosidades para com teu pai e parar de segui-lo?

"Tenho certeza, porém, de que todas as recomendações negativas feitas a respeito dessa humilde família, todo o vasto e profundo conhecimento que acolheste da rigorosa doutrina que seguiste, passaram a ser translúcidos diante de teus "novos olhos de ver". Apesar de que tal reconhecimento não a isenta da deliberada negação injustificável de exercitar a fé e a caridade. Contudo não hesitaste ao inexplicável sentimento confortante e prazeroso experimentado junto da magnífica Dora, sendo que nada te foi semelhante vivenciar perto dos teus. Que estranha força é essa?"

Diante do silêncio de Camila, André seguiu amável e cortês:

— Minha irmã, abandonaste a falsa ideologia, da qual te deixaste escaldar, para seguir sublimes e inexplicáveis impulsos verdadeiros de teu coração. Não será isso uma resposta às tuas súplicas?

— Pode ser que sim. Estou confusa.

— Obviamente que estás. Porém a decisão será sempre tua. Deixa teu âmago decidir. Possuímos poderes bem maiores do que imaginamos, desde que ajamos com fé e amor.

— A culpa por eu ter essas dúvidas é da religião que passei a acreditar e por ter desprezado o pouco que aprendi sobre Espiritismo.

— Não — respondeu André, convicto, firme e amável. — De forma alguma podemos maldizer uma religião. A base das religiões é a crença do homem ter um Ser Superior e Mantenedor a respeitar. Alguns homens são quem manipulam o entendimento dos menos vigilantes, as suas determinações sempre são voltadas aos interesses e conveniências pessoais, desnivelando o verdadeiro significado de uma doutrina e seus sagrados princípios. Todas as doutrinas religiosas têm sua razão de existir no seio da humanidade. O principal objetivo das religiões, podemos dizer, são os dois primeiros sagrados mandamentos bíblicos resumidos por Jesus, que são: "Amarás ao Senhor teu Deus, de todo o teu coração, de toda a tua alma e de todo o teu entendimento". Esse é o maior e o primeiro mandamento. E o segundo, semelhante ao primeiro, é: "Amarás ao teu próximo como a ti mesmo". Esses mandamentos contêm toda a lei e os profetas. Bem ensinados e seguidos, atribuiriam paz e concórdia coletiva aos fiéis. Se temos Deus como nosso Pai, somos todos irmãos e uma das principais divergências religiosas, que vigora na sociedade atual, é o preconceito que obstinam os seres humanos, mesmo os portadores de imensa bagagem religiosa, e principalmente eles, a tolerar aversão a outros credos, a outras religiões, etnias ou cor da pele, esquecendo-se, eles, de que o amor do Pai Celeste é o mesmo para todos os seres vivos, não importando a Deus qual o escalão religioso ou político do homem mais nobre nem a ignorância, a instrução ou cultura de valores que outro possa ter. O aspecto mais essencial é o apreço, a consideração, a estima e o tratamento que um ser dispensa ao seu semelhante, independente de seu credo religioso ou étnico.

"Serão inúteis todos os gritos de louvores aos céus para preconizarmos nossas almas ao Senhor se dispensarmos, criticarmos ou intolerarmos um irmão por ele crer nisso ou naquilo, por ele ser desse ou daquele jeito, ter essa ou aquela cultura.

"Não quero com isso, cara Camila, dizer-te ser a oração inútil ou não deva ser cultivada em nossos hábitos diários — salientou André benevolente —, só quero que atente a esses fatos, pois irmãos não são somente aqueles com ligação sanguínea ou de mesmas opiniões religiosas ou ainda os que possuem a mesma cor de pele. Irmãos somos nós todos que tivemos origem, que fomos criados, feitos, soprados pelo único Ser Supremo e Criador de todas as coisas, denominados por muitos de Deus.

"Mesmo o homem incrédulo em Deus deve ser respeitado por nós, pois o próprio Deus o respeita, deixando-o agir com livre-arbítrio até que, por vontade própria, ele volte ao Seu seio. Além do mais, se acreditarmos que Deus é nosso Pai e se maltratarmos, subjugarmos, criticarmos ou intolerarmos qualquer irmão, estaremos criticando o Criador dessa criatura, que é Deus.

"Os louvores ao Pai Divino devem ser feitos diariamente, ressaltando tudo o que Ele criou, bendizendo todas as suas criaturas, agradecendo a presença de todos os irmãos que Ele deixou termos a nossa volta, reconhecendo a oportunidade concedida que podemos ter de auxiliar a outro, mesmo que este não considere a nossa dedicação. Saiba, minha irmã, nada escapa aos olhos de Deus e, com toda a certeza, Ele tudo vê, tudo sabe, tudo pode."

Camila abaixou a cabeça, envergonhada, pois percebeu não ter, quando encarnada, tão bom comportamento quanto acreditara.

Lembrou-se ela de quando se amotinava com suas irmãs e amigas da mesma crença, desfazendo e maldizendo os outros. Acreditando que os católicos, umbandistas, espíritas e outros cultivavam oferendas, preces, orações etc. ao demônio. Elas os ofendiam, maldiziam-nos e denegriam suas imagens, desejando-lhes todas as desventuras e infortúnios que a vida pudesse lhes dar. Ansiavam pela morte dos que de sua religião não participavam só para eles irem logo para o inferno, ambicionando, de lá onde estivessem, poderem vê-las, futuramente, no reino do céu junto dos anjos do Senhor.

— Sinto-me envergonhada — murmurou Camila timidamente. — Pensei ter levado uma vida digna de ser recebida no céu pelo meu nobre comportamento, porém agora vejo o quanto estava errada.

André, olhando-a firmemente, não procurou, nem mesmo com palavras, alentar os sentimentos que a fragilizavam naquele momento. Ele sabia que o maior sustento à coragem e à perseverança para a evolução da alma é o reconhecimento dos próprios erros e fracassos, seguido de arrependimento e imenso desejo de acertar com perfeição.

— Como pude ser tão tola — lamentou Camila. — Agi como criança, não percebendo ou não querendo perceber tanta coisa errada à minha volta, simplesmente aceitando e compartilhando tudo sem me incomodar.

— Justamente — concordou André. — Seu maior empecilho para o despertar das verdades eternas foi a acomodação. Todos nós temos condições de desenvolver energias ou forças espirituais, manifestadas através de nossas faculdades intuitivas ou dos sublimes desejos que nos vêm pelos sentimentos do coração. Nós todos também podemos fazer germinar e crescer essa nossa capacidade espiritual por meio de exercícios, experiências ou observações, ou seja, o exercício da fé, a experiência da caridade e as observações de nós mesmos, ou melhor, a vigilância constante. Para isso precisamos despender perseverança e esforço. Só assim teremos a certeza de haver algo mais além da matéria corpórea e que o mundo invisível pode nos influenciar. Para o bem ou para o mal, através dos sentimentos que criamos dentro de nós, e isso sem qualquer mediador. Porém para essas energias ou forças espirituais alcançarem níveis vibratórios superiores a fim de nos darem amparo e orientações benéficas, é de suma importância, é altamente necessário o devotamento da fé inabalável em Deus, a aceitação, a prática e o amor aos ensinamentos de Jesus.

— Desculpe-me, não entendi muito bem.

— Não me leve a mal. Meus desejos são os de, tão somente, orientar. Não pretendo recriminar-te, porém vejamos. Quando em companhia de tuas irmãs e amigas, por te achares em condições superiores, humilhaste ou discriminaste outras pessoas. Nesse momento, foi-te cômodo te unires às companheiras aceitando as opiniões delas, sem verificares se o que fizeram estava certo ou errado. Não quiseste perder tempo em consultar os sentimentos de teu coração, que no momento era contrário aos de tua ação, para ouvires o teu manifesto e assim, independente das opiniões de tuas companheiras, barrares aquelas críticas, humilhações e preconceitos a outros semelhantes.

"Muitas vezes, assolaste em pensamentos indagando a ti mesma, e somente a ti mesma, de onde vinha todo o conforto que receberas? Sabias da verdade, porém era cômodo deixar tudo acontecer e não encarares a realidade. Além disso a idade já te permitias conversação tão realista e direta com teu pai, não quiseste te defrontar com ele à procura de respostas para tuas próprias dúvidas, tão menos alertá-lo para as sublimes verdades bíblicas que ele mesmo defendia ou julgava defender."

— Meu pai sempre foi uma pessoa intolerante e inflexível para com os de casa.

— Sem dúvida que o homem omisso, de palavras generosas e que dificulta o diálogo familiar, sempre está dissimulando suas ações que podem parecer duvidosas aos olhos dos seus e com isso ele perderia todo o respeito, credibilidade e autoridade.

— Eu não sabia o que fazer.

— Na verdade, minha irmã, não despendeste o mínimo esforço para fazer algo. Cada vez que intuías observar teu pai em tuas ações, tu te negavas. Cada vez que o coração te mandava falar, tu te calavas.

— Mas ele iria brigar comigo.

— Certamente. No entanto, somente tu poderias fazê-lo pensar e refletir sobre o que fazia. Com tua manifestação, Honório não poderia, mais tarde, tentar defender-se que errou na ignorância, se bem que, para o conhecimento que ele tem, isso de nada lhe valerá. Todavia teu pai não iria deixar de pensar nas tuas palavras.

— Sou muito nova, senhor André. Não tenho tanto poder assim com meu pai.

— Nova?! — exclamou André sorridente. — Ao espírito não se soma idade, soma-se experiências e evolução. Além do que, se tentasses dizer poucas palavras de alerta ao teu pai, quem te disse que estarias falando sozinha e pelas tuas próprias conclusões e pensamentos? Vejo que a irmã nunca tentou.

— Perdoa-me por falar assim, mas...

Sem que Camila concluísse, André completou:

— ...mas nem mesmo sabes por que estás aqui me dando ouvidos, não é?

Camila surpreendeu-se. André completou sua frase exatamente na íntegra.

— Sabes minha irmã, somente agora, desencarnada, é que deste ouvidos aos sentimentos de teu coração e estás atendendo às tuas intuições. Nos limites da matéria quiseste receber sem nada doares. Nenhum trabalho prestaste para a divulgação e orientação de uma atividade cristã.

Camila sentiu-se ofendida, porém André continuou:

— Todos os ensinamentos espíritas que recebeste, quando encarnada, de teus tios Alfredo e Dora só te interessaste enquanto participavas da vida em comum daquela nobre família. Nunca ofereceste nada a eles que, por outro lado, nunca te cobraram o amparo e o apoio, educando-te moral e espiritualmente, preparando e fortificando-te para tuas provas e expiações. No entanto tu te acomodaste, pois era muito fácil receber. Contudo no momento em que poderias tê-los ajudado, iniciando teus trabalhos na doutrina e dando continuidade às tarefas de Alfredo no plano físico, fugiste como no passado, infelizmente, repetindo teu erro. Desperdiçaste as oportunidades que, com muito trabalho, foram preparadas por inúmeros trabalhadores do plano espiritual. Isso realmente foi lamentável.

Nesse momento Camila sentiu-se atordoada. As lembranças de outra reencarnação fizeram-se presentes vivamente em sua memória. Como um relampejo de ideias, recordou os atos praticados contra si e as leis morais. Lembrou seu reencarne como Samara e em seguida do socorro abençoado que tivera quando, desencarnada, encontrava-se à disposição de criaturas imensamente monstruosas, sem compaixão, que viviam na ignorância das boas ações e orientações, atuando de forma horripilante contra os que lhes serviam de escravos nos vales do Umbral. Recordou dos ensinamentos e conselhos recebidos logo que foi socorrida, da oportunidade obtida na honrosa tarefa de acompanhar o trabalho no campo da doutrinação espírita que prometera antes de deixar aquela amada colônia espiritual para a reencarnação.

Realmente, André tinha razão. No momento em que Dora necessitou de sua ajuda, ela a abandonou novamente com os filhos. Camila pendeu a cabeça negativamente como quem lamentasse suas atitudes. Mesmo assim, tentou justificar-se junto a André:

— Quando meu tio Alfredo deixou o plano físico, as necessidades de Dora e dos meus primos eram financeiras e jamais eu poderia ajudá-los no que dizia respeito a isso. O dinheiro que eu havia guardado era pouco diante do que precisavam. Eu acreditei que os deixando sobraria mais para o sustento deles. Por outro lado, não vejo como poderia eu ter dado continuidade ao trabalho de meu tio. Sozinha, digo, sem ele por perto, jamais conseguiria.

— A missão de Alfredo — salientou André, pacientemente —, era a difícil arte na tarefa de doutrinar, no entanto o abnegado e honroso irmão realizou-a muitíssimo bem. Coube--lhe a parte, em primeiro lugar, com o exemplo de inúmeras atitudes de solidariedade e amor e, sobretudo, o laborioso e magnífico ensinamento do Evangelho do Senhor a todos os necessitados de orientação. Quanto à cara irmã, deverias ter desempenhado atividades relativas ou paralelas ao trabalho do digníssimo Alfredo, aproveitando o inabalável alicerce já solidificado pelo nobre irmão, juntamente com o apoio e o amparo do plano espiritual. Conforme tua solicitação a esse serviço e tuas promessas de dedicação honrosa a esse trabalho, empenhar-te-ias em estimular companheiros de luta que propagariam a Doutrina Espírita, a solidariedade e a moral cristã.

"Agora no que se refere às necessidades financeiras pelas quais passavam todos, sinceramente, não deverias ter crivado teu coração com o abalado da insegurança. O plano espiritual ampara sempre a todos, sem exceção, dando-lhes de acordo com as necessidades físicas, morais, espirituais e materiais. Não há trabalhador espiritual que não tenha de acordo com as necessidades e merecimentos. Tudo é engenhosamente planejado. Muitas vezes o dinheiro traz escravidão e dependência difíceis de superar. A criatura exposta à vasta fartura, quando encarnada, corre o risco de enlaçar dependência e apego a tudo o que é material, deformando a alma e a compreensão dos sentidos, fazendo com que uma pequena perda ou danos de um bem se transforme em uma tragédia. Tudo isso pode negativar o espírito a tal ponto que ele passa a ambicionar e desejar mais e mais. Assim sendo, começa a odiar, maltratar, apropriar-se do que não lhe é de direito e assim por diante, fazendo-o estagnar cada vez mais na escala da evolução."

Camila ouvia-o com a cabeça abaixada. Depois de breve pausa, André continuou:

— A irmã sabe o quanto é grande o número de desencarnados que trabalham ativamente na área dos pensamentos inferiores, trazidos aos encarnados pelos irmãos e espíritos ignorantes, os quais são chamados obsessores? Eles deformam a versão da realidade e arrastam os pensamentos e os sentimentos dos encarnados ao abismo do vazio, deixando-os com o coração enrijecido e deserto. — Camila não respondeu, mas André entendeu e prosseguiu: — Por esse motivo, a grande maioria dos espíritos que se propõe a trabalhos árduos na área da evangelização, durante o seu período e oportunidade de reencarnação, solicitam que se faça em ambiente simples e humilde para não caírem em tentação.

"Não estou dizendo, sobremaneira, que para desempenhar bem a atividade a qual se propõe quando encarnada, a criatura tenha de se flagelar, torturar-se, recusar o bem-estar físico e material, não. Não é isso. O importante é: a pessoa que se dispõe a tão nobre trabalho dê atenção aos chamados intuitivos e aos tesouros sagrados acumulados no coração e podem, sobretudo, ser doados aos montantes para inúmeros necessitados, sem, sequer, nos fazer pobres, muito ao contrário.

"Tua decisão quanto a deixares tua tia e teus primos não foi, de forma alguma, para que vivessem mais fartos, pois eles não teriam de partilhar contigo o pouco que os nutria, seria providencial tudo chegar no tempo e na medida certa. A irmã não deve iludir-se querendo crer em tuas próprias alegorias.

"Foi sim por tua busca ao conforto, as boas acomodações, a fartura da qual te sentias carente."

— O problema foi a comparação que comecei a fazer entre a situação financeira de meus tios e do meu pai. Meu pai se estabilizou e passamos a viver bem depois que se apegou àquela religião conservadora. Demorei a ver que só ensinavam egoísmo e preconceito.

— As religiões não ensinam egoísmo ou preconceitos. Quem pode trazer esse tipo de sentimento e entendimento são os homens que a divulgam da forma como eles bem querem. No entanto, acima de tudo, a irmã não pode negar que te foram muitos os chamados.

— Pode ser. Mas após ficar ouvindo tudo o que meu pai dizia sobre céu e inferno, anjos e demônios, eu cheguei à conclusão de que meus tios não estavam bem financeiramente porque pecavam. Bem sabes que meu pai foi, em outrora, uma criatura monstruosa e dono de atos imensamente perversos com os quais eu nem mesmo necessitava enlaçar amizade. Errei. Agora não entendo como alguém que praticou ações tão horripilantes, tanto encarnado como desencarnado, tem uma vida tão boa, possui tanto conforto e tantos privilégios. Ele era líder de falanges extremamente inferiores. Como pode querer falar de Deus e não ser punido? Eu sinto-me desamparada e confusa hoje no plano espiritual e não cheguei a fazer um centésimo dos atos malévolos que ele praticou.

André esboçou leve sorriso fraterno ao afirmar:

— A querida irmã chegou a essa conclusão porque não tem fé e ignora Leis imutáveis da Natureza Divina. Quando encarnada, refugaste a labuta. Não só os trabalhos normais de todo e qualquer encarnado responsável, como também as tarefas que te cabiam ao espírito, preferindo os prazeres temporários das acomodações nos bens terrenos. A verdade é essa. Assim que estiveres preparada, compreenderás toda a situação e saberás por que seu pai passa por tal experiência, na qual hoje acredita se sair ileso. Recorda-te que Deus é pura justiça e bondade. Não nos cabe julgamento algum. Lembremo-nos de que todos nós, sem exceção, somos espíritos eternos, encarnados e desencarnados em constante evolução. Não nos devemos ver como mais evoluídos que alguns ou inferiores a outros, mas sim criaturas que buscam conhecimento, entendimento e melhoria.

— Mas ele errou muito!

— Será que foi somente ele? Será que a ignorância de Honório não prevalece por culpa de seus acompanhantes e simpatizantes? Lembra-te que já foste um deles?

"O Mestre Divino nos disse "Amai os vossos inimigos", isso não quer dizer, sobremaneira, que devamos nos igualar a eles ou lhes dar apoio e razão no que fazem. Em *O Evangelho segundo o Espiritismo*, encontramos uma explicação magnífica: "nenhum ser será maldoso e perverso por toda a eternidade.

Esse é um estado temporário ao homem ignorante e sem ins-trução". Bem sabes, por experiência, que o desencarne de uma pessoa perversa pode e nos afasta dela, somente pela visão física. Essa criatura poderá continuar ao nosso lado por muito tempo e onde quer que estejamos. Apenas com nosso amor, nosso entendimento e pensamentos firmes no bem, podemos transmitir-lhe, com nossos atos, as verdadeiras instruções e ensinamentos necessários para mudar os seus sentimentos e fazê- la evoluir. Nisso deixamos de sofrer e evoluímos juntos."

Diante do exposto, ela não disse mais nada. Negava-se em admitir suas necessidades de aprimoramento.

André despediu-se silencioso, quando respeitosamente apoiou a mão em seu ombro em sinal de solidariedade e re-tirou-se vagarosamente. Sábio ele entendia que no serviço de transformação íntima somente a própria criatura pode trabalhar, começando a se abrir para pequenas aceitações e entendimentos, vigiando-se para efetuar as práticas cristãs.

Camila permaneceu ali refletindo sobre a nobre conversa por longo tempo.

10

A DEDICAÇÃO DE TÚLIO

Sem saber o que fazer ou para onde ir, Camila ficou na casa de sua tia durante aquela noite.

Mesmo diante de toda a verdade exposta por André, ela se recusava a crer ter falhado por culpa própria. Acreditava que seu pai deformou-lhe os sentidos, influenciando suas decisões.

Na manhã seguinte, resolveu deixar a casa de sua tia e vagar sem rumo. Seus pensamentos eram velozes e conturbados. Não conseguia organizar-se.

Mais tarde, sentada em um banco de praça, começou a observar algumas crianças brincando e refletiu:

— Com tudo o que aprendi no plano espiritual antes de reencarnar como Camila, estou aqui jogada ao léu e sem destino. Se bem que fui socorrida àquele Posto, mas por culpa de meu pai, por tudo o que me ensinou, eu mesma me atraí de volta ao plano terreno, porém sem o corpo de carne. Por que será que agora, nesse momento, não me colocam ou não me levam de volta ao Posto de Socorro? Poderiam me atrair para a colônia mais próxima, uma vez que já compreendi e recordei tudo?

Seu olhar perdido fixou-se de repente em uma bola que rolou na direção da rua. Uma sombra turva, sem brilho, parecia acompanhar o brinquedo como se o levasse. Logo atrás, uma criança correndo. Os carros passavam velozes e a criança levada pelo impulso inocente tentava alcançar a bola que saiu do gramado, rolou sobre a calçada e depois para a rua por entre os veículos ligeiros. Ela ficou assustada imaginando as graves consequências, entretanto se surpreendeu.

Quando a criança tentou sair da calçada para ganhar a sarjeta e a rua, um rapaz a barrou fazendo-a tropeçar e cair. Nesse momento um automóvel que passava atropelou a bola, estourando-a.

A sombra deslustrada pareceu fugir diante do rapaz que a olhou com seriedade.

Chorosa, por ralar os joelhos e ver sua bola estourada, foi ao encontro da mãe que se aproximava em desespero para acolhê-la.

Camila observou que o moço não foi visto pela mãe ou pela criança, aliás, nem mesmo ela viu de onde ele surgiu.

Olhando em sua direção, estranhamente o belo rapaz aproximou-se sorrindo, cumprimentando:

— Como tens passado, Camila?

— Me conheces?! — respondeu ela surpresa.

— Claro, ias sempre ao Centro Espírita acompanhando teu tio Alfredo.

— Se me podes ver é porque estás morto!...

— Desencarnado, por favor. — Rindo, com simpatia, explicou: — Se eu estivesse morto aquele garotinho não estaria no colo da mãe somente com os joelhos machucados.

— Como me conheces?

— Pode me chamar de Túlio. Eu sou um cooperador espiritual e atualmente sou o guarda responsável desta praça. Fico aqui o tempo inteiro com o máximo de atenção voltada aos nossos amiguinhos encarnados que necessitam de espaço e lazer. São de minha responsabilidade o amparo e a proteção a essas criaturinhas lindas, inocentes, indefesas e encantadoras, enquanto estiverem sobre o domínio desta área de lazer.

— Tu o fizeste cair e ele se machucou!

— Tens razão — concordou mais sério. — Porém foi preciso. Assim como o seu anjo de guarda eu sussurrei-lhe ao ouvido que parasse de correr e ficasse atento ao perigo eminente. Entretanto diante da falta de atenção que dispensou à intuição que teve, foi necessário barrá-lo de qualquer maneira para que o pior não acontecesse. Os pequeninos são dotados de uma aguçada sensibilidade às orientações espirituais, mas alguns costumam exibir sua teimosia desde cedo. Mas irão aprender com o tempo.

— Por que, então, algumas crianças são atropeladas e chegam a morrer?

— Desencarnar — Túlio corrigindo-a novamente, sempre ostentando agradável sorriso e gentileza. — Bem, não podemos interferir no tempo ou período de encarnação designado a um espírito, muito menos mudar as provas e expiações individuais, sem ainda contar com o livre-arbítrio. É por isso que alguns acidentes têm que ocorrer. Meu trabalho é a proteção de todos que estão dentro do espaço da praça. Não posso deixar que criaturas perversas ou trevosas os lesem deliberadamente a bel-prazer. No entanto alguns atraem para si a companhia espiritual de acordo com seu nível moral ou provação. Os ferimentos na pobre e ingênua criança lhe servirão de lição, inclusive para a mãe que fora imprudente em sua atenção. O susto que levou foi um alerta para que ficasse sempre atenta e ensinasse limite ao filho. Respeito e limite são o que está faltando àquela criança, por essa razão ela não obedeceu à inspiração que lhe chegou e continuou correndo. Quanto ao machucado, esse vai se curar rapidamente. Dos males, o menor.

— A propósito, de onde veio aquela sombra?

— Sombra?!... Ah! É um espírito vadio que geralmente rodeia esta e outras praças em busca de desordem e zombarias. É uma pobre e infeliz entidade que, quando encarnada, fazia-se de mendigo para seu sustento. Hoje o coitado realmente é um mendigo espiritual.

— Eu vi uma sombra — insistiu Camila.

— É porque tua visão não está ainda afinada com o mundo dos espíritos. Acredito que estás muito ligada à matéria.

— Já desencarnei há uns oito meses. Passei seis meses dormindo e já estou na crosta há dois meses, perto de minha família.

— De que importa o tempo? Medimos a elevação pelas experiências bem aproveitadas — comentou Túlio com o intuito de ensinar.

— André me disse isso.

— André?! Encontrou-se com nosso ilustre orientador?! — perguntou Túlio entusiasmado.

— Espere, Túlio. De onde me conheces? Como sabes tanto a meu respeito? Quem é esse André? — perguntou ela apreensiva.

— Cheguei à crosta da Terra, para trabalhar e servir, quando teu tio Alfredo iniciou o trabalho de orientador. Depois acompanhei tua frequência no Centro Espírita e assim fiquei sabendo muito a teu respeito. Para te falar a verdade, esperávamos mais de ti. — Breve pausa e Túlio continuou: — Não assumiste os compromissos aos quais te propuseste e solicitaste preparo.

— Sinto-me envergonhada. Desencarnei e fui parar num Posto de Socorro e, por não me lembrar imediatamente de tudo o que aprendi no plano espiritual, voltei para a crosta. Como pode ser isso?

— Creio que te apegaste muito ao conforto e ao bem-estar material, quando encarnada, para gozar de grande mordomia no plano físico, nessa provação tu te reprovaste. Encarnada, renegaste a verdade aprendida propositadamente e promoveu um autoconvencimento, uma fé cega, em virtude da falsa posição que assumiras. Como resultado, obtiveste, em teus sentidos, um grande conflito íntimo ao despertar no plano espiritual.

— A culpa de tudo isso é daquela maldita religião.

— Não maldiga nada em tua existência. Tudo são provas abençoadas que o Pai da Vida nos oferece com a finalidade de evoluirmos para mundos melhores e deixarmos de sofrer.

— É lógico que a culpa é daquela religião! — teimou. — E também do meu pai que nos mantinha presos aos seus caprichos religiosos, expondo-nos falsos tesouros. Foi isso o que me fez mudar de ideia e deixar de acreditar no Espiritismo. Em outra encarnação, quando recebi o nome de Samara, conheci uma terrível e monstruosa criatura que me prejudicou na evolução e perseguiu-me por mais de meio século no Umbral e que hoje é meu pai encarnado. Como se não bastasse ter me prejudicado no passado, agora estagnou minha evolução e meu trabalho para o bem.

— Se atrelou conversa com nosso amado André, ele deve tê-la alertado de que os outros não podem nos direcionar ou nos obrigar a fazer algo, caso nós não queiramos e tenhamos condições de evitar.

— Não concordo — teimava Camila. — Deixei o Posto de Socorro e recusei a ajuda oferecida, agora, porém, eu a quero. Quero ser assistida, protegida, no entanto não sei como posso voltar para o Posto ou para a Colônia. Não entendo. Diante de tanto conhecimento que ganhei desencarnada, falhei na tarefa proposta para esse reencarne e de nada está me valendo o conhecimento adquirido agora que procuro abrigo e paz.

O jovem Túlio gargalhou.

— Desamparada?! Desculpe-me Camila, não sabes o que está dizendo.

— Como não?! Quero retornar ao Posto e não sei como o faço. Encontro-me sem abrigo ou proteção nesta praça e sem saber o que fazer.

— Sem proteção ou abrigo estão aqueles nossos outros irmãos ali. Veja só.

Apontando a um grupo de desencarnados, maltrapilhos e desorientados, Camila observou-lhes os gestos e as condições. Um deles chamou-lhe mais a atenção e Túlio explicou:

— Aquele ali, gesticula e age como se portasse deficiência mental. Anda curvo, é chutado e socado pelos outros espíritos inferiores que passam por ele. Quando encarnado deliberadamente deixou o filho cair de seus braços para o chão provocando, no pobre bebê de cinco meses, sérias lesões e fraturas que o prejudicaram seriamente pelo resto da vida terrena. A criança sofreu lesões cerebrais, debilitou-se mentalmente e a coluna torta nunca pôde ser corrigida. Esse espírito, lesado pelo próprio pai, tinha uma missão muito importante no plano terreno. Que, por culpa do infeliz homem, não pôde realizar. A nobre criatura prejudicada desencarnou muitos anos depois, porém aproveitou, como espírito, muitíssimo bem a experiência vivida e hoje ele procura investir em estudos com a intenção da melhoria na qualidade de vida, promoções de bem-estar e apoio aos deficientes. Tudo isso está sendo cautelosamente planejado no plano espiritual para colocar em prática, na próxima oportunidade de reencarnação, sem deixar de atuar na sua antiga proposta de trabalho, que não chegou a dar início devido à inferioridade do espírito paterno que o lesou. Desencarnado, sempre que possível, procurou orientar seu pai e ampará-lo, pois, quando encarnado ainda, depois do crime praticado, o referido genitor começou a torturar-se pelo remorso e tormento da amarga lembrança que lhe ruminava a memória.

"Agora, desencarnado, como podes confirmar, o pai agressor já sofre algumas das consequências. Ele agita a cabeça, o tronco e os braços em movimentos descoordenados como se a mente não controlasse o corpo. A curvatura que se fez nas vértebras da coluna de sua vítima manifesta-se nele inclinando-o ligeiramente para frente, deixando-o com a mesma aparência sinistra que provocou ao próprio filho, que teve de conviver com a deficiência por quase trinta anos.

"Agora outros espíritos passam por ele, maltratando e tor- turando-o, pois, apesar do grau de inferioridade e de também estarem vivendo em sofrimento, não concordam com o crime por ele cometido.

"Nem esse pobre espírito poderíamos dizer que está sem proteção porque Deus ampara a todos. E tu falas em desamparo! Veja, não estás à disposição de zombeteiros, sob perseguição ou confinada a escravidão de organizações inferiores. Se ninguém está te maltratando, isso já é uma imensa demonstração de proteção, concorda?"

Camila ficou pensativa, não havia pensado nisso. Contudo, logo reclamou:

— Quero ir para um Posto ou uma colônia. Não compreendo. Tenho entendimento e aceito a espiritualidade. Concordo que não cumpri minha tarefa, porém não cometi falhas graves para merecer ficar presa aqui no plano terreno sem ser atendida.

— Tem que admitir que até agora vem sendo protegida e orientada.

— Protegida?! — retrucou Camila. — Chama proteção ficar sentada aqui no banco de uma praça sem saber o que fazer ou para onde ir?!

— Reflita, Camila! — Túlio deu ênfase à frase para tentar despertá-la. Em seguida, com olhar generoso explicou com toda a atenção impostando carinho na fala: — Dos lugares que esteve desde o seu desencarne, onde foste maltratada ou agredida? Lamentas injustamente, minha querida. Estás sendo ingrata.

— Então me explique. Estou cega — disse Camila.

— Pense, meu bem. Existe algo que não te deixa receber mais apoio ou orientação? Queres ir a um Posto e não consegues? Por que será?! Pensa.

— Não estou entendendo, Túlio. Aonde quer chegar?

— Se não conseguiste ficar no Posto, quando foste socorrida, é porque tua vibração espiritual era incompatível com a do lugar. Se agora não consegues voltar para lá, é porque ainda não há compatibilidade vibratória espiritual entre ti e o lugar para aonde desejas ir.

— O que há de errado comigo?! Já reconheci meu erro. Já aceitei a espiritualidade e até lembrei-me do meu passado culposo. O que querem que eu faça?! Se falhei, porque me omiti em servir e assumir minhas tarefas, foi por me iludir com as malditas palavras proferidas por meu pai e aquela desafortunada religião que me cruzou o caminho. Se eu tivesse me apegado mais ao Espiritismo...

— Uma vez ouvi um espírito dizer que "a religião não faz de um homem um grande espírito". Há lições que devemos aprender sozinhos. — lembrou Túlio. Depois de longa pausa para que ela refletisse, o belo espírito avisou com tranquilidade: — Bem... agora que as doces, alegres e peraltas crianças se foram, meu trabalho acabou aqui, por hoje. A noite começa a cair em breve e com isso outras criaturas surgirão. Sendo que estas não necessitam de minha presença ou proteção. Tenho que repor energias através da alimentação ao espírito e descanso apropriados. Além de revigorar as forças espirituais é indescritivelmente agradável juntar-me aos amigos que também edificam o serviço Cristão. Confesso estar ansioso para rever o ilustre e querido amigo André. Vamos?

— Vou ficar por aqui.

— Não posso interferir em tua vontade, porém aconselho-te: esse não é um bom lugar. Em breve espíritos de baixas condições vibratórias surgirão para assumirem suas tarefas ou hábitos noturnos. Aos desencarnados tudo aqui ficará tenebroso e cheio de resíduos escuros que resulta de matéria mental dos encarnados e desencarnados de baixa condição moral, frequentadores deste lugar. Isso só enquanto o nosso astro maior abençoa com sua luz a outra face do planeta. Porém amanhã, com certeza, logo nas primeiras horas, os raios solares cintilarão através das copas das árvores formando feixes de luzes coloridas pelas gotas de orvalho que hão de estar aqui. Essa luz dissolverá essa camada de energia densa desfazendo as sombras emissoras de vibração inferior, afastando-as junto com as criaturas de baixa condição espiritual.

Propiciando as nossas amadas criancinhas um lugar de lazer e diversão. Se queres ficar... Até amanhã! — disse ele sorrindo.

Camila sentiu medo. Levantou-se às pressas e acompanhou Túlio, que calmamente ia se retirando do lugar.

— Aonde vamos? — perguntou ela.

— Vamos nos socorrer — brincou ele.

— Como assim?

— Também necessitamos de socorro. Precisamos de alimentação apropriada, descanso salutar, orientação digna, aperfeiçoarmos nossos conhecimentos, edificarmos nossa fé e nosso amor junto a Deus nas palavras do amado Mestre Jesus. Estamos em constante evolução e, ao irmos atrás do que necessitamos, estamos nos socorrendo, concorda?

Camila sorriu e aceitou.

— Eu ignorava a presença de André na crosta. Tive trabalhos diversos no auxílio a companheiros e não pude ir para o Posto espiritual, aqui na crosta, noite passada.

— Túlio, quem é aquele senhor, o André?

— Sério?! Não sabes quem é ele?!

— Sei dizer que tem imensa luz e infinita sabedoria que...

— Aquele é o nosso tão amado André Luiz! Digníssima entidade que tantos ensinamentos edificantes trouxe a luz para que encarnados pudessem, através de sua literatura, aprender e experimentar a nobre lição prática que nos traz o Espiritismo.

— É... aquele André Luiz do livro *Nosso Lar*?!

— Ele mesmo! O ilustre espírito André Luiz que passou para o plano físico através das psicografias do nosso tão estimado Chico Xavier, e outros médiuns, mais de vinte obras literárias, várias mensagens, destacando, acima de tudo, fé, esperança, amor, perdão entre tantos outros nobres sentimentos.

Camila ficou pasmada. Mesmo assim salientou:

— É que ele me pareceu tão simples...

— Como nos diz o Evangelho, "A virtude, no seu grau mais elevado, abrange o conjunto de todas as qualidades essenciais que constituem o homem de bem. Ser bom, caridoso, trabalhador, sóbrio, modesto são as qualidades do homem virtuoso. Aquele que faz alarde de sua virtude, não é virtuoso, pois lhe falta a principal qualidade, que é a modéstia, e sobra-lhe o vício mais oposto: o orgulho. A criatura realmente virtuosa e digna desse nome não gosta de exibir-se. Temos de adivinhá-la. Elas se escondem e fogem à admiração das multidões." André Luiz é uma criatura virtuosa!

Camila ficou maravilhada. Pensava ela que André Luiz fosse um mito. Entretanto pôde experimentar seus elevados conceitos e lamentou, mais uma vez, não ter dado tanta atenção quanto deveria. André Luiz tinha razão. Ela já ouvira inúmeros chamados, pena não ter dado atenção. Enquanto caminhavam, lembrou-se de questionar:

— Túlio, estou curiosa. Sabes aquele espírito que me mostrou e disse que deixou o filho cair deliberadamente? — Túlio acenou com a cabeça positivamente, e ela tornou a perguntar: — Por que ele fez isso?

— O pobre homem vivia infeliz em seu casamento e, acreditando que a esposa engravidou para prendê-lo no lar, sentiu-se imensamente insatisfeito e renegou o filho quando este nasceu. Ele possuía uma amante que o pressionava incessantemente para deixar a família e afirmava-lhe que o obstáculo da felicidade entre eles seria o filho que os incomodaria pelo resto da vida, trazendo-lhes as queixas e as necessidades. A amante passou a valer-se de obsessor e dizia: "se essa criança não existisse, a mãe não lhe cobraria nada nem o filho os importunaria".

"Depois de alguns meses, ele se convenceu de tudo e provocou a queda da criança.

"Após ter lesado o próprio filho de forma permanente, simulando um acidente, o pobre homem nunca mais pôde encará-lo. Abandonou o garoto e a mãe, deixando-os sem assistência, piorando ainda mais a situação. A amante, com medo, abandonou-o pensando: "se ele teve coragem de tentar matar o próprio filho, o que não faria com ela?" A partir daí, enquanto encarnado passou a arrepender-se de seu feito."

— Como há seres cruéis nesse mundo! — comentou Camila indignada.

— Não nos cabe julgá-los, criticá-los ou dizer o que eles merecem.

Camila aquietou-se e limitou a seguir Túlio que, como se estivesse encarnado, preferiu andar passo a passo a volitar, talvez pela companhia de Camila. Longo silêncio se fez até ele perguntar:

— Viste somente o caro André Luiz quando visitou tua tia?

— Eu não disse que visitei minha tia. — Túlio sorriu e nada disse. Camila continuou: — Sim, vi só ele. Há mais algum outro espírito lá?

— Encontra-se imensamente presa à matéria ou ao mundo material e não entendeu ainda que o lar de Alfredo e Dora é um Posto espiritual que acolhe e auxilia trabalhadores e cooperadores encarnados e desencarnados operosos em atividades e serviços cristãos.

— Não havia mais nenhum espírito lá, pois só vi o senhor André.

Túlio sorriu novamente e bondosamente comentou:

— André Luiz se deixou ver. Quanto aos outros, talvez ainda não possa vê-los.

— Há muitos desencarnados lá?

— Sim, inúmeros. Devido à maioria empenhar-se em trabalhos árduos e de longo tempo, naquele Posto ou oficina nós dispomos de auxílio, orientação, revigoração para as tarefas abraçadas, descanso necessário, entre outros benefícios.

Logo depois, Camila observou:

— Estamos fazendo o caminho para a casa de minha tia Dora!

— É lógico, Camila. Estamos indo para lá.

11

LAR, OFICINA ESPIRITUAL

Chegando à casa de Dora, Túlio expressou-se satisfeito e aconselhou:

— Camila, procure ficar tranquila e apurar a visão. Não a visão dos olhos pensando estar encarnada, mas a do espírito. Talvez não consiga enxergar com clareza algumas entidades, devido ao seu grau de evolução, mas poderá observar a movimentação e o serviço incessante que prestam nesta casa.

A porta de madeira da casa estava fechada. Entretanto, uma outra porta no plano invisível aos encarnados que ficava sobre a do plano material foi aberta para Túlio entrar. A entrada comum, vista pelos moradores, continuou trancada, porém sem gerar qualquer problema para eles atravessarem-na. Somente agora Camila pôde ver a porta no plano espiritual, por isso exclamou:

— Essa porta!... Ela não estava aí!...

— Fico feliz por tê-la enxergado agora. Afirmo que há anos ela está exatamente aqui. Alguém deve tê-la aberto para que pudesse entrar quando acompanhou a generosa Dora.

Camila intrigou-se com a novidade. Tinha certeza de nada ter visto antes.

— Por que esta porta espiritual? Para que serve?

Achando graça, Túlio educadamente respondeu:

— Pode parecer uma porta, mas explico-te que é um forte sistema de segurança magnético, próprio para barrar qualquer espírito indesejável a esta oficina de trabalho operoso.

— Alguém a abriu ou desligou quando eu passei?

— Com toda a certeza — afirmou Túlio alegremente.

Ao adentrarem na humilde residência, Túlio cumprimentou a todos de forma educada e cortês. Porém, a um amigo muito especial, estendeu amistoso abraço e cumprimentos mais demorados. Em seguida apresentou Camila que ficou surpresa ao ver tantos espíritos ali presentes.

— Aqui está Camila! — disse Túlio com olhar expressivo e satisfeito.

— Como vai, Camila? Ontem parece não nos ter percebido, mas agora estou feliz em vê-la aqui novamente! — Estendendo-lhe a mão para um cumprimento, apresentou-se:

— Meu nome é Anacleto.

Sorrindo, ela retribuiu:

— Prazer, senhor Anacleto.

— Pois bem, meus caros — disse Anacleto —, já que estão aqui aproveitem para a revigoração.

— Estou exausta — lamentou Camila. — E faminta também. Sinto-me um tanto fraca.

— Então este é o lugar ideal. Pedirei à Luana que a auxilie no que for preciso para seu bem-estar — pronunciou-se Anacleto carinhosamente.

Camila foi levada a um outro cômodo da casa para se assear. Sua aparência estava turva por causa da impregnação de seus próprios pensamentos negativos e de protesto. O magnetismo do local apropriado deixou-a experimentar gratificante sensação de paz e leveza clareando sua aura ofuscada.

Assim que retornou, Túlio a fez sentar-se em cadeira plasmada junto à mesa da cozinha do plano físico, onde sobre a mesma era plasmada outra idêntica para melhor acomodar a todos na espiritualidade.

— Que curioso — ressaltou Camila —, eu não havia observado estes móveis existentes no plano espiritual.

— Eles procuram acompanhar e até imitar a mobília que há no plano material e até mesmo o lugar onde é colocada.

Luana aproximou-se de Camila e ofereceu-lhe algumas frutas. Porém a Túlio ofertou, em uma tina, outro tipo de alimento que, se fosse descrevê-lo em nível material, poderia dizer-lhes que assemelhava-se a um caldo. Contudo seus valores nutrientes eram diferentes da comida dos encarnados. Este se designava a abastecer o corpo espiritual para nele restabelecer e revigorar as energias necessárias.

Ela observou essa diferença, mas nada comentou.

Apressadamente apanhou uma das frutas e quando foi mordê-la observou que o amigo cerrou os olhos preparando-se para uma oração. Largou-a rapidamente e acompanhou em pensamento a bela prece que Túlio praticamente murmurou:

— Agradeço, Senhor, a oportunidade de estarmos aqui neste refúgio abençoado para o descanso necessário e o revigorar de nossas energias. Que este alimento possa nos irradiar forças suficientes para que nossos corpos espirituais tenham a capacidade de servi-Lo com incansável vigor e desenvolver uma tarefa perfeita aos Seus olhos. Graças a Deus.

Outros trabalhadores movimentavam-se ou palestravam assuntos edificantes em outros cômodos. Camila não conseguia vê-los todos, mas percebia a emissão de luzes que volitavam brilhantes em todos os recintos.

Agora mais confortada pela ausência da fome e sentindo-se segura pela estabilidade de harmonia que garantia o local, sentia-se mais calma e confiante. Virando-se para Túlio, perguntou:

— Há muito mais trabalhadores aqui do que os que eu posso perceber, não é?

— Com certeza! — respondeu ele satisfeito por vê-la interessada.

Neste instante entrou pela porta daquela cozinha, que prestava o mesmo tipo de serviço como ambiente ao plano físico, Júlio, primo de Camila.

Todo vestido de branco e sustentando na mão a alça da maleta médica. Assim que chegou, fechou a porta com relativo cuidado e acendeu a luz. Somente então Camila notou que a lâmpada da casa estava apagada, pois a luz espiritual ali reinante não a deixou perceber o breu no plano material daquele ambiente.

Do outro recinto, Dora perguntou em voz branda:

— Filho, és tu?

Confortando a mãe, Júlio respondeu:

— Sim, mãe, sou eu.

Dora apareceu na porta e Júlio a cumprimentou com um beijo e forte abraço que foi correspondido com carinho.

— Demoraste hoje, Júlio. Atendeste a caso sério, filho?

— Sim, mãe. Mas, graças a Deus com final feliz.

— Fiquei preocupada com tua demora — desabafou Dora.

— Preciso conversar com Dirceu para vermos a possibilidade de comprarmos uma linha telefônica para não te preocupares mais, mãe.

— Estás com fome, filho?

— Sim mãe. Estou faminto.

— Vá te lavar enquanto esquento o jantar.

Júlio foi para o quarto. Camila pasmou-se diante daquela cena.

— Júlio se formou médico! — exclamou ela admirada.

— Tudo é exatamente como tem de ser — filosofou Túlio agora sério.

— Como conseguiram? Na época não havia nem o suficiente para a subsistência alimentar deles?!

Túlio ficou calado. Verificou que Camila mesmo com sua indagação havia entendido a moral da história.

— Túlio — tornou Camila —, sinto agora, mais do que nunca, uma imensa vergonha por tudo o que fiz e deixei de fazer. Um grande remorso invadiu-me a alma.

Anacleto aproximou-se deles e observou:

— Sua reflexão é válida. Reconheceste que agarraste a laços inferiores devido aos caprichos materiais? Bem que poderias ter desenvolvido magníficos exercícios espirituais e desempenhado importantes e excelentes trabalhos no campo evangélico da doutrina, o que seria imensamente importante para tua evolução individual. Resta-te ainda, para torturar-te a alma, a resistência da aceitação total de teus erros. És incapaz de admitir que a opinião alheia não foi o motivo de tua falência nas atividades corpóreas.

— Já admiti que errei. Sinceramente, estou arrependida e se pudesse faria tudo diferente. Porém, procuro proteção, sinto-me insegura. Por ter consciência do passado, estou ansiosa para sair da crosta e empenhar-me no trabalho e no estudo no plano espiritual. Meu desejo é voltar para o Posto ou para a colônia. Pelo que percebo não estão me deixando ir e não entendo por quê.

— Cara Camila — tornou-lhe Anacleto bondoso —, o que providencia a abertura de uma porta no plano invisível é a sinceridade e a pureza do espírito. Somente a mera adoração aparente a Deus não significa a edificação ou evolução do espírito encarnado ou desencarnado. O que se faz necessário e imprescindível é o amor incondicional, a humildade e a solidariedade a todas as criaturas, além da compreensão, que não significa aceitação, mas faz parte da solidariedade.

Ela expressou uma fisionomia singular e Túlio, vendo sua dificuldade para compreender, procurou ser mais claro:

— Compreender as atitudes alheias, sem a condenação dos atos por eles praticados, não significa concordar com o que foi feito. Isso não quer dizer que deves compartilhar direta ou indiretamente com o que foi ou está sendo realizado de forma errada aos princípios morais. Devemos ter compaixão pelo espírito que praticou um ato indigno e, se tivermos condições, auxiliá-lo com instruções partilhando nossa sabedoria.

Camila ficou pensativa. Mesmo reconhecendo ter fracassado, sabia que algum sentimento inferior vibrava-lhe o espírito ao ponto de interromper o progresso e o socorro para uma colônia adequada.

— Nossas palavras de estímulo servir-lhe-ão como uma bússola — orientou Anacleto de forma ponderada. — Sabendo

usá-la, encontrará a diretriz e a direção corretas. Instanta-
neamente reformularás os teus conceitos. Transformarás
tuas opiniões e te livrarás das vibrações inferiores, as quais
muitas foram provocadas por ti mesma e que te rodeiam o
espírito, deixando cair por terra todo o lastro que te prende
na crosta. — Não podendo ser mais claro, Anacleto voltou-se
para Túlio e informou: — Nosso estimado André Luiz já retornou. Sei que deseja vê-lo.

Túlio, esboçando agradável surpresa e sorrindo largamente,
comentou:

— Quando soube que o caro André se encontrava aqui,
logo deduzi que vieste com ele, Anacleto!

— Como não! Não te prendas por mim. Vai ter com ele! —
respondeu alegremente. Assim que Túlio os deixou, Anacleto,
voltando-se para Camila sugeriu generoso: — Necessitas de
descanso. Luana irá acompanhar-te até o andar acima e te
mostrará as limitações e o recinto onde poderá descansar.

— Andar de cima? Esta casa é térrea — expressou-se
Camila surpresa.

Anacleto sorriu e observou:

— A casa material sim, mas nossas dependências não.
Esta oficina possui dois andares, além deste térreo. Entretanto deves limitar-te somente por algumas dependências.
Há trabalhos realizados aqui que não podem ser incomoda-
dos. Luana poderá explicar-te melhor.

Camila seguiu Luana até o recinto, que era a sala de estar
da casa de sua tia, onde no canto havia uma escada somente
no plano espiritual.

Ganhando o andar acima, Luana explicou:

— Seguindo até o fim deste corredor, teremos dois alojamentos. Poderás ficar no da direita onde encontrarás outras
que, assim como tu, necessitam só de descanso, e algumas

trabalhadoras que também carecem de revigoração. Os alojamentos da esquerda são para os homens.

"À nossa frente, depois dessa porta — prosseguiu generosa —, temos um grande salão destinado para trabalhos espirituais edificantes para os espíritos encarnados que vêm aqui durante o sono e, quando uma suave lembrança ocorre, eles a denominam de sonho.

"Aqui recebem orientações instrutivas. Os trabalhadores procuram infundir-lhes ensinamentos morais e espirituais de bons princípios por estarem parcialmente desprendidos do corpo físico, pelo estado do sono. Os espíritos encarnados são trazidos aqui por trabalhadores nobres. Após receberem revigoroso e positivo ânimo e fluidos, eles retornam para o corpo físico."

— Podes explicar-me se eles se lembram do que ocorreu aqui exatamente? — perguntou Camila.

— Somente se possuírem profunda harmonia das emoções e pensamentos no plano físico, além de conciliarem suas ações com a coragem e o bom ânimo no bem e, sobretudo, exemplificarem com o amor e a solidariedade incondicional. Fora isso, poderão ter uma ideia parcial ou até uma lembrança bem vaga do que julgarão um sonho. No entanto, com certeza, terão na mente as melhores lições e sentimentos que os guiarão como forte intuição para fazerem o melhor.

Camila surpreendeu-se. Apesar de todo seu estudo no plano espiritual, nunca se privilegiou com tanta instrução vivenciada.

— Desse lado do corredor, à esquerda, nessa outra porta — prosseguiu Luana —, há um atendimento semelhante aos desencarnados que possuem um nível espiritual razoável para receber tais ensinamentos. Portanto é importante lembrar que não deves entrar em quaisquer dos dois salões sem prévia permissão. Deverás limitar-te ao alojamento e as repartições lá de baixo.

Chegando ao local, Camila observou que já haviam providenciado acomodações plenamente aconchegantes ao lado de mulheres, que também repousavam. Luana a deixou à vontade e se foi.

Mais tarde teve sede.

Mesmo temerosa, ela saiu do aposento. Andou pelo corredor e desceu as escadas. Na sala viu seus primos Júlio e Dirceu em animada conversa amigável. Teve vontade de abraçá-los. Sentia muita saudade.

Luana, aproximando-se de Camila, falou:

— Se tivesse chegado um pouco antes, teria o prazer de acompanhar uma bela leitura e uma ilustre explicação das instruções que nos lega o Evangelho Sagrado. Teus primos e tua tia elevam imensamente o nível espiritual deste lar com o que propagam dentro dele, devido as suas atitudes, gestos, ações e pensamentos. Eles são trabalhadores encarnados ativos e edificados no campo da espiritualidade. Todo o trabalho aqui realizado é graças ao nível superior de matéria e energia mental que encontramos disponível. Em outro lugar, tais tarefas seriam impossíveis.

— Não é em todo lar que encontram condições de realizar tudo isso?

— De forma alguma! — salientou Luana. — Hoje em dia, são raros, aliás, raríssimos os lares que servem de oficina digna de trabalho espiritual superior.

— Disseste oficina de trabalho espiritual superior, por quê? Há oficinas inferiores? — perguntou Camila.

— E como! — exclamou Luana. — Devido ao comportamento dos encarnados e tendo em vista seus pensamentos que vibram em escala muito inferior, principalmente o linguajar usado habitualmente, o trabalho de espíritos inferiores tomam lugar em seus lares, trazendo-lhes incômodos e perturbações de ordem incrivelmente inferior.

Camila, curiosa, solicitou mais detalhes:

— Como assim. Poderia me explicar melhor?

— Muitas pessoas encarnadas tendem a pensamentos, gestos, sentimentos, palavras e atos que vibram em escalas inferiores, por isso elas, seus lares e suas vidas impregnam-se de dolorosos fluidos negativos. Por exemplo: alguém que costuma xingar palavrões vibra em condições tão inferiores e atrai para si espíritos sem cultura e sofredores. Essa pessoa passa a viver e vibrar sempre na ignorância e no sofrimento. Tudo de ruim lhe acontece por culpa de seus próprios pensamentos, palavras e ações. O mesmo acontece com o indivíduo que é agressivo e intolerante. Ele pode até não mencionar palavras de baixo nível moral, porém sua agressividade, sua imponência desnecessária, suas ações brutas e sua intolerância provocam a atração de desencarnados que sintonizam a mesma frequência, isso a princípio. Depois, com o passar do tempo, outros espíritos, de nível ainda mais inferior vão com certeza se aproximar dele, colocando-o em problemas ou encrencas de que não necessitaria passar em condições normais. Assim esse encarnado acaba sendo um intolerante e agressor em potencial quando lidar com outras pessoas. Ao dirigir ou simplesmente numa brincadeira inofensiva, ele consegue transformar o ato saudável em algo de imenso desagrado, de mau gosto ou extremamente agressivo.

"A família que possui uma linguagem que vibra em condições inferiores, que adota costumeiramente palavras de baixo valor moral e espiritual, mesmo nos momentos alegres e até por brincadeira ou então tece comentários venenosos sobre a vida alheia, críticas sobre a moral de outro, menciona acontecimentos cruéis e catástrofes desnecessárias, conversa sobre prazeres indecorosos, alonga diálogos sobre tragédias entre outras coisas, atrai para junto de si e para seus lares, espíritos sofredores e extremamente inferiores que gostam de conversas e pensamentos voltados para a malícia ou para a desgraça. Esses encarnados conseguem fazer de suas próprias casas oficina de trabalho para o mal.

"Na casa onde reside família que cultiva tal moral ou comentários, há, com certeza, espíritos maldosos que costumam atrair para aquele lar problemas, discórdias, brigas e intrigas generalizadas e até tragédias. Para esses lares são levados espíritos sofredores para serem atormentados por entidades perversas. Existem ali, em nível invisível aos encarnados, verdadeiras câmaras de torturas moral e perispiritual."

— Como tortura perispiritual? — perguntou Camila.

— Já que o espírito desencarnado não tem mais o corpo de carne para ser torturado e seu corpo espiritual é denominado perispírito, a tortura é feita no perispírito ou corpo espiritual. Assim sendo, como eu estava falando antes, todos aqueles fluidos de sofrimento, dor, angústia, medo, desequilíbrio emocional, revolta, ódio, nervosismo e tudo o quanto for mais de sentimentos inferiores, começa a ser passado para os encarnados que ali habitam, fazendo com que entrem na mesma frequência vibratória que os sofredores ou até dos torturadores que ali se encontram. Quantos pais não passam a agredir seus filhos por captarem os pensamentos e os sentimentos desses torturadores? Quantos casais não se agridem por vibrarem nas brigas e intrigas dos desencarnados que cultivam sentimentos inferiores? Quantas pequenas tragédias diárias como ferimentos inesperados, doenças, furtos, roubos e até cansaço excessivo são atraídos por algumas pessoas por vibrarem ou acolherem seus pensamentos nas tragédias alheias? Quantos filhos matam seus próprios pais por ambição ou contrariedade? Quantos pais tiram a vida dos filhos até com o uso de torturas? E o que dizer dos abusos sexuais? Do instinto incontido do sexo?

"Tudo isso, entre muitas outras coisas é atraído para as pessoas e para seus lares por causa de um simples palavrão, por um fio de pensamento de cobiça ou crítica, por um julgamento à vida alheia, por um comentário à moral de outro, por sentimentos de prazeres indecorosos etc. É com uma fagulha que todo incêndio se inicia. Não nos esqueçamos de que "os semelhantes se atraem". Muitas pessoas que praticam esses feitos são religiosas e até rezam com fervor e arrependimento, mas continuam com suas práticas e vícios. De nada essa falsa fé lhes valerá. Se houvesse realmente fé, amor em Deus e a todas as Suas criaturas, como nos diz os principais mandamentos, essas pessoas não usariam, nem em seus pensamentos, palavras de baixo nível moral, planos de ações ou violência e outros sentimentos tão pobres e infelizes. Algumas só sabem pedir perdão e continuam com as mesmas práticas, outras acham que nada acontece por pronunciarem um simples palavrão."

— Nos lares onde operam oficinas do mal, encarnados são levados durante o sono físico para serem perturbados? — tornou Camila curiosa.

— Sem dúvida que sim! Os encarnados que não vigiam, não oram, não possuem sentimentos e comportamentos dignos sempre estão desprovidos de proteção espiritual e se deixam arrastar para tais oficinas durante o sono sem que nada eles possam fazer contra os que os agridem. Onde acha que os pesadelos se formam? Apesar de que muitos encarnados não se lembram de seus sonhos ou pesadelos, mas, quando enlaçados ou envolvidos por espíritos trevosos durante o sono físico, ao acordarem, sentem-se mal, amargurados, não progridem como deveriam em suas tarefas, falam sempre de coisas tristes, tragédias ou expressam esses sentimentos. São pessimistas. Irritam-se com facilidade, brigam ou resmungam à toa. Acreditam que nada dá certo para eles. Reclamam de tudo e, muitas vezes, proferem palavras de baixo nível ou vivem falando em morte ou nos que já desencarnaram. As pessoas normalmente dispensam sua companhia como se elas portassem uma virose infectocontagiosa.

André Luiz, ao observar a conversação proveitosa que se fazia entre Camila e Luana, aproximou-se de ambas e gentilmente pediu:

— Com licença, caras irmãs — disse André —, só para enriquecer a nobre explicação da ilustre Luana, gostaria de acrescentar que devemos, para evitar ligação com os trevosos, quando não for necessário e enquanto não estivermos preparados, praticar dentro de nosso próprio lar pequenos gestos salutares de cortesia. Recriminarmos imediatamente pensamentos indignos sobre qualquer assunto ou pessoa e substituí-los por uma prece no desejo do bem e do amor. Pedir amparo a Deus e a Jesus acima de tudo. Trocar as palavras de baixo nível moral e espiritual por frases dignas de elevação ao ambiente.

"Para fazer-se entender pelo interlocutor, devemos falar com cautela diante de qualquer opinião contrária à nossa. Diminuir o volume da voz para se fazer entender com calma e bondade acima de tudo.

"Ouvir sempre as necessidades e as apreciações daqueles com quem se divide o ambiente. Orientar para o amor e para o bem é indispensável.

"Observar, com paciência, todas as necessidades do lar. Participar e colaborar com as tarefas diárias. Utilizar objetos, lidar com as mobílias e portas com silêncio e carinho aos seus gestos para não incomodar os parentes ou os mais próximos.

"Nunca gritar para se fazer ouvir, deve-se sim diminuir a distância.

"Por mais intimidade que se tenha com o interlocutor, pedir licença é fundamental toda vez que necessitar interromper um assunto.

"Diante de qualquer dificuldade ou acusação, se não souber argumentar com benevolência e amor para explicar-se, deve-se calar em oração, pedindo amparo e orientação a Deus. Toda prece é ouvida.

"Toda família deve unir-se em conversação salutar e oração bendita ao Pai Celeste.

"Somente assim um lar deixará de ser contaminado por fluidos de espíritos trevosos e inferiores, tornando-se uma oficina de trabalho espiritual superior e edificante. Trazendo para todos, que nele habitam ou frequentam, verdadeira elevação espiritual, tranquilidade verdadeira nas experiências diárias com os entes queridos, prazer singelo em servir, humildade e agradecimento generoso ao ser servido, entre muitos outros especiais gestos fraternos e salutares, exemplos vivos de amor incondicional dentro do próprio lar. Assim sendo, palmilharão todos juntos a evolução espiritual e as apreciações educativas."

André Luiz não poderia ter explicado melhor.

Luana sorriu satisfeita e Camila impressionou-se com as belas palavras. Cortês, ele fez um gesto singular como uma reverência. Não esperou por comentários e, pedindo licença, afastou-se das companheiras.

Depois de tão nobre aprendizagem, Camila dirigiu-se à cozinha, saciou sua sede e recolheu-se ao aposento que lhe designaram com o coração farto de jubilosos ensinamentos, elucidados por uma entidade tão superior.

12

A AVAREZA DIFICULTA
O DESENCARNE

Na manhã seguinte, Camila assustou-se ao conseguir ver que o número de trabalhadores ali existentes parecia ter dobrado.

Chegando à cozinha, verificou que sua tia Dora e seus primos já iniciavam a primeira refeição, enquanto que no plano invisível os trabalhadores se revezavam a um lugar à mesa para alimentarem-se, porém tudo era realizado de forma harmoniosa. Camila parou e observou.

Dora, agradavelmente, dialogava com os filhos:

— ...traga a moça aqui para nós conhecermos, Dirceu.

— Nós não, mãe, a senhora. Eu já a conheço — dizia Júlio sorrindo diante do embaraço do irmão.

— Ela é um pouco tímida, mãe — justificava-se Dirceu.

— Mesmo assim filho, quero conhecê-la — insistia Dora.

— Sabe o que é — explicava Dirceu sem graça —, o pai dela não a deixa sair sozinha.

— Traga ele também, Dirceu — insistiu Dora. — Nossa casa pode ser humilde, porém temos dignidade e amor, além de educação para recebermos quem quer que seja, filho. Traga o pai, a mãe e quem mais quiser.

Júlio ria, observando o embaraço de Dirceu.

O espírito Túlio aproximou-se de Camila e convidou-a gentilmente:

— Vem, senta-te aqui para o desjejum.

Depois de um breve agradecimento a Deus, ela se alimentou.

— O que pretendes fazer hoje, Camila? — perguntou Túlio.

— Não sei, Túlio. Nem imagino. Posso ir para a praça contigo e, talvez, ajudar-te com tua tarefa enquanto não sei o que me reserva o futuro?

— Não. Não pode — respondeu Túlio sempre com sorriso generoso e amigável. — Não irei para a praça hoje. Em meu lugar haverá um substituto que já está acostumado a tarefas semelhantes.

— O que vais fazer?

— Por sugestão do nosso orientador, sairemos agora para visitar alguns amigos em trabalho ativo. Além de observarmos e estudarmos locais e pessoas, se por acaso pudermos ajudar, sem dúvida o faremos. Vê bem... não entendas isso como um privilégio. É o nosso dever verificarmos se outros trabalhadores ativos estão ou não precisando de ajuda, orientarmos irmãos necessitados e instruirmo-nos. Agora vamos.

A visão de Camila parecia estar melhor em nível espiritual. Ela agora conseguia ver com mais perfeição o plano invisível aos encarnados e a alguns desencarnados.

Ao saírem dos domínios da residência de Dora, Túlio perguntou:

— Consegues volitar?

— Não sei. Ainda não tentei.

— Pois então tenta.

Diante de inúmeras tentativas e fracassos, Túlio interferiu:

— Outra hora tu tentas. Andemos. É mais garantido e, talvez, mais proveitoso.

— Túlio, por que eu não me lembrei de tudo assim que desencarnei? Por que agredi meu tio Alfredo com palavras ao ser recebida por ele? Qual razão de eu ter-me esquecido de todo aprendizado espiritual antes desta minha última reencarnação? Aprendizado que aconteceu por causa de meu tio Alfredo e minha tia Dora! Por que não consigo sair da crosta e ir para uma colônia? Sabe, apesar de ser bem tratada, sinto-me como uma parasita dependente de todos e com inúmeros limites por causa da minha vibração incompatível ao trabalho e, ao mesmo tempo, não consigo melhorar minhas condições.

— Considere nossa memória um arquivo — exemplificou Túlio com semblante sério. — Acredita que nesse arquivo há inúmeras pastas que guardam infinitos registros, sendo eles as nossas experiências. Quando estamos confinados aos limites do corpo físico, ou melhor, encarnados, a matéria oferece certa dificuldade para abrirmos esse arquivo e buscarmos uma pasta.

"Se houver algo dentro de nós, superior a nossa vontade e fazendo parte dela algo poderoso, que damos o nome de fé, durante a nossa experiência física, seguiremos um bom caminho experimentando o trabalho para o bem e o pensamento sempre elevado para as vibrações superiores com as quais afinaremos os nossos sentidos. Ficaremos mais sensíveis às intuições e edificaremos nosso espírito. Do contrário, se titubearmos diante dos mais singelos acontecimentos por falta de fé, sairemos de sincronia, perderemos a harmonia, isto é, cortaremos as ligações com as vibrações superiores. Nossas intuições e inspirações deixarão de ser sensíveis e nosso espírito ficará denso, suscetível e exposto às vibrações inferiores, revelando- nos aos obsessores e zombeteiros de toda sorte. Desprovidos de fé, nós nos transformamos em materialistas, independente de todo preparo que recebemos antes de reencarnarmos.

"Ao desencarnarmos, com certeza, como espírito estaremos rodeados de todas as impressões ou energias que atraímos para nós quando vivemos na matéria.

"Se nos faltou fé e cortamos a ligação com o plano superior, desencarnando acreditaremos em tudo o que nos forçamos ou passamos a acreditar em vida.

"Se quando encarnados nos tornamos materialistas, seremos tão densos quanto a matéria e, com certeza, os objetos ou matéria do plano físico nos apresentará como obstáculo como se vivêssemos encarnados ainda."

— Não me faltou fé — defendeu-se Camila.

— Lembre-se do que nos disse o sábio Anacleto: "Somente a mera adoração a Deus, não significa a edificação do espírito, desencarnado ou encarnado". Tua fé foi abalada sim, ela não foi tão forte ao ponto de acreditares em uma solução para a dificuldade que teu primo Júlio enfrentava. Por exemplo: quando este e toda a família se viram sem provisões e à beira de falir com os estudos do rapaz, tu foste incapaz de tentar ajudar, mesmo...

— Pareceu-me que não havia saída! — interrompeu-o para se defender.

— Mesmo se não houvesse solução e Júlio tivesse de parar com os estudos, qual o prejuízo que estarias tendo? — Camila ficou pensativa e nada respondeu. O espírito Túlio continuou:

— Teu trabalho ali com ele era o de amparo moral e espiritual. Além do que, não irias ficar mais pobre do que já eras se colaborasses um pouco mais com o que tinhas.

— Eu já sei que falhei, Túlio. Não precisas lembrar-me a todo o momento.

— É que isso faz parte da minha resposta às tuas perguntas. Pois bem, quando desencarnou, estavas muito ligada ao materialismo e tua fé era pouca, como já exemplifiquei. Tua atitude cortou-te os laços com o plano superior que te apoiava. Mesmo assim os amigos espirituais de considerável evolução não cortaram os laços de amor e amparo após teu desencarne. Ao chegar o devido socorro e as necessárias explicações, no Posto para onde foste socorrida, tu tinhas na mente tudo aquilo em que querias acreditar, tudo o que acreditaste durante a mais recente encarnação. Tu mesma criaste barreiras que te provocaram o fechamento das gavetas do arquivo da memória como se estivesses encarnada. Entendeste?

— Sim — admitiu desalentada. — Se eu não tivesse voltado para a casa de meu pai, eu não teria desencarnado tão nova, não é? Se eu houvesse ficado com Dora e meus primos estaria lá até hoje, não é mesmo?!

Depois de longa pausa, Túlio filosofou:

— A frase "orai e vigiai" é muito abrangente. Se tu oras é porque tens fé e se tu vigias é porque acreditas no visível e no invisível e sempre estarás alerta a todas as ocorrências.

— O que quer dizer?

— Vou exemplificar para que tu entendas melhor: "Alguém que tem fé ora pedindo proteção. Quando desce uma escada, essa pessoa o faz vagarosamente amparando-se no apoio existente e nada acontece a ela. No entanto outra pessoa que também diz ter fé e ora pedindo proteção ao descer a mesma escada o faz às pressas. Ela cai, pois não quer perder tempo. Quebra-se e sai ferida". Ambas pediram proteção, mas somente a primeira pessoa vigiou.

— Então eu não teria desencarnado se eu não tivesse voltado para a casa de meu pai, não é?

— Não foi isso o que eu disse — afirmou Túlio categórico, mas exibindo bondade.

— Então seja mais claro, por favor.

— Digamos que a primeira pessoa que orou pedindo proteção e amparo e alguém do plano espiritual, vindo em seu auxílio, sussurrou-lhe ao ouvido: "Cuidado com a escada". E a pessoa tomou todos os cuidados porque estava afinada com a vibração do plano superior e tinha fé.

"Entretanto a outra que também orou pedindo proteção e amparo e alguém do plano espiritual, vindo em seu auxílio, sussurrou-lhe ao ouvido: "Cuidado com a escada". E a pessoa, além de não vigiar como deveria, tomando os devidos cuidados ao que fazia, não estava afinada com a vibração do plano espiritual superior ao ponto de atentar para a intuição recebida. Cabe esclarecer que ela não tinha tanta fé e não vigiou, por isso descuidou-se e caiu."

— Eu sabia — irritou-se Camila. — Não só fiquei desamparada espiritualmente como também desencarnei por culpa daquela religião e do meu pai, com suas imposições que me confundiram e acabaram por me convencer.

— É fácil culparmos os outros pelos erros que cometemos — disse Túlio sabiamente. — Continuando minha exemplificação, tu dizes que há barreiras que a impedem de ir para lugares melhores do que a crosta terrena. Nesse estágio em que te encontras, uma vez que não tens mais laços com o corpo de carne, isso acontece pelo fato de tua mente ter atraído para

O BRILHO DA VERDADE | 155

o teu corpo espiritual uma densa energia que tu mesma proporcionaste através de teus pensamentos cultivados.

"Resumindo, o tipo de sentimento que hoje cultivas é incompatível à harmonia existente no plano espiritual das colônias ou Postos de Socorro. A opinião que tu tens cega-te o espírito e o coração.

"Por consequência de já seres um espírito instruído, tanto no plano espiritual como no físico, é incabível e inaceitável que alegues ignorância em tua defesa. Não é admissível que tenhas amparo, consolo e negues o entendimento somente por puro capricho ou luxo de te fazeres de ignorante ou vítima sem, na verdade, ocupares tal posição.

"Se tu fosses acolhida hoje como está, em uma colônia, o plano espiritual superior atrofiaria tua evolução. Não podemos dizer o que tu tens de fazer ou o que deves fazer para conseguir o que desejas. Isso cabe só e unicamente a ti sentir, observar e decidir. Infelizmente estou lamentavelmente cansado de ver espíritas, católicos, protestantes e tantos outros que se achavam grandes religiosos, quando encarnados, estarem hoje na espiritualidade nas mesma condições que ti. — Depois de longo silêncio para que Camila refletisse sobre suas explicações, Túlio indicou: — Vê, é aqui. Chegamos."

Defronte a uma residência de certo porte, pararam. Passando pelo portão e, depois de percorrerem o corredor que dividia o belo jardim, entraram atravessando pela porta sem qualquer dificuldade.

Já no centro de uma grande sala de estar, Túlio estendeu a mão para o cumprimento de um amigo do plano espiritual que estava ali a trabalho.

— Querido Salustiano! Como tens passado? — indagou Túlio prazerosamente.

— Graças ao Mestre Jesus e todo o amparo que recebo dos Espíritos Superiores, estou muito bem, uma vez que continuo exercendo o labor abençoado do amparo e da proteção aos nossos irmãos. A oportunidade de tarefa é vida! E vós, Túlio, como estais? Já faz algum tempo que não nos vemos!

— Continuo como guarda da área de lazer infantil. Como sabe, eu amo o trabalho com nossas agitadas e queridas criancinhas que tanto necessitam de proteção. Deixa-me apresentar-te... Esta é Camila.

— Muito prazer! Estais a trabalho com nosso querido Túlio?! Camila sentiu-se sem graça e não soube o que responder.

Diante de seu embaraço, trocando olhares com o amigo, Túlio falou por ela:

— Camila presta-se ao trabalho da observação e do aprendizado edificante. Sempre é bom ter mais conhecimento, pois é isso o que nos torna aptos e capazes! — Voltando-se para ela perguntou alegre: — Não é mesmo?

— Sim. Claro.

— O que temos aqui, caro Salustiano? — tornou Túlio.

— A situação presente é lamentável. Temos à beira do desencarne Benedito, homem já corroído pelos anos e possuidor de inúmeros bens materiais conseguidos após muito trabalho. A esposa Maria desencarnou há cerca de dez anos, encontrando-se em ótimas e elevadas condições no plano espiritual, juntamente com o filho do casal, Juca, que desencarnou algum tempo depois da mãe.

"Benedito não se deixa levar, ou melhor, desligar-se lentamente do corpo físico. Ele se transtorna, inconformado diante da ambição e avareza da única filha Beta. Muito egoísta, Beta não quer dividir nem mesmo parte da herança com a cunhada, a viúva Adalgisa que teve quatro lindos filhos. Apesar dos bens do velho homem, a nora e os netos ainda passam por muitas necessidades. O neto mais velho está com onze anos e o caçula com quatro anos."

— Adalgisa, como nora, não tem direito à herança do sogro? — quis saber Camila.

O BRILHO DA VERDADE | 157

— Parece-me que, perante a Lei, Adalgisa não tem direito à herança do sogro. Ela só seria beneficiada se não fosse viúva. Como seu marido Juca desencarnou antes do pai dele, toda a herança é designada aos filhos de Juca e isso só ocorrerá quando esses forem maiores de idade ou se um juiz determinar, mas, como mãe das crianças, ela precisaria entrar com ação na justiça e pagar advogado para tal processo. Resumindo, atualmente Adalgisa nada tem de direito sobre a herança e sabe-se lá o que pode acontecer com a parte das crianças ficando Beta cuidando do inventário.

"Como Benedito não deixou testamento ou inventário e moribundo não pode fazê-lo, percebe que a filha, arrogante e impiedosa, deixará seus netinhos no desamparo, por isso ele insiste em não deixar a matéria."

— Vamos vê-lo — decidiu Túlio olhando para Salustiano.

Chegando ao quarto viram a figura cadavérica do velho que tinha de ficar com as mãos atadas em faixas e estas presas as grades do leito por tanto debater-se. De olhos arregalados, ele parecia assustar-se com qualquer movimento, pois começava a perceber o plano espiritual de forma mais nítida. Aproximando-se dele, Salustiano pediu bondoso:

— Meu caro Benedito, acalma-te. Tu já cumpriste tua parte no plano material. Agora é hora de deixá-lo. Tu tens que seguir tua evolução. Somente assim poderás crescer espiritualmente e até voltares para ajudares os queridos netos.

Benedito, parecendo ouvir Salustiano, agitava a cabeça de um lado para o outro, negando a sugestão.

— Como um senhor com tão grande instrução pôde deixar de fazer um inventário ou testamento? — perguntou Camila.

— Nada é por acaso — respondeu Salustiano pacientemente.

— Aconteceu o seguinte: quando gozava de perfeita saúde, Benedito discriminou a nora Adalgisa por ser de cor parda, pobre e não ter instrução. Com o desencarne do filho Juca, Benedito abandonou a pobre moça que contava com pequena e insignificante pensão para cuidar dos quatro filhos. Ela jamais lhe pediu nada. Ele nunca lhe ofereceu qualquer auxílio.

"Com o passar dos tempos, um acidente vascular cerebral, mais conhecido como derrame cerebral, sucumbiu Benedito ao leito. Sem fala e sem movimento dos membros inferiores, Benedito precisou de auxílio.

"A filha Beta resolveu estudar em São Paulo e as enfermeiras que ela pagava para cuidar dele o maltratavam muito. Somente a nora Adalgisa pôs-se a banhar-lhe na hora certa, trocar-lhe as fraldas, alimentá-lo com comida apropriada e variada, levá-lo para passeio em cadeira de rodas pelo jardim e ainda se dispunha a ler para ele, mesmo que pausadamente pela falta de instrução e agilidade com a leitura. A nora fez-lhe tudo isso com dedicação e bom ânimo. Os netos, por outro lado, serviam-lhe de distração.

"Quando Beta soube dos bons tratos, temeu perder sua parte da herança, de alguma forma, para a cunhada. Ela voltou para casa. Dispensou os trabalhos de Adalgisa e confinou o pai ao quarto e aos maus-tratos.

"Benedito desesperou-se, mas nada podia fazer. Teve outro derrame cerebral, o que agravou seu estado físico e condições de qualquer tipo de recuperação. Para piorar a situação, Beta vem superdosando os medicamentos dados a seu pai com o intuito de tirá-lo logo da vida terrena."

— Isso é homicídio! — exclamou Camila.

— Sim, sem dúvida que é — respondeu Túlio em tom comovido. — Com certeza Beta, um dia, terá de prestar contas disso.

— Mandamos chamar Juca, que já está chegando, para ajudar seu pai nessa difícil transição, pois só acontece dessa forma, devido à falta de orientação, fé e aceitação de Benedito — informou Salustiano.

— Nossa! O que será de Adalgisa sem herança e sem muitas condições? — preocupou-se Camila.

— Sem condições materiais, tu dizes. Apesar de não frequentar nenhum tipo de doutrina, Adalgisa é uma mulher de espírito forte e tem muito amor no coração. Acredita e confia em Deus. Independente de sua situação financeira, ela trata os filhos, que lhe foram confiados, com imenso carinho, atenção e amor. Ela ora ao Pai Celeste, pede orientação para seus mínimos atos. Por isso Adalgisa sempre tem grande amparo espiritual.

— Ela não odeia a cunhada? — tornou Camila curiosa.

— Não. Nunca maldisse nada sobre Beta. Nem mesmo em pensamento. Ela tem piedade da cunhada e em suas orações pede que o Pai lhe perdoe e que a luz Divina possa tocar a alma e o coração de Beta para que não continue maltratando o próprio pai moribundo — respondeu Salustiano.

— Vê, Camila — explicou Túlio sempre educado e cuidadoso com as palavras —, Adalgisa não tem qualquer religião. Sua religião é o bom pensamento e o bom sentimento. Sua religião é o trabalho para o bem e com amor. Por outro lado, Beta é católica — e, com um leve sorriso, acrescentou — e se diz praticante. Ela despeja verdadeira fortuna na igreja, seja no dízimo ou na contribuição semanal. O ideal seria aprender, entender e praticar os ensinamentos que recebe na igreja só que isso ela não faz. No último domingo, na paróquia que frequenta, foi dado grande destaque a um dos mandamentos que serviria muito bem para alertá-la a suas falhas, caso ela atentasse a ele. Sabe qual? — Camila ouvia atentamente e pendeu a cabeça negativamente para responder e Túlio prosseguiu: — "Honrai vosso pai e vossa mãe". O vigário da paróquia explicou muito bem esse mandamento. Pareceu-me até que ele leu *O Evangelho segundo o Espiritismo* — sorriu Túlio de um modo espirituoso. Depois lembrou: — Em *O Evangelho segundo o Espiritismo*, no capítulo XIV em Piedade filial, Kardec nos diz que o mandamento *honrai vosso pai e vossa mãe* é a afirmação da lei geral de caridade e de amor. Uma vez que não é possível amarmos o próximo se não amarmos nossos pais, porém do termo "honrai" concluímos que temos um dever ainda maior que é o da piedade filial. Kardec nos explica que Deus quer nos ensinar que junto com o amor para com os pais devemos demonstrar respeito, atenção, dependência e tolerância.

"Kardec, através do Evangelho, ainda nos fala em *Piedade filial* que honrai pai e mãe não é somente o fato de respeitá-los e acompanhá-los em tudo. Do que eles necessitam é, acima de tudo, a garantia do repouso na velhice. Necessitamos regar o ambiente doméstico com amor e paz, sermos benevolentes e cuidadosos ao nos dirigirmos a eles, seja para o que for.

"Piedade filial não é darmos aos nossos pais tão somente o que eles necessitam para que não morram de fome e depois confiná-los aos aposentos do lar e privá-los da liberdade apenas para não deixá-los viver sem amparo. Piedade filial é, principalmente, envolvê-los com amor e carinho deixando que participem integralmente do cotidiano no lar, reservando a eles as atividades que queiram ou necessitem participar e não esquecendo do tão necessário lazer.

"Mesmo os pais que não declinaram muito afeto e compreensão para com os filhos, por sua vez e por ocasião da velhice dos pais, esses filhos devem empenhar tanto amor e compreensão quanto possível, não reclamando ou censurando a atenção que vos fora privada. Como nos ensina Kardec: "a Deus é que compete puni-los e não aos filhos. Não compete a eles censurá-los porque talvez haja merecido que aqueles fossem quais se mostram".

"Beta não ampara o pai como deveria e não divide com a cunhada, tão necessitada, o muito que tem, preferindo auxiliar em construções faraônicas, deixando de garantir o conforto do próximo tão próximo.

"Todos nós, encarnados ou não, sabemos como é assustadora a fortuna que há no Vaticano, nas basílicas, nas igrejas. Tronos e castiçais de ouro, prata, crivados de diamantes e rubis. Nenhuma lasca dessas joias é usada pelo catolicismo para acabar com a fome no mundo."

— Mas eles possuem creches e instituições filantrópicas — defendeu Camila.

— Sim, claro que possuem! Mas essas são custeadas pela igreja somente no nome, pois é a população e, geralmente, o trabalhador pobre que, mediante aos pedidos, sustentam financeiramente essas instituições. Quando elas fecham por falta de verba, há ainda uma propaganda de que isso só ocorreu por falta de amor, caridade e egoísmo das pessoas. A igreja nada faz pelos infelizes que lá estão. Raríssimas vezes encontramos um padre que se dispõe realmente ao trabalho ao qual se propôs em juramento.

"Não estou criticando, somente contando o que já observei. Tu já ouviste dizer que Sua Santidade colocou a leilão sua coroa, cetro ou qualquer outra peça e que a verba arrecadada seria usada para combater a fome no mundo? — Camila balançou a cabeça negativamente e Túlio continuou: — De que servirá a Sua Santidade, o Papa, aquele trono de ouro, seus crucifixos de ouro e prata crivados de rubis e diamantes? De que lhe servirão suas taças e castiçais ourificados e selados de joias, adornando-os ainda mais?

"Acredito que inúmeros excêntricos pagariam uma verdadeira fortuna para terem em seu poder tais joias.

"Sem mencionar que a grande parte dessa fortuna incalculável foi conseguida através da chamada Guerra Santa, que banhou de sangue, miséria e peste toda a Europa, através de seus impostos e de inquisições que ainda foram chamadas de "santas", massacrando milhares em troca do sustento e da luxúria que se cobriu o Vaticano.

"Se houvesse algum Papa realmente fiel a Deus e que quisesse ser honesto e defensor dos direitos humanos, essa "santidade" se despojaria de tais joias conseguidas através de torturas, ludibrio da boa-fé e sangue com a finalidade de ajudar a tantos necessitados no mundo inteiro.

"Se a igreja ainda guarda em seu poder toda essa fortuna, é porque não se envergonha do que fez no passado, muito menos há, em seu seio, o arrependimento e a vontade de mudar.

"O Vaticano só sabe pedir e pedir. Parece-me que querem ver a Terra vazia de pobres que morrem de fome porque pobre miserável não dá dinheiro à igreja. Eles não querem ver seus palácios e galerias vazios para em troca fartarem a barriguinha dos famintos de pão.

"O interessante para a igreja são os pobres e ignorantes que trabalham.

"Em nada o catolicismo difere de outras religiões que só sabem tirar dos que pouco têm para servir a eles próprios, apropriando-se das doações.

"Utilizam o nome de Jesus Cristo, o Salvador, para acumularem bens terrenos, vivendo na mais alta e luxuosa mordomia. Os papas, bispos, cardeais etc., extraordinariamente subtraem gigantescas fortunas, a olhos vistos, sem nada, absolutamente nada, oferecerem para o povo. Roma é um país onde o papa é o presidente.

"Suas igrejas, espalhadas por toda a face da Terra, são suas embaixadas que só servem para arrecadar os impostos como foi feito na Idade Média. Hoje esses impostos são disfarçados com o nome de óbolos, mas têm a mesma finalidade: serem enviados para o seu presidente.

"A idolatria e o misticismo inventados pela igreja, ou melhor, pelos homens que a compõe, escravizam o homem encarnado por sua fé cega, trancafiando seu espírito e seu bolso às ideias infundadas de paganças sem limites e sem idealismo. Eles ignoram ou não querem admitir que os espíritos beatificados ou comumente denominados "Santos" são, muitas vezes, verdadeiros escravos perturbados pelos encarnados.

"Não podem calcular quão imensa tortura é levada ao espírito despreparado que vê inúmeros pedidos e promessas feitos fervorosamente à sua alma. Eles caem em verdadeiros conflitos ou torturas pelos chamados incessantes dos encarnados que lhes gritam socorro sem que eles nada possam fazer. Alguns, menos evoluídos, sentem-se culpados por sua impotência espiritual e se tornam verdadeiros loucos e doentes mentais espirituais, necessitando de longo e rigoroso tratamento no plano espiritual que, muitas vezes, não é obtido com grande resultado devido aos incontroláveis pedidos dos fiéis que se transformam em compulsivos pedintes a pobre e infeliz entidade. Em todas as religiões há muitas criaturas encarnadas que são dependentes da fé. Só sabem pedir sem nada fazer por merecer, preferindo pagar, de alguma forma, para adquirir algo. Além disso, não querem ganhar conhecimento para se orientarem sobre o que estão fazendo e por quê. O encarnado não tem capacidade de orar a Deus, "encará-Lo de frente", reconhecer seus erros, pedir perdão, sustentação, amparo, assumindo não errar mais. Vários encarnados vivem de intermediário na sua fé. O homem comum terceiriza suas orações e seus pedidos como se precisasse de muletas para ter fé. Para tanto, sem buscar instrução a fim de saber o que é realmente certo ou errado, usa o nome de um pobre espírito, chamando-o de santo que muitas vezes possui as mesmas fraquezas que ele para servir de mediador ou intermediário às suas solicitações a Deus.

"Tudo isso é a introdução do catolicismo que inventou o santo e colocou um homem comum por debaixo de uma batina fazendo-o de divindade ou porta-voz de Deus para enganar os ignorantes.

"Muitas vezes esses homens, intitulados "ministros de Deus", põem em pânico a espiritualidade, sejam eles ordenando sacrifícios e penas aos pobres e modestos que os buscam nos confessionários, sejam eles dando o perdão em nome de Deus a um "pecador". Qual condição humana, na face desta Terra, pode dar o poder para alguém se acreditar com o direito de canonizar, beatificar ou dar quaisquer títulos a um espírito que possa vir a recebê-lo?

"Felizmente, ainda hoje, o Brasil não conta com nenhum santo intitulado pelo Vaticano[1]. Imensas fortunas são tiradas da população carente para que isso ocorra. Em virtude do Brasil não ser um país em que Roma pode contar com extrema soma de dinheiro para santificarem algum nome, o Vaticano vem adiando tal fato em seus projetos, pois quanto mais um país deseja ter um santo, mais caro isso lhe custará, e o Brasil é um imenso país tanto em território quanto em número de fiéis, por isso haverá de lucrarem mais para fornecerem um título desse a um "espírito brasileiro", como se o espírito tivesse pátria."

Camila ficou assombrada com aquela revelação e sobressaltando-se perguntou:

---

1 Nota da Médium: Este livro foi psicografado em 1997 quando não havia menções consideráveis, mas somente estudos e buscas de provas para a Igreja Católica nomear algum brasileiro como Santo.

— E quando desencarnam, como ficam essas santidades, cardeais etc.?

— Para o lugar reservado a eles. Ninguém tem privilégios nas moradas do Senhor — respondeu Túlio.

— Para o Umbral?! — exclamou ela ainda surpresa.

— Depende. Alguns para regiões de extremos abismos, outros sem dúvida alguma podem permanecer em estado de perturbação no Umbral sim. Não poderia haver outro lugar para os que ludibriam a boa-fé ou usam o nome do Pai Celeste para adquirirem bens terrenos. Isso é independente da religião.

"Foi mais ou menos com essas palavras que Kardec nos relatou, tão bem, em *O Evangelho segundo o Espiritismo*, no Capítulo XVI, em *Não se pode servir a Deus e a mamom:* "O homem não deve acumular riquezas para o corpo e sim para a alma como a inteligência, os conhecimentos e as qualidades morais. Tudo isso é o que o homem traz, ganha ou leva consigo durante um reencarne. Essas riquezas ninguém poderá subtrair-lhe, o que lhe será de muito mais utilidade no outro mundo do que neste. Depende dele ser mais rico ao partir do que ao chegar". — O espírito Camila ficou refletindo e Túlio completou: — Não te perturbes, o Umbral deve ser visto como um local para a recuperação. Não o vejamos como um lugar de punição. O que um espírito experimenta no Umbral, pode e deve ser aproveitado como exemplo pelo resto de sua existência e a quem mais possa interessar.

"Quero ressaltar também que no Umbral não há somente espíritos de outras religiões. Inúmeros sofredores e moradores do Umbral foram ou se dizem Espíritas — sorriu suavemente ao enfatizar: — Espíritas Kardecistas, quando encarnados, mas se esqueceram de praticar o amor e a benevolência. Não perdoaram, não doaram nada do muito conhecimento que adquiriram.

Achegaram-se ou se aproximaram do Espiritismo somente para receber."

— E quanto àquelas doutrinas místicas que pregam paz e amor em suas filosofias? — perguntou Camila.

— A doutrina não prega nada de errado, porém parece-me falha quando se omite na pregação de praticar o bem.

"Muitas filosofias ensinam pensar em cores, massagear o corpo com a mente, levitar o espírito, viagem astral, entre várias outras coisas. Isso pode ser válido para aquela pessoa naquele estágio evolutivo. Entretanto se esquecem ou pouco falam na prática do bem, no amor fraterno incondicional, no perdão das ofensas... Tudo o que Jesus nos ensinou."

— Além disso — completou Camila —, essas religiões não falam ou não admitem a reencarnação, não é mesmo?

— Nem todas. Vê bem... não admitir a reencarnação pode ser falta de atenção, fé cega ou coisa de quem não quer se preocupar com as responsabilidades futuras que terão de enfrentar. Eu acredito que toda doutrina religiosa acredita e confirma os atributos de Deus, ou seja, as qualidades de Deus dentro do entendimento máximo do homem. A maioria crê, e estamos de acordo, que Deus é Eterno, Imaterial, Imutável, Único, Justo, Bom e, acima de tudo, Todo-Poderoso. Acreditando ou simpatizando com esses atributos, seria cabível que Deus desse pernas e braços para um e fizesse de um outro um aleijão? Seria possível que Deus, por puro capricho, desejasse que um de seus filhos fosse muito rico e outro um miserável faminto?

"Se um homem comum e responsável é capaz de ser justo ao ponto de dividir uma fatia de pão no número de filhos que possui, por que Deus, que consideramos bom e justo, faria diferente ou seria injusto para com seus filhos?

"Aí voltamos ao ponto de partida: Deus é justo e todos temos o que merecemos. Sei que muitos questionam por que os miseráveis ou aleijados nascem assim, o que fizeram para serem dessa forma ou estarem nessa situação. Teriam eles cometido tão terríveis pecados dentro do ventre materno? Ou está ele pagando pelo pecado dos pais? Respondendo a uma das perguntas, eu afirmo que nenhum pecado pode ser praticado por um feto e respondendo à outra, prefiro usar as palavras de Jesus que nos disse: "Nenhum filho pagará pela culpa dos pais". Mas se a criatura nasceu assim, só se tem por alternativa acreditar em algo que ela tenha feito de errado antes daquela vida.

"Retomemos, então, a fé no Espiritismo, no mundo dos espíritos e nas reencarnações para corrigirmos ou aprendermos mais uma vez. São nos ensinamentos da Codificação Espírita que entendemos não haver privilegiados ou injustiçados, mas sim muita caridade e perdão a ser praticado por todos nós."

13

DR. JÚLIO E SEU GRANDE ENSINAMENTO

Depois da longa explicação, Túlio passou a auxiliar Salustiano com passes magnéticos a Benedito. Algum tempo passou e Juca, filho desencarnado de Benedito, chegou àquele quarto acompanhado por uma equipe de enfermeiros espirituais. O espírito Juca penalizou-se ao ver a triste situação de seu pai que se recusava a deixar o corpo e muito sofria.

Depois de cumprimentar a todos, ele aproximou-se do leito e disse:

— Vim visitar-te, meu pai.

Benedito esbugalhou os olhos e agitou-se como que querendo falar. Sua aflição era imensa. Pôde ouvir seu filho nitidamente e viu-o parcialmente através dos olhos da alma quase cegos ao plano material.

Juca, bondoso e amável, continuou:

— Tranquiliza-te meu pai, não tentes reagir contra a força da natureza que sempre constrói sobre as transformações que, por vezes, se fazem necessária. Se tu te agitas, temendo a situação de Adalgisa com meus queridos filhos, saiba que ela e os pequeninos estarão amparados e felizes. Isso é o que mais nos importa.

Neste instante, Beta entrou no quarto.

Certificando-se de que a enfermeira estava longe e não poderia ouvi-la e acreditando estar sozinha no plano material e espiritual, a filha disse asperamente ao pai moribundo:

— Vê se morres logo, desgraçado! Não achas que já me deu trabalho e preocupação demais, além dos gastos?!

Benedito agitou-se ainda mais e Juca tornou-lhe amável:

— Não te importes com isso, meu velho. Toda essa angústia é passageira e descobrirás, em breve, que todo esse sofrimento é falso. Pensa em Jesus, o Consolador, e estarás amparado em Deus. Vê, estou aqui, nada se acaba depois que cruzamos a fronteira desta vida. Estou perfeito, calmo, procurando tranquilizar-te... Sabe, sou trabalhador operoso no plano espiritual. Isso tudo se dá porque eu creio em Jesus e procuro seguir Seus ensinamentos. Essa paz que eu sinto e procuro transmitir, todos que a desejarem e seguirem os ensinamentos do Mestre poderão tê-la e distribuí-la.

Benedito parecia ter começado a aceitar a ideia.

Neste momento Beta saía do quarto. Ela não suportava o odor que havia ali.

Os enfermeiros do plano espiritual, contando com o auxílio de Túlio e Salustiano, aplicavam passes ao velho Benedito, que agora parecia bem mais tranquilo, enquanto Juca ainda conversava com ele:

— Vê só, quanto mais calmo tu ficas, mais suave tua dor é. Em breve todo sofrimento vai acabar. Deixa-te envolver por toda essa energia calmante. Ela está te penetrando na alma e te faz bem ao coração. Pensa em Jesus. Pensa que aqui deste lado, tudo vai mudar e terás uma consciência diferente da de outrora. Vem, meu pai, vem.

Fechando os olhos, Benedito entregou-se àquela paz que sentia cada vez mais forte e, num último suspiro, deixou o corpo.

Rapidamente os enfermeiros do plano espiritual o desligaram da matéria e o envolveram, levando-o para o devido socorro. Após agradecer Salustiano, Túlio e Camila, Juca seguiu atrás.

Somente depois de uma hora a enfermeira contratada entrou no quarto. Constatando a morte de Benedito, foi informar a Beta que mascarou, com dor e sofrimento, o grande alívio experimentado.

Túlio, voltando-se para Camila, perguntou:

— Vamos?

— Para onde?

— Temos mais trabalhadores amigos a visitar. Veremos como eles estão passando, observaremos a experiência dos que acompanham e auxiliar se possível, além de aprender.

Despediram-se de Salustiano que também, após um devido repouso, iria ao auxílio do desencarne de outro moribundo, pois era esse seu trabalho.

Depois de voltarem para a casa de Dora e refazerem-se rapidamente num breve descanso, Túlio comentou para Camila:

— Tenho informações de um caso dramático e até... — parou por segundos, em seguida argumentou: — E até lamentavelmente interessante, por se tratar de uma mulher estudiosa da Doutrina Espírita. Vamos, precisamos tentar ajudar.

Sem demora, Túlio seguiu com sua acompanhante até uma simples e humilde residência onde uma mulher discutia com seu marido. Uma equipe de socorristas, no plano espiritual, fazia-se presente, tentando, de todas as maneiras, acalmar os ânimos de ambos.

Depois de rápido cumprimento ao encarregado do grupo espiritual, que não poderia se distrair, Túlio voltou-se para Camila e explicou:

— Esta mulher chama-se Sissa, é frequentadora assídua de um Centro Espírita. Julga-se espírita. Sempre que pode, faz caridade, amparo, orientação e é tarefeira no Centro. Seu esposo, Noel, não frequenta o Centro Espírita devido à incompatibilidade de horário, mas pratica junto com ela O Evangelho no Lar e procura seguir tudo o que de melhor aprende nele.

"O casal já tem dois filhos e Sissa está grávida. A gestação é de pouco tempo. Só que ela não quer o filho. Acredita que a vida já está muito difícil com dois e se colocarem mais um no mundo, eles não conseguirão sustentá-lo.

"Ela quer praticar o aborto. Tenta por todos os meios con-vencer o marido de que com até quatro meses de gestação não há vida no embrião e assim o aborto não será um crime. O marido, por outro lado, não concorda. Pensa que será difícil criarem mais um filho, mas acha que eles vão conseguir. Ele acredita que o aborto é um crime abominável independente do tempo de gestação, e o é!

"A equipe de socorristas tenta ampará-la e convencê-la a deixar a criança a vir ao mundo, porém está sendo difícil."

— Nossa! — espantou-se Camila. — Uma mulher com co-nhecimento Cristão tentando matar o próprio filho indefeso.

— Para tu veres — disse Túlio lamentando. — Ela diz ser espírita. Já leu inúmeros livros... *O Evangelho segundo o Espiritismo*, tem grande entendimento da doutrina e, mesmo assim, quer praticar o abominável ato. Vê só o bebê.

Túlio sobrepôs a destra na nuca de Camila, passando-lhe energias para facilitar-lhe a visão.

Camila viu, agarrada a Sissa, uma criança em posição fetal que parecia entender a situação e por isso tremia com medo de sua própria mãezinha que, aos berros, falava ao marido:

— Não és tu quem vai sentir dores! Passar mal! Virar noites em claro! Lavar, passar, cozinhar e ainda cuidar de teus meninos! Estou cansada!!! Eu não quero!!!

Noel, envolvido pelos socorristas espirituais, que não podia ver, passou a falar calmamente:

— Eu cuido. Se teu problema é esse, deixa meu filho nascer que eu cuido dele. Pedirei ajuda à minha mãe. Quanto a ti, se não mudares de ideia depois do bebê nascer, podes ir embora.

Sissa revoltou-se. Seus pensamentos eram tenebrosos.

— Esse infeliz! — pensava ela. — Se nasce, estraga-me a vida! Se for abortado rouba-me a felicidade.

Os socorristas aplicavam-lhe passes, que não surtiam efeitos devido aos seus terríveis pensamentos. Enquanto o bebê, um espírito, encolhia-se assustado, temeroso de grandes sofrimentos físicos pelo aborto.

Voltando-se para o marido, ela resolveu:

— Sairei agora, preciso pensar.

— Que horror! — exclamou Camila. — Como uma mãe pode pensar assim? Esse ser não pode perder a oportunidade de seu reencarne somente por causa da vontade dela de não ter mais filhos.

— Não é só a oportunidade bendita do reencarne, Camila — completou Túlio triste e sabiamente —, há terríveis ocorrências por trás disso tudo. O espírito de um abortado sofre não só com o trauma da rejeição mas também sente por muito tempo todas as dores ou as queimaduras químicas provocadas em seu corpo pelos medicamentos ou pelas mutilações que lhe foram feitas decorrentes do seu esquartejamento.

"Esses espíritos abortados sentem a dor de cada pedacinho de seu corpinho que está sendo arrancado. Sofrem indescritivelmente quando a pele e todos os órgãos internos são destruídos por medicamentos químicos ou mesmo ervas e chás que lhes provocam dolorosos ressecamentos cutâneos como queimaduras que lhes descarnam ou desintegram todo o corpinho físico. Toda essa dor e imenso sofrimento são passados para seu corpo espiritual ou perispírito. Mesmo depois de terem seus corpos físicos violentamente descarnados, picados ou queimados, essas pobres criaturas continuam sentindo toda essa dor e sofrimento e grande angústia no plano espiritual."

— Pobres coitados — lamentou Camila quase chorando.

— Hoje, existem colônias especializadas para o difícil e longo tratamento dessas criaturas que têm seus corpos físicos violentados e sacrificados por suas próprias mães. Esses espíritos chegam lá em condições tão lastimáveis que é difícil e doloroso descrever.

— Essas colônias não são muito comuns? — perguntou Camila.

— São colônias especialmente preparadas para receber espíritos que se prepararam para o reencarne e que, por serem rejeitados por seus pais, principalmente pela mãe, foram friamente assassinados em abortos. Inúmeras mulheres expõem-se a um carniceiro, muitas vezes esse é até um profissional denominado médico que jurou salvar vidas e que pela ganância material, hoje, mutila criaturas vivas e indefesas em troca de dinheiro. Essas mulheres colocam-se sobre uma mesa à disposição para que esquartejem, dentro delas, uma criaturinha viva, indefesa, que nada lhes fez de mal e que, muitas vezes, implora-lhes a vida.

"Sem o menor remorso, sem o menor senso crítico e julgando-se donas de seus próprios corpos, elas apresentam como justificativas o direito de fazerem dele o que bem querem. Não admitem que seus corpos lhes foram emprestados para que cumprissem seus destinos. Ninguém pode prejudicar ou lesar sua matéria física por motivos vis. Menos ainda lesar, junto com seu corpo, o corpo de uma criaturinha que, porventura, esteja se formando dentro dela. Um dia pagarão muito caro o preço desse "direito de dizerem que são donas de seus próprios corpos" acreditando poderem realizar o que desejam deles, esquecendo-se que o corpo físico que usamos pertence a Deus e foi por acréscimo de Sua infinita misericórdia nos emprestado para harmonizarmos nossos erros.

"Enquanto estamos encarnados, não somos donos de nada. As pessoas ainda não perceberam que quando desencarnam deixam a Terra, ou melhor, saem do plano físico exatamente como entraram: sem absolutamente nada. O que levamos das encarnações são os méritos pelos atos de bondade e caridade praticados, é a nobreza pelos feitos de boa moral, é a sabedoria de como agir diante de qualquer situação difícil."

— Esses abortados sofrem muito? — tornou Camila.

— Como não?! — confirmou Túlio. — Como acabei de te explicar, os infelizes penam mais que condenados. O aborto lesa-lhe o corpinho, no plano físico, o corpo espiritual e a mente. Nas clínicas abortivas, casas de parteiras que prestam esse tipo de crime, há equipes de socorristas espirituais que são especialistas no socorro dos espíritos ali assassinados. Esses socorristas ficam de prontidão para envolver, com o máximo de amor, os pobrezinhos abortados logo no ato de seu desencarne para ampará-los e tentar diminuir--lhes as dores, as angústias.

Camila, parecendo incrédula, ficou pensando como seria o sofrimento de tais espíritos. Enquanto isso o espírito Túlio permaneceu por alguns segundos num estado semelhante ao introspectivo, mas de súbito chamou às pressas sua acompanhante:

— Vamos, Camila. Temos de ir à casa de tua tia Dora.

Ao chegarem observaram que Sissa encontrava-se na cozinha de Dora aguardando por Júlio. Notaram, junto à gestante encarnada, vários socorristas tentando fazê-la mudar de ideia.

Júlio, um tanto assonorentado, pois estava dormindo porque iria trabalhar no plantão daquela noite, levantou atordoado quando a mãe o acordou dizendo que Sissa, companheira do mesmo Centro Espírita frequentado por eles, o aguardava para falar-lhe de um assunto urgente.

Paciente, Júlio caminhou até a cozinha e, ao deparar-se com Sissa, sensibilizou-se ao vê-la chorando.

— Como tens passado, dona Sissa? — diante do silêncio, ele quis saber: — O que houve?! O que te trazes aqui?! — perguntou Júlio muito preocupado com a mulher que chorava compulsivamente.

Depois de enxugar as lágrimas e se recompor um pouco, ela desfechou:

— Sei que o senhor me entenderá, doutor Júlio, e sei que somente o senhor poderá me ajudar. Sou uma mulher pobre. Meu marido ganha mal. Sou cristã e tarefeira no Centro que o senhor e tua família também trabalham na divulgação e orientação da Doutrina Espírita. Já tenho dois filhos e espero por mais um... só que não tenho o mínimo de condições para ampará-lo. Eu e meu marido não poderemos arcar com três crianças. É muito para nós!

Atarantado, ainda pelo sono, Júlio perguntou:

— Não entendo. O que a senhora deseja de mim? Se precisares de algum tratamento durante a gravidez, com o pré-natal ou mesmo com o parto, é claro que poderei te ajudar, sem dúvida. Quanto ao pré-natal, ficarei orgulhoso se me deixares acompanhar-te — afirmou sinceramente contente. — Até se precisares de medicamentos, eu providenciarei...

— Não! — ela, bem nervosa, interrompeu-o. — Não é isso! É que... Vê, estou de pouco tempo e como sei que não há vida no feto, eu queria...

— Não há vida no quê?! — perguntou Júlio, incrédulo, ao começar a entender as intenções da mulher. Antes de ela responder, ele explicou bem firme: — Se a senhora fosse realmente Espírita ou no mínimo Cristã, não estaria dizendo tamanho absurdo! Só espero que não estejas aqui me pedindo para que te faça o aborto.

— Eu não quero ter esse filho, por favor, ajude-me!

Júlio ficou indignado. Suspirando fundo, passou as mãos pelos cabelos e, depois de breve pausa, calmamente argumentou:

— Dona Sissa, creio que a senhora não mediu as consequências de teu pedido. Aliás, para mim isso não é um pedido, é uma ofensa. Sinto-me violentado. Agora quero que te acalmes. Pedirei à minha mãe que te faça um chá e...

— Não! — interrompeu o novamente. — Espere! Estou decidida. Quero tirar!

— Como espírita e como médico te garanto que há vida em um óvulo, que há vida em um esperma e que ambos, óvulo e esperma, são especialmente escolhidos pelo plano espiritual Superior segundos antes da concepção. É uma tarefa minuciosa e delicada com a finalidade de que a criancinha que se formar através dessa união tenha toda a carga genética necessária e meritória para o reencarne a ser realizado.

— Mantendo-se bem calmo e esclarecedor, Júlio continuou:

— Garanto-te ainda que no instante da concepção o espírito é ligado àquela célula que começa a se transformar e se dividir, formando órgãos e sistemas vitais a ele. É uma engenharia maravilhosa o nascimento de um corpo humano. E qualquer instante em que for interrompida a multiplicação da célula, o desenvolvimento ou o crescimento de um embrião ou feto é um assassinato que está sendo cometido, independente do meio utilizado para essa finalidade.

Para a surpresa do médico, a mulher começou a chorar. Mas não desistia da ideia. Apiedado, Júlio indagou:

— O que te disse o senhor Noel?

— Não me importa o que Noel pensa — respondeu abrupta —, eu não quero mais ter filhos! Estou cansada de trocar fraldas! Fazer mamadeiras! Ficar noites em claro e passar necessidades!

— Sabe que há inúmeras mulheres estéreis que amariam tais tarefas.

— Isso porque elas não as têm! — irritou-se Sissa.

— Tenha o bebê, dona Sissa — pediu com modos piedosos. — Deixa-o vir ao mundo. Se depois disso ainda não o quiseres, doa-o para alguém... — Júlio falava calmamente. Mas, de súbito, de sua boca saiu um pedido inesperado que o surpreendeu. Mesmo assim, sustentou-o firme: — Isso! Doa teu filho! Dá-o para mim! Tenho certeza de que eu e minha mãe daremos conta. Talvez, até em pouco tempo, a senhora mude de ideia e vai querê-lo perto e o amará tanto quanto ama os outros. Porém, se necessitares deixá-lo comigo para sempre, terei imenso prazer em prestar-lhe todos os cuidados como um pai! Darei tudo o que ele necessitar. Posso te garantir!

Sissa olhou-o incrédula e respondeu:

— Ficaste maluco?!

— Não. Não estou maluco, não. A senhora ama os teus outros dois filhos?

— Sim, sem dúvida que sim.

— Desejarias que um deles morresse?

— Lógico que não!

— Então, Dona Sissa, querer fazer um aborto é o mesmo que assassinar um dos outros filhos que já possuis. Pensa nisso! Acredito que a senhora jamais te apoderaria de uma faca ou um cutelo para esquartejar um de teus outros filhos, não é mesmo?! Pois o aborto é isso! O aborto é o mesmo que esquartejar um indefeso, sem dó ou piedade. Tenha teu filho e traze-o para mim. Eu o quero — desfechou, olhando-a firme e convicto, esperando uma reação.

Sissa levantou-se sem dizer nada e foi embora. Júlio seguiu-a até a porta e ainda pediu quase gritando:

— Por favor! Por amor a Deus! Pensa em tudo o que te falei.

A mulher nem mesmo olhou para trás. Na espiritualidade, acompanhando tudo o que acontecia, Túlio, satisfeito com a atitude do médico, virou-se para Camila e perguntou:

— Observaste a nobre postura de teu primo Júlio quanto aos seus princípios e conceitos espirituais, morais e profissionais? — Camila acenou a cabeça positivamente sem dizer nada. Foi então que Túlio argumentou: — Creio que não há necessidade de qualquer comentário diante de tamanha demonstração sincera de fé e evolução de Júlio. Descansemos por hoje. Amanhã nós voltaremos a novos trabalhos, estudos e observações.

Apesar de todo seu conhecimento espírita, e depois de tudo o que Júlio dissera, Sissa ainda desejava matar seu filho esquartejando-o através do aborto. Tentava justificar-se por não ter condições financeiras razoáveis para cuidar dele.

Enquanto isso, hoje, na Somália, Etiópia, nordeste brasileiro e em tantos outros países, por piores que sejam as condições desses povos tão sofridos, por mais que sejam miseráveis suas situações, eles ainda dão oportunidade de vida aos seus filhos, criaturas de Deus tão necessitadas, para naquelas circunstâncias, ainda tão sub-humanas, poderem evoluir e instruir-se diante da tão difícil condição de encarnado.

Independente da vontade do ser humano, alguns de nossos irmãos têm de passar por situações muito tristes para repararem seus erros do passado e aprenderem com a dolorosa experiência. E para harmonização e equilíbrio das Leis de Deus, os outros irmãos, nas condições de criaturas humanas mais privilegiadas espiritualmente ou materialmente, têm a abençoada oportunidade de auxiliar, de várias formas, os tão carentes e necessitados. Não encarando a sua contribuição como esmola, mas com a consciência de harmonizar suavemente o que possa ter como débito passado.

14

LEGIÃO DE JUSTICEIROS

Na manhã seguinte, Camila e Túlio saíram bem cedo. Ele pretendia levá-la a uma igreja evangélica. Porém companheiros espirituais chamaram-lhes a atenção para outros fatos que mereciam observações e serviriam de estudo para ela.

— Camila — propôs Túlio, como dedicado instrutor —, vamos a um Centro Espírita em outro bairro um tanto distante. Para isso, temos de nos apressar. Já consegues volitar?

Ao vê-la levantar-se do chão um tanto desgovernada, Túlio riu com gosto, sem qualquer maldade, explicando-lhe que todo início normalmente era daquele jeito mesmo. Para ajudá-la, ele despendeu suas próprias energias e começou a puxá-la, segurando-a delicadamente pela mão.

Volitando sobre a cidade, Camila observava inúmeros desencarnados que se arrastavam como bichos ou até pior. Muitos estavam descarnados, fétidos e monstruosamente deformados. Não se assemelhavam a criaturas que um dia reencarnaram como seres humanos. Outros espíritos pareciam moribundos com aspecto terrivelmente doentio. Ela ficou assustada, principalmente ao ver certas formações espirituais como gangues ou falanges.

Túlio, com sua típica serenidade, explicou:

— Vê só, Camila, aqueles grupos se formam ou se juntam várias vezes por um ideal ou por compatibilidade de ideias. Essas legiões de espíritos são imensamente errantes. O mais incrível é que muitos deles agem em nome de Deus. Dizem-se justiceiros. Oram, acreditam em Deus, temem-nO, mas não compreendem o perdão nem o praticam.

"Olha, aquela legião. Anda como se estivesse em marcha militar. Estão indo em direção àquele espírito ali que acabou de acordar no plano espiritual."

Nesse momento eles pararam e passaram a observar a ocorrência.

— Vê. É o espírito de um homem que em vida foi um político de muita fama, só que usurpou o quanto pôde dos cofres públicos, deixando os pobres e carentes mais miseráveis do que já eram. Desviou verbas destinadas aos hospitais e creches do governo, deixando doentes e órfãos desamparados e, literalmente, morrendo à míngua. Encarnado, esse homem praticava o Budismo, uma religião oriental da qual nada entendia devido ao idioma estrangeiro e aos chamados *mantras* que não tinham qualquer significado para ele. Não modificou o seu interior, fazendo-o refletir na prática da honestidade, da caridade, do amor, do perdão, da modéstia. Esse espírito era dependente de ficar em locais silenciosos, aromatizados para se sentir bem e sem o estresse que acreditava ter. Não se tornou um trabalhador ativo após tantas meditações. Ele precisava saber que no Umbral não há silêncio, aromas agradáveis ou flores. O verdadeiro bem-estar está no trabalho venturoso do progresso dos nossos queridos irmãos em face de suas necessidades. Se nos mantivermos como tarefeiros no progresso de outros, não haverá tempo para nos sentirmos mal física, espiritual ou mentalmente, pois, junto com a tarefa benéfica e edificante que fazemos, virão os amigos invisíveis que nos darão o amparo espiritual de que necessitamos.

"Esse espírito, quando encarnado, gozou de imensa riqueza e saúde. Acumulou incontáveis bens que agora de nada lhe servirão, pois aqui, no plano espiritual, não usamos dinheiro, só possuímos e exibimos a fé e a boa conduta moral. As maiores riquezas a se acumular é o amor incondicional e a sabedoria para a elevação moral. É com essa finalidade que reencarnamos e são com essas conquistas que vamos embora."

Túlio calou-se. Naquele momento vários espíritos, que faziam parte de uma legião de justiceiros, aproximaram-se, com gestos agressivos e palavreado baixo, do pobre espírito que em vida fora um político tão poderoso e que agora estava imensamente indefeso.

— O que é isso?! O que querem?! — perguntou ele que ainda não se dera conta do desencarne. — Chamarei meus seguranças, ou melhor, chamarei o exército! Não se aproximem! Não se aproximem!

— Somos justiceiros. Representamos os velhos que morreram à míngua por tua causa, as crianças pobres e flageladas que sucumbem por tua culpa, os pais de famílias que recebem miséria porque tu roubaste para ti o pagamento deles para enriqueceres ainda mais — vociferava um dos espíritos que parecia ser o chefe do bando.

Enquanto o espírito, que parecia ser o chefe do grupo, esbravejava, as cenas da pobreza, da miséria, de doentes agonizando e morrendo de doenças ou fome começaram a aparecer na tela mental daquele que fora um grande e conceituado político quando encarnado. Imagens horríveis principiavam a se formar como se os prejudicados cobrassem constantemente tudo o que lhes roubaram. Aquilo era só o início. Em breve, pesadelos tenebrosos iriam se fazer de modo a dominar inteiramente as ideias desse espírito totalmente despreparado para a vida no mundo real. Passou a gritar por socorro assim que o remorso começou a corroer-lhe os pensamentos, porém de nada adiantava.

Todo o grupo de desencarnados, munido de madeiras, paus com aspecto de clavas e pedras que plasmaram, pôs-se a agredir aquele espírito. E, apesar do ataque hostil e da pancadaria, eles usavam o nome de Deus para justificarem tal barbaria.

— Nós, em nome de Deus, vamos punir-te!

Nesse instante, principiaram a atacar o infeliz com pauladas e pedradas enquanto vociferavam tudo o que ele fizera de errado na posição política e social que ocupou.

Nesse momento, Camila apavorou-se:

— Vamos embora, Túlio! Estou com medo!

— Acalma-te. Eles não nos podem ver — falou bondoso, entendendo sua aflição. — Nós nos encontramos em outra frequência vibratória e, como espíritos menos densos, não poderemos ser vistos por eles, a não ser que queiramos.

— Não podemos ajudar aquele homem?

— Não podemos interferir. Para isso há trabalhadores especializados que não somos nós. Vão auxiliá-lo no momento certo, se ele permitir, e conforme suas necessidades. Agora vamos.

Volitando por mais algum tempo, chegaram ao local destinado.

Era uma casa simples, que servia de encontro para a edificação do Evangelho no plano físico e espiritual, além de possuir uma pequena creche para crianças órfãs. O dirigente era um homem instruído e de certa idade. A esposa e as filhas o auxiliavam com o trabalho e com as crianças.

— Ficaremos por aqui pouco tempo, porém quero que preste atenção em tudo o que vou te contar. O senhor Aprígio é dirigente deste Centro há anos. Com a ajuda da família, de amigos do plano físico e espiritual ele montou essa pequena instituição para proteger a órfãos que hoje somam cerca de doze crianças. Através de donativos e voluntários, os pequeninos são bem amparados.

"Há cerca de um ano, os amigos espirituais avisaram-me de que Aprígio vem agindo estranhamente. Ele está deixando que maus pensamentos invadam sua mente e corroam seu espírito, que agora se encontra enfraquecido por sua própria culpa.

"Sua tarefa, como encarnado, era o ilustre trabalho de doutrina no Espiritismo evangélico com a prática da caridade e do amor fraterno incondicional. A esposa, junto com as filhas, estariam sempre prontas para o digníssimo auxílio. No planejamento reencarnatório, achava-se tudo combinado.

"Aprígio reencarnou e, para facilitar-lhe a missão, isso se deu em família espírita, cujo pai, também dirigente, simplificou-lhe muito o trabalho. Encontrou Francisca com quem se casou. Teve as quatro meninas e, como previsto, elas sempre o vêm apoiando.

"Tudo estava perfeito e dentro do previsto.

"Todos cuidavam bem de suas tarefas no Centro. Formaram a pequena instituição, que abriga as criancinhas órfãs, sustentadas por eles e por donativos de nobres espíritos encarnados que se propuseram a auxiliá-los. E assim o fazem ativamente.

"Há mais ou menos um ano, Aprígio acredita ser "líder" do Centro, do grupo de crianças que auxilia entre outras coisas. Até poderíamos dizer que se intitula "dono da verdade". Tudo o que os nobres companheiros e auxiliadores fazem, incluindo a abnegada esposa Francisca e as amadas filhas, sempre parece pouco para ele.

"Contaram-me que certo dia dona Mariquinha, ilustre tarefeira que se prestava aos mais simples e honrosos trabalhos, faltou em uma seção de tratamento na qual ela auxiliava na aplicação de passes magnéticos aos necessitados.

"Aprígio ruminou, em pensamento, histórias mil. Criticou a pobre senhora. Zangou-se por ela não cumprir com o dever, entre outras coisas. Porém ele não foi à procura de dona Mariquinha para saber o que lhe havia acontecido.

"Nos dias que se sucederam, dona Mariquinha não se apresentou para as demais tarefas às quais se propunha. Além de auxiliar nos passes, ela cuidava da limpeza e da conservação do Centro e, duas vezes por semana, realizava toda a faxina da creche.

"Em uma das vezes em que conversava com a esposa, Aprígio criticou dizendo: "Deixa a Mariquinha. Um dia ela também será abandonada e largada à míngua, assim como nos largou sem dar a mínima satisfação". Por sua vez, Francisca o alertava dizendo que não falasse dessa forma. Ninguém sabia o que ocorrera com Mariquinha. Ela mesma não teve tempo diante de tantos trabalhos na verdade, nem o próprio Aprígio fora procurar notícias da mulher. Mas Aprígio não continha seus pensamentos nem suas palavras e, às vezes, chegava a dizer horrores do tipo: "Mariquinha não tem ideia do transtorno que nos provocou deixando para nós todo o serviço que fazia. Porém ela não perde por esperar! O Umbral a aguarda! Ela fará faxina na casa dos sofredores por muito tempo!".

"Após alguns meses, em uma seção de comunicação, uma entidade de considerável elevação se apresentou pedindo a palavra. Era um espírito respeitável que já havia se pronunciado anteriormente. Voltando-se para Aprígio disse: "Cala tuas críticas e teus pensamentos sobre todas as coisas que vês ou sabes através dos sentidos humanos. Mariquinha, hoje, trabalha mais do que todos os médiuns encarnados deste Centro nas sessões de passes aqui realizadas. Desencarnada, auxilia os passistas e ainda cuida de toda a faxina espiritual que precisa ser feita porque teus pensamentos e sentimentos vêm sujando imensamente esta casa de oração. E para que o trabalho espiritual possa ser digno, ela limpa e prepara o ambiente. Em uma coisa tens razão: Mariquinha está fazendo faxina na casa de um sofredor e esse és tu, Aprígio".

"Ele, segundo me contaram, revoltou-se.

"Outros avisos vieram, porém não deu atenção.

"Vive exigindo muito dos médiuns para que haja mais mensagens do plano espiritual aos frequentadores interessados, como se esses médiuns servidores pudessem ser ligados e desligados com o plano espiritual. E, uma vez ligados, pudessem sintonizar qualquer nível espiritual, além de transmitirem na íntegra tudo o que se passa nele.

"Em seu dia a dia, Aprígio não usa o bom senso nem os ensinamentos que vive no Centro. Sendo dono de um pequeno mercado, onde tem seis funcionários, ele constantemente ameaça-os com pressões psicológicas dizendo que os negócios não estão muito bons, que terá, a qualquer hora, de dispensar alguém. Tudo isso só para que os empregados trabalhem corretamente dando o máximo de si, não faltem ou reclamem do salário. Esses funcionários vivem pressionados injustamente. Isso é desumano.

"Outro dia, em uma conversa com um amigo, ele disse que iria mandar embora três dos seus empregados, pois o serviço ali existente tem condições de ser feito por três ou, no máximo, quatro empregados, e que é burrice pagar funcionários a mais. Aqueles que continuarem no mercado e não derem conta do trabalho atribuído também serão dispensados. Ainda acrescentou que funcionário novo é bom porque nunca reclama do que lhe dão para fazer.

"Vê só, Camila. Esses pensamentos são corretos para alguém que se diz espírita? Os funcionários são pais e mães de família e, se até hoje houve condições de empregá-los e pagar-lhes obtendo lucros satisfatórios para Aprígio, por que agora seria necessário dispensá-los?"

— E agora, o que há para ser feito?

— Estamos chamando-o debalde para os ensinamentos edificantes do Evangelho de Jesus. Porém, até agora, não obtivemos respostas.

— Ele parece tão calmo, compreensivo.

— Somente aparências, Camila. A convivência com Aprígio está começando a ficar insuportável. Ele reclama de tudo injustamente. Nunca ouve as argumentações alheias e se julga com razão em tudo o que fala. A ambição toma-lhe conta da alma. Ele deseja cada vez mais para suas obras.

— Mas, Túlio, o trabalho que ele está realizando é uma nobre atividade promissora e construtiva. Necessita de recursos.

— Sem dúvida que sim! Entretanto todo homem ou espírito sempre receberá de acordo com suas necessidades. Nunca mais, nunca menos. Quer ele grite, urre ou esperneie.

"Aprígio não está sendo humilde ou sequer paciente. Seu senso crítico está excessivamente negativo. Sempre observa somente os defeitos alheios e os julga de forma hostil e inescrupulosa. Julga e condena e, se pudesse, ele mesmo puniria. O julgamento, a condenação ou punição não nos pertence."

— E a esposa? — perguntou Camila.

— É graças a Francisca e as filhas que o árduo trabalho de assistência é mantido e bem realizado. Oremos ao Pai para que Aprígio desperte enquanto há tempo.

Camila ficou muito pensativa, porém Túlio chamou-a à realidade:

— Hoje, no Umbral, há inúmeros espíritas que ignoravam, quando encarnados, que deles seria cobrado mais por terem mais conhecimento da verdade do que as demais pessoas que desconheciam os ensinamentos do Cristo. — Breves segundos e chamou com jeito sempre educado e prestativo: — Agora vamos, querida Camila. Quero levá-la a um outro lugar.

Saindo dali, eles voltaram para o bairro onde Dora morava. Porém não foram em direção a sua residência.

No caminho, Camila espantou-se com o grande número de encarnados que traziam presos, junto a si, alguns desencarnados. Esses chegavam a andar de braços dados com os encarnados ou até mesmo abraçados.

— Túlio, como podem aqueles espíritos ficarem assim?

— São sofredores — respondeu Túlio. — Esses espíritos, de uma forma ou de outra, encontram afinidade com o encarnado e passam a segui-los. Vê aquela mulher? Eu a conheço há alguns anos. Ela e o marido viveram bem. Quando ele desencarnou, ela não se conformou, caindo em desespero. Apesar de ser uma mulher crente em Deus, conhecedora do

Evangelho, ficou em extrema aflição e encolerizou-se contra os desígnios do Pai.

"O marido foi socorrido, porém as vibrações de lamentações que ela emitia pensando nele constantemente, queixando-se de sua falta, relembrando os bons momentos vividos juntos, chegaram até ele, que já estava em uma boa colônia. Isso fez com que entrasse na mesma frequência vibratória de reclamações e saudade imensa. Não foi forte e se deixou atrair de volta à crosta da Terra e está dessa forma. Sem sustentação espiritual, o marido vive preso a ela. Ambos sofrem e lamentam a separação através do desencarne que sabemos ser necessária e passageira."

— Por que ele está com esse aspecto sujo, um cheiro horrível e aparência esquelética?

— Ele obteve socorro, mas recusou-o pelo desejo de viver na Terra junto a sua amada. Como espírito indigente, perambula agarrado à esposa. Não tem tratamento espiritual, alimentação correta ao seu espírito, asseio energético. Está desprovido de tudo o que é necessário a um espírito. O pobre espírito não tem descanso. Os zombeteiros que passam por ele o maltratam, agredindo-o com palavras e ações. Por isso sofre e, por estar junto à esposa, ela sente suas vibrações e começa a chorar, depois diz que é saudade do marido, depressão.

— E agora, o que poderá ser feito?

— Já está sendo. Uma vizinha dessa mulher está insistindo para que ela vá a um Centro Espírita, pois lá terá esclarecimento de tudo o que precisa.

— Ela vai?

— Tudo indica que sim. Lá no Centro Espírita, com certeza, ela receberá orientação de como deverá agir quando se der o desencarne de um ente querido. Ele, por sua vez, como espírito obterá tratamento e socorro. Isso aliviará o sofrimento de ambos e os farão entender que o amor significa aceitação, honestidade, desejo do bem à pessoa querida. Amor é sinônimo de doação, de entendimento e de fé.

— Tomara que isso ocorra logo — desejou Camila.

— Ocorrerá. — Apontando para um outro lado, Túlio mostrou: — Olha ali. Aquele homem está despertando o alcoólatra que há nele pelas amizades que vem atraindo para si tanto no plano material quanto no plano espiritual.

Ao olhar, Camila viu, agarrado àquele homem, três espíritos desencarnados. Possuíam uma aparência horrível. Suas roupas eram sujas e esfarrapadas. Tinham aspecto de quem havia ingerido muita bebida alcoólica. No perispírito traziam manchas escuras e avermelhadas, rosto e mãos inchados e andavam cambaleantes.

— Aquele homem — explicou Túlio pacientemente — está se aproximando de colegas encarnados que bebem, levam uma vida boêmia, entre outras coisas. Ele sempre aceita o aperitivo oferecido e o convite para mais um drinque. Ultimamente se dispõe a ficar na porta de bares e, cada vez mais, distancia-se da família. Quando a esposa, com toda a razão, chama-o para a responsabilidade e para o perigo que a bebida alcoólica traz, ele acha que, para acalmar-se ou não se zangar com ela, tem de tomar um aperitivo qualquer. Na verdade, quem o convence de que é necessário beber, por qualquer razão, são as três criaturas desencarnadas que o acompanham. Isso acontece por meio de pensamentos e inspirações sutis imperceptíveis. Pode-se dizer que esses espíritos se embriagam junto com o encarnado pela energia e sentimento que ele emana após ingerir uma bebida alcoólica. Com isso as entidades passam a experimentar as mesmas sensações que o encarnado, pois estão cada vez mais afinados espiritualmente pelas ideias, vontades e sugestões em comum. Os espíritos desencarnados que apreciam os efeitos das bebidas alcoólicas são capazes de localizar, com antecedência, onde estão os amigos encarnados desse homem que o convidam para beber e levam o infeliz, através da inspiração, aos locais onde os colegas se encontram para partilharem a experiência.

— Eu nunca ouvi falar disso! — admirou-se Camila.

— Há muitas coisas, no mundo dos espíritos, que os encarnados ignoram. Agora vamos. Quero mostrar-te algo interessante. É logo ali.

Caminhando alguns metros, Camila observou espantada:

— Aquela é a igreja do pastor Freitas!

— Claro que é. Vamos lá! — falou animado.

Obedecendo ao chamado de Túlio, sem contestar, ela o seguiu.

Ao entrarem, observaram que havia um culto quase terminando. Túlio cumprimentou dois cooperadores espirituais que estavam trabalhando naquela igreja.

— O que esses socorristas fazem aqui, Túlio? — perguntou Camila curiosa. — Essa é uma igreja crente!

— Do que uma igreja crente se difere de outra casa de oração que edifica o Evangelho e orienta sobre os ensinamentos de Jesus? Mesmo não sendo Cristão, um templo de oração pode transmitir bons conhecimentos, ensinar o amor ao próximo e instruir sobre a boa moral, não pode? Vê, minha querida, apura a visão do espírito.

Nesse momento o pastor Freitas agradecia a Deus pelas doações que receberam e pedia a bênção àqueles alimentos.

— Que o Senhor Jesus abençoe estes alimentos! — gritava o pastor. — Que cada grão possa conter, através das bênçãos de Deus, toda a força, toda a energia necessária para alimentar cada irmão que dele provar!

— "Glória ! Aleluia!" — gritavam os fiéis em coro.

— Queira, Senhor Deus — vociferava Freitas —, que Teus filhos, aqui na Terra, sejam abençoados por Ti, Pai Celeste, por participarem destas e de outras arrecadações para saciar a fome de seus irmãos, provando que em seus corações instalou-se o amor ao próximo como pediu o Senhor Jesus! Vamos orar, irmãos, para que as bênçãos do Senhor caiam sobre nós! Aleluia, irmãos!!!

Enquanto todos acompanhavam as palavras de oração de Freitas em pensamentos, fez-se um longo silêncio.

Nesse instante, Túlio, Camila e os demais desencarnados puderam observar que luzes cintilantes caíam sobre todos, principalmente sobre os alimentos ensacados que se depositavam frente ao altar.

Eram fluidos com aparência luminosa. Energizavam os alimentos e abençoavam todos os presentes, incluindo os desencarnados.

Depois de dar graças e despedir-se de todos, Freitas solicitou a ajuda de voluntários para que auxiliassem na distribuição dos suprimentos.

Sorrindo, Túlio virou-se para Camila e contou:

— Tu sabias que muitos desses alimentos foram doados por católicos, espíritas, adventistas, budistas e ateus?

— Não — respondeu surpresa

— Pois é... Muitas vezes não há condições de as igrejas católicas, protestantes ou evangélicas, os Centros Espíritas, templos budistas conseguirem fazer um trabalho de arrecadação de alimentos para distribuírem aos necessitados. No entanto nada impede esses religiosos de ajudarem aos carentes. Sabendo que essa igreja evangélica faz arrecadação de gêneros alimentícios, bem como de roupas, pessoas de inúmeras religiões ou doutrinas e até ateus trazem para cá suas colaborações. O trabalho realizado aqui é sério e de muita responsabilidade. Eles recolhem os alimentos e roupas de quem estiver disposto a ajudar, independente de religião, e ainda compram mais gêneros com o dinheiro arrecadado na igreja. É raro, raríssimo vermos uma igreja evangélica fazer isso. Freitas, entre outros, deve muito a seu pai, Honório, pois foi por causa dele que começaram a praticar a caridade.

— Por quê?

— Se não fosse por Honório, talvez Freitas e seus auxiliares diretos continuariam vivendo de forma errônea, transgredindo e usando o Evangelho para adquirirem bens terrenos. No entanto, a vergonha e o arrependimento por que passaram, diante da descoberta feita por Honório, fizeram com que refletissem e muito! Hoje essa é uma das raras igrejas que prega o perdão incondicional, independente de etnia ou raça, credo, posição social. Freitas cultiva a humildade e a exemplifica. Prega o amor e tudo mais o que observa o livro sagrado. Não se envolve em política ou questão social polêmica, ele só realiza sua parte ensinando e fazendo caridade.

"A solidariedade, praticada pelos fiéis dessa igreja a outros irmãos, é independente da crendice de quem a recebe. Vem, vamos ali fora."

Na porta lateral de igreja tinha uma longa fila de pessoas que portavam um papel com uma senha. Uma a uma iam recebendo das mãos dos fiéis e do pastor os sacos de alimentos e uma folha na qual havia uma linda prece para reflexão.

Camila sensibilizou-se. Observou que ali existiam somente necessitados, descalços e descamisados.

— Camila — disse Túlio —, cada uma dessas pessoas recebeu, em suas casas ou barracos, a visita de um membro voluntário dessa igreja para que ficasse bem claro a carência desses alimentos. Depois da confirmação de tais necessidades, eles ganham uma senha e quinzenalmente vêm aqui a fim de obterem o donativo e cadastrarem-se para uma nova triagem dos voluntários.

Enquanto isso os trabalhadores espirituais faziam convites aos vários desencarnados, irmãos ignorantes e sofredores, ali presentes, que já se encontravam em condições de entendimento para participarem da realização de um estudo evangélico destinado a auxiliar e renovar suas condições.

— Vê, Camila, é esse o trabalho dos cooperadores espirituais aqui hoje.

— Eu nunca poderia imaginar! — exclamou ela. — ...em uma igreja crente?!

— Há muito mais do que nós imaginamos. A assistência espiritual cristã tem de se dar em inúmeros locais. Se ela existe no Umbral, quanto mais em uma casa de oração onde é edificado o Evangelho e difundidos os ensinamentos de Jesus.

Camila ficou maravilhada. Aquele dia foi farto de ensinamentos. Satisfeito, Túlio generosamente convidou-a para retornarem ao lar abençoado de Dora, onde a recomposição seria meritória.

15

O SOFRIMENTO DOS ABORTADOS SOB A VISÃO ESPIRITUAL

Com o passar dos dias, após tantos exemplos presenciados, Camila observou e concordou com o que Túlio lhe dissera: "A religião não faz de um homem um grande espírito".

Certa manhã, o experiente espírito Túlio procurou por sua acompanhante e avisou com alguma comoção:

— Camila, existe um fato lamentável que poderá ocorrer. Deve servir-lhe de observação para reflexão e estudo ou, talvez, possamos ajudar em algo. Vamos?

De imediato ela concordou. Não demorou e chegaram a uma casa modesta. Apesar de bem pintada no plano material, Túlio e Camila puderam ver, no plano espiritual, que em suas paredes havia sangue, pele humana putrificando e até mesmo pequenos pedaços de membros de crianças. Eram também nitidamente vistos rostos pregados nas paredes como se estivessem em alto-relevo.

Camila sentiu-se mal e horrorizada.

— Túlio! Por Deus, o que é isso?!

— Essa é uma casa onde inúmeros assassinatos são cometidos diariamente com a maior frieza e sem a menor piedade. Lamento ter de dizer-te, mas... nós vamos entrar.

Havia uma sala de espera com três mulheres aguardando para serem chamadas. Uma delas era Sissa, a única que estava sem acompanhante. As outras duas traziam consigo uma amiga.

No plano espiritual, cada uma delas tinha equipes de amparadores que tentavam, por todos os meios, convencer-lhes de sair daquele lugar e deixarem nascer o filho que tinha vida dentro delas.

Vez ou outra, os socorristas se voltavam para a amiga e acompanhante tentando envolvê-la e convencê-la a sair dali.

A acompanhante de uma mulher que pretendia ser atendida começou a inquietar-se e perguntou num tom amedrontado:

— Tonha, tu tem certeza de que quer mesmo?...

Tonha assustou-se com a pergunta e nesse momento os amparadores tentaram influenciá-la dizendo-lhe como seria lindo ter em seus braços uma criança tão bela e perfeita. Poderia amamentá-lo, amá-lo, mimá-lo o quanto quisesse, pois ela gostava muito de crianças. De repente João, seu namorado, ao ver o bebê, poderia querer ficar com ela e, mesmo se não quisesse, uma criança nunca impediu ninguém de ser feliz.

— Não sei não... Tô com medo... — respondeu Tonha à amiga.

— E se tu morre, Tonha?! E se tu fica defeituosa e num pode ter mais filho? E se mais tarde, tu tem um filho defeituoso e torto só porque matô esse? Se sabe que de Deus a gente num esconde nada, num é? Ele pode te castigá.

Tonha, assustada, num impulso caiu de joelhos e falou:

— Senhor, perdoa por eu ter vindo aqui pra matá meu fio. Eu num quero matá ele não. Me deixa cuidá dele perfeitinho, são. Juro que num vô me importá só porque sô mãe solteira. Deixa que os outros fale! Que se danem! Quem vai dá comida pra meu fio sou eu nem que tenha que varre rua. Seja o que Deus quisé. Vamo embora, Zefa. Vai vê que Deus te falô n'ovido!

Levantando-se às pressas, Tonha agarrou a bolsa, puxou a amiga e saiu quase correndo do local.

A equipe, que a amparava, vibrou de alegria. Alguns choraram emocionados. Porém tinham imensa noção de que aquela era somente uma batalha ganha.

O grupo se dividiu: parte seguiu Tonha com a finalidade de ampará-la com pensamentos dignos e apoio para as necessidades materiais e a outra parte ficou no local, auxiliando os outros colaboradores espirituais que exerciam o mesmo tipo de tarefa com as outras mulheres ali presentes.

— Por que aqueles trabalhadores espirituais seguiram Tonha? — perguntou Camila.

— Uma mãe jamais ficará sozinha ou desamparada. Sempre haverá um trabalhador para socorrê-la e sustentá-la no que for preciso de acordo com o seu merecimento e necessidade.

— E no caso de ser seu primeiro filho? Ela ainda não é mãe, haverá amparo?

— Desculpa-me Camila. Não entendeste ainda que a mulher é mãe no mesmo segundo em que se dá a concepção, não apenas após o parto.

Ele ofereceu meio sorriso generoso, vendo-a refletir.

Não demorou e voltaram-se para Sissa que perdia seu olhar sem definir o que sentia.

A outra mulher assustou-se com a atitude e as palavras de Tonha. Sensibilizada, estava sendo mais fácil de ela perceber a vibração e o envolvimento enternecido dos trabalhadores espirituais para que ela deixasse seu filho viver.

Nesse momento, a enfermeira abriu a porta e chamou:

— Senhora Antônia?!

Sem hesitar, Sissa respondeu:

— Foi embora. Creio que sou a próxima.

— Então entre.

Nesse instante toda a equipe se colocou em alerta máximo para impedir aquele assassinato, acompanhando Sissa dentro da sala de cirurgia que, vista do plano espiritual, mais parecia um matadouro de gente.

Com um aspecto macabro, sujo, tenebroso e, digamos, até indescritível para nós, espíritos, narrarmos aos encarnados. A sala possuía, em suas paredes, todas as marcas de cada assassinato ali cometido por uma infeliz criatura humana que teve seu diploma de Medicina anulado ou caçado por exercício de função criminosa de acordo com a lei – o aborto – no qual algumas mulheres morreram. Agora para ganhar dinheiro e enriquecer, ele, homem covarde e de um espírito indigno a um ser humano, esquartejava criaturinhas indefesas que só queriam, como todos nós, o direito a mais uma reencarnação.

Com a alma gélida, Sissa deitou-se à mesa sem nenhuma dúvida ou remorso. Os socorristas ainda falavam-lhe, mas nada adiantava.

Com frieza, a enfermeira aproximou-se e preparou-a. Logo em seguida, chegou o aborteiro e assassino aplicando-lhe algumas picadas de injeção que passou a queimar o corpo físico da inocente vítima que tentava fugir instintivamente de um lado para outro.

No plano espiritual, o silêncio foi absoluto diante da amarga e cruel cena.

Camila e todos podiam ver o pequeno ser revirando-se como se quisesse fugir do assassinato sórdido, cruel e pavoroso de ser presenciado na espiritualidade.

Vez ou outra, a criaturinha viva no ventre abria a boquinha como se quisesse desesperadamente gritar para sua mamãe, porém Sissa não podia ouvi-lo. Talvez o fizesse com o coração se esse não estivesse tão endurecido.

Os espíritos, ali presentes, podiam ouvir os gritos de agonia daquela criancinha em formação, seus gemidos sofridos e sua extrema aflição. As dores que experimentava em seu corpinho, naquele momento, eram passadas para seu corpo espiritual que sentia todos aqueles sofrimentos e ainda tentava lutar para ter uma chance de continuar a viver.

Os socorristas envolviam aquela triste criaturinha com energias calmantes, mas nada parecia aliviar suas dores, suas queimaduras químicas e seu desespero.

Nesse instante, o aborteiro buscava alcançá-lo com instrumentos para puxá-lo, o que não foi muito difícil de conseguir, tendo em vista as condições indefesas da frágil criaturinha que agora sentia seu corpo ser esquartejado sem dó nem piedade. Primeiro arrancou-lhe uma perna, depois a outra, de uma vez foram as vísceras e depois todo o resto que sobrou daquele corpinho perfeito que a Natureza Divina providenciou a formação.

Os enfermeiros espirituais providenciavam o desligamento do espírito do corpo que se fazia em pedaços, porém era difícil. Aquele espírito queria imensamente viver.

Quando foram desligados os liames do perispírito do corpinho esquartejado, a mente daquele espírito plasmou seu perispírito com uma triste aparência. Seu tamanho era o de uma criança de um ano com o braço e a cabeça parecendo ser de um homem maduro. A entonação para se comunicar era a de criança, assim como a maneira de se expressar, mas conseguia, mesmo como criança pensar e querer entender o que acontecia.

Ele gritava, chorava, revirava-se nos braços do espírito enfermeiro por experimentar inenarrável dor. Seu corpinho espiritual esvaia-se em sangue plasmado pelo sofrimento, mostrando, em alguns membros, os cortes profundos e os descarnes provocados pelos instrumentos cirúrgicos, além da queimadura química que se distribuía por todo ele. O sangue respingado no chão daquela clínica junto com alguns pedaços de pele que caíram ficariam, ali, como marca de mais um assassinato cometido. E mesmo limpo, no plano físico, permaneceriam no plano espiritual.

Com a voz de uma criancinha, ele falava:

— Mamãe, eu queria ficar com a senhora. Por que a senhora matou meu corpinho? Eu juro que iria ser muito bonzinho. Não precisava fazer isso comigo, mamãe. Eu não ia dar muito trabalho. Eu só queria nascer. Mãezinha, me ajuda! Isso dói, dói muito!

Gemendo, ele foi envolvido amorosamente pelo enfermeiro espiritual e levado para receber os devidos socorros.

Camila abraçou Túlio e não suportou, caindo em pranto e soluços compulsivos.

Envolvendo-a com extremo carinho, Túlio levou-a para fora da sala de cirurgia. Na sala de espera, a outra mulher começou a corroer-se pelo medo. A todo instante vinham as palavras de Tonha e Zefa que se faziam vivas em seu pensamento: "...e se tu, mais tarde tem um filho defeituoso e torto?". "Perdoa por eu ter vindo aqui pra matá meu fio...".

Às pressas, a mulher se levantou, virou-se para a amiga e resolveu:

— Vamos, Ana. Quero ir embora.

— Mas...

— Mas, nada! Tenho marido. Posso ser dona do meu corpo, mas não sou dona do corpo que está vivendo dentro de mim e quer nascer.

— Mas tu...

— Eu sei que a situação hoje não tá pra brincadeira, por isso deveria ter me cuidado antes de engravidar desse, aliás, não sou só eu que posso me cuidar contra uma gravidez indesejada. Meu marido também tem esse dever. Se estou grávida, não fiquei assim sozinha. Ele colaborou assim como fez com os outros três. Não vou violentar meu corpo ou mutilar meu filho. Se o Zé não quer ter mais filho, ele que não tenha mais vontade de fazê-lo. Vamos embora, e que Deus nos ajude!

Virando as costas, ela se foi sem nenhuma dúvida.

Camila lamentava:

— Por que as mulheres não pensam assim como essa que acabou de sair daqui? Se soubessem como é horrível o simples fato de pensarem no aborto... Se elas soubessem como é grande o sofrimento de uma criatura quando a condenamos a uma morte tão cruel e indefesa...

Túlio apertou-lhe o ombro com a destra, provocando-lhe um suave balanço. Para tentar consolá-la disse:

— Se o ser humano encarnado tivesse, mesmo que por uma única oportunidade, condições de ver, com os olhos espirituais, o trauma, o sofrimento que ele provoca a um espírito que está passando por um processo de gestação para o reencarne e subitamente lhe são arrancados braços, pernas, cabeça, pescoço e tórax... por simples egoísmo de casais que não querem ter mais um filho ou pela mera beleza corpórea das mães não desejando deformar seus corpos, ou ainda, pela falsa moral daqueles que não querem apresentar uma gravidez "fora do tempo"... Esse ser humano, se tivesse a oportunidade de ver tal assassinato, mudaria sua opinião e teria outra ideia sobre a vida, defendendo o direito de nascer.

"Esses espíritos, muitas vezes, sofrem por anos e anos todas as dores, todas as queimaduras que lhes provocaram no momento do seu desencarne através do aborto. Sei de casos de espíritos abortados que ficaram deformados e sentindo dores por mais de trinta anos depois de receberem ajuda em colônias especializadas no plano espiritual. Tão grande fora o sofrimento e o desespero, além do trauma, por sentirem-se rejeitados que não conseguiam tirar de seus pensamentos aquele momento tão desesperador. Nesses anos todos, foram necessárias inúmeras cirurgias e tratamentos espirituais em colônias apropriadas para recuperar-lhes o perispírito, pois o corpo espiritual deformado sofria com as queimaduras, com as perfurações e com as lacerações como se elas acabassem de ocorrer ou ocorressem a todo o momento. Eles sentem dores por todo o corpo como se a todo instante estivesse sendo cortados aos pedaços, queimado, furado...

"Esses espíritos não conseguem esquecer, tão facilmente, o instante cruel, covarde e desumano de seu assassinato hediondo, assombroso.

"Inúmeras mulheres, ao desconfiarem de uma gravidez e para não terem peso de consciência, não procuram certificar-se de seu estado através de exames clínicos, e ingerindo inúmeras drogas, chás, remédios considerados abortivos, lavagens intrauterina e muito mais para provocarem a morte de seu filho. Mas a suposta ignorância não a afastará da dor e do remorso futuro. Mesmo sem provas que confirmem a gravidez, se alguém provocar a morte do bebê através de remédios, chás, lavagens, esmagamento por pancadas no abdômen, sem dúvida alguma, essa pessoa arcará com as consequências de seus atos. Os remédios e chás ingeridos provocam sofrimentos, queimaduras, asfixia e desespero ao feto tanto quanto o que é feito em uma clínica abortiva.

"O remédio bebido queima o corpo do bebê por muito tempo antes de matá-lo e, como já disse, as dores das queimaduras continuam por um longo período. Os chás produzem reações semelhantes, pois, mesmo sendo ervas, eles, para matarem o feto, promovem ressecamento da placenta e do cordão umbilical, que é por onde o feto se alimenta e respira. A princípio vem a asfixia e o ressecamento da pele, ocasionando fortíssimas dores.

"Acredito que a maioria dos encarnados sabe o quanto é triste a dor causada por uma queimadura. Pois bem, é isso o que o abortado sente em todo o seu corpo quando está sendo assassinado. Mesmo depois de cortado o laço com o corpo físico, essas dores continuam."

Chorosa, Camila perguntou:

— Por que essas mães fazem isso? Será falta de instrução?

— Em muitos casos não — respondeu Túlio, entristecido. — Infelizmente muitas delas não podem justificar ignorância dos fatos. A grande maioria das religiões prega contra o aborto. O catolicismo é a primeira a se pronunciar a favor do direito da vida durante o estado de gestação, mas, infelizmente, talvez devido a essas religiões não dizerem exatamente o motivo pelo qual são contra o aborto, as mulheres se dizem no direito de escolherem o que fazer no caso de uma gravidez não planejada.

— Por que as religiões não dão o verdadeiro motivo pelo qual o aborto é um dos maiores crimes contra o espírito humano?

— Camila, se alguma religião dissesse que o espírito está ali, sofrendo o assassinato, sofrendo com as queimaduras e com as lacerações, que o espírito abortado se desespera ao se ver rejeitado e penará por muito tempo, passando por um sofrimento indescritível, essas religiões estariam dando razão a tudo o que o Espiritismo vem divulgando. Poucas religiões ou filosofias confirmam o que a Doutrina Espírita detalha.

— Por quê?

— Porque o Espiritismo teve e tem esses conhecimentos graças às comunicações dos espíritos desencarnados que trazem, através dos médiuns, ao plano material tudo o que se faz necessário saberem, para cada vez mais, o encarnado errar menos. Se essas religiões admitissem isso, seria como admitir que o Espiritismo tem razão em tudo o que diz. Qual explicação elas teriam para dar sobre o sofrimento de um abortado, se não fosse através da comunicação de um espírito desencarnado? Eles não podem dizer que o espírito de um abortado sofre muito depois do seu assassinato. Como ficaram sabendo disso senão através da comunicação de um espírito? Entendes?

Camila não teve tempo de responder, porque, naquele instante, entrou na sala de espera uma senhora muito bem arrumada, acompanhando sua filha de dezessete anos. Junto com elas, uma outra equipe de socorro espiritual, a qual rapidamente cumprimentou Túlio e voltou ao trabalho incessante de socorro à menina que faria o aborto, e ao bebê, já desesperado, pois pressentia seu terrível sofrimento para o desencarne criminoso.

Camila ficou chocada e Túlio disse:

— Vamos, Camila. Vejo-te frágil. Não é necessário acompanhar outros casos. Viemos aqui para observar que, mesmo com todo o preparo espiritual, todo o entendimento sobre

Espiritismo, além do que Júlio lhe propôs, Sissa foi capaz de assassinar o próprio filho.

— Espera Túlio! Vê?! Essa é Helena! — disse ela apontando para a senhora, mãe da adolescente. — É Helena. Está diferente. Sua aparência é outra, mas eu sei que é ela.

— Provavelmente o nome também não seja mais esse.

— Tens razão, Túlio. Mas Helena foi acolhida junto comigo ao Posto de Socorro quando se deu meu desencarne como Samara. Juntas, nós fomos com uma outra moça, Maria, para a colônia onde Inácio nos disse que receberíamos instruções e muito iríamos aprender.

— Como de fato se deu — completou Túlio.

— Sim. Sem dúvida. Nós recebemos instruções. Fizemos cursos e moramos juntas, dividindo o mesmo alojamento por muitos anos, até que Helena foi chamada ao Ministério da Reencarnação. Ela ficou imensamente feliz. Fez planos... muitos planos...

— Planos de oportunidades de vida a outros, planos de agir com amor, dignidade, planos de humildade e justiça, certo? — perguntou Túlio num tom desalentado.

— Certo, mas... Não pode ser, Túlio! O que ela faz aqui?!!

Camila ficou incrédula enquanto Túlio a conduzia para fora.

— É, Camila, quando estamos encarnados, devemos nos apegar ao máximo aos ensinamentos do querido Mestre Jesus. Somente assim nós nos manteremos firmes em nossos propósitos e cumpriremos bem a nossa missão, mesmo sem sabermos qual é ela. Se tivermos uma boa conduta, se obedecermos aos ensinamentos de Jesus, independente da religião, obteremos o melhor resultado.

Ao deixarem aquela casa, Camila olhou para trás e viu Sissa sair.

— Vê, Túlio? É Sissa.

— Sim, é. Porém nunca mais será a mesma. Vê com a visão espiritual a marca que lhe ficou crivada no perispírito pela prática do assassinato ao seu filhinho indefeso através do aborto.

Olhando, Camila pôde ver uma mancha escura em Sissa. Logo em seguida observou:

— Vê aquelas sombras seguindo Sissa!

— São criaturas perversas que, desencarnadas, ainda vivem no erro. É curioso que, mesmo errantes, esses espíritos, nossos irmãos, não admitem a prática do aborto e perseguem quem o faz, perturbando e obsedando o encarnado praticante desse crime por toda a sua existência no plano físico e até depois do desencarne. Sissa agora ficará à disposição dessas criaturas desequilibradas que se dizem donas da justiça e do amor. — Depois de longa reflexão, Túlio completou com uma prece: — Que o Pai Eterno, Dono de grande amor e bondade, tenha piedade de Sissa e daqueles que a cercam para perturbar-lhe o espírito. Que nossa irmã Sissa possa, através do arrependimento, reconsiderar seu erro e, um dia, de volta ao amor de Jesus, reparar sua falha o mais breve possível.

— Túlio — quis saber Camila após minutos de silêncio —, uma coisa me deixa intrigada. Quando estamos encarnados, se sofremos um acidente e perdemos muito sangue logo vem a morte do corpo físico. Mas aqui na espiritualidade vemos o perispírito esvaindo-se em sangue continuamente, como uma fonte a jorrar. Como é isso?

— O corpo perispiritual é muito diferente do corpo de carne. Ele é fluídico e causa de sensações, registro de nossa consciência, de nossa moral e serve até para outras espécies de sofrimento enquanto for necessário. Tanto que a elevação de muitos espíritos nós vemos pela sua luz, ou seja, pela ausência de impregnações em seu perispírito. Alguns encarnados dirão que o perispírito não tem sangue. Sangue líquido, material próprio do corpo humano, não tem mesmo, uma vez que suas propriedades são outras. Mas a mente do espírito, conforme o seu grau de evolução, fica presa, ou melhor, só tem como referência de sofrimento as lembranças que pode imaginar no corpo de carne. Assim sendo, muitos espíritos mentalmente plasmam despropositadamente em seus perispíritos o recurso que conheceu para exibir a agressão, o corte, a dilaceração ou o sofrimento. E quando esse sofrimento ou experiência for traumático, o espírito que o experimenta pode-se apresentar se esvaindo em fluidos como que sangue a jorrar-lhe continuamente do perispírito.

"Uma das provas da existência da dor e da enfermidade no perispírito ou corpo espiritual pode ser experimentada por algumas pessoas como, por exemplo, quando o membro de um encarnado é amputado, ele continua sentindo dor na região retirada como se a referida parte de carne doente ainda estivesse ali. Muitos médicos não conseguem dar uma explicação para isso, pois nem todos os amputados vivenciam esse efeito que ocorre de acordo com suas provas ou expiações. Mas se o membro físico não está ali, a permanência da dor sofrida só pode ser explicada pela existência da enfermidade do perispírito."

Na época em que se passam esses acontecimentos poderia ser mais difícil uma autoridade religiosa defender o direito de vida de um embrião ou feto. Hoje eu sei que poucos o fazem em alta voz e bom tom.

No entanto, mais uma vez, provando que a religião não faz de um homem um grande espírito, peço licença para contar o que tive imenso prazer de presenciar da espiritualidade.

Em 1994, em Washington, Estados Unidos da América do Norte, milhares de pessoas se reuniram para assistir a uma grandiosa entidade espiritual, na época, encarnada. Ao contrário do que muitos pensam, ela falava firme, era persistente, pregava com fé, esperança e muito amor.

Madre Teresa de Calcutá de forma clara e inteligível com suas palavras fortes e marcantes a todos os ouvintes. Entre tudo o que ela falou destacou o seu: "NÃO AO ABORTO!".

Traduzindo-lhes o prisma de seu protesto, trago sua principal frase: "Sinto que o maior destruidor da paz no mundo é o aborto!..."

Madre Teresa falou por muito tempo e todos a ouviram em absoluto silêncio.

Mesmo não detalhando o que ocorre com um espírito no exato momento de seu assassinato através do aborto, Madre Teresa conseguiu explicar a importância de deixarmos um ser vir à vida, ter o direito de nascer e nossa culpa pelo homicídio de tão indefesas criaturinhas.

No final de seu magnífico discurso, católicos, protestantes, judeus, entre outros pertencentes a diversas religiões e filosofias a aplaudiram em pé!

Surpreendi-me ao ver que o Presidente da República, em exercício, presente juntamente com sua primeira dama, ficaram imóveis. Não se levantaram, não a aplaudiram. Permanecendo petrificados, gélidos.

Na multidão, em alguns rostos rolaram lágrimas. Talvez por estarem comovidos, talvez de remorso porque nunca tiveram a coragem de defender a vida de um embrião ou feto. Talvez as lágrimas fossem de reconhecimento do que é ter moral elevada. Lágrimas talvez de emoção... No entanto nem comoção ou aplausos as maiores autoridades presentes foram capazes de oferecer ou apresentar a simples consideração de se levantarem por respeito àquelas instruções majestosas e sublimes.

Madre Teresa nunca aparentou força física. Contudo sua força espiritual é imensa. Ela jamais se acovardou ou se deteve de dizer a verdade a um homem devido a sua posição política ou social.

Parabéns, Madre Teresa. Bem-vinda ao lar![1]

Lamento os encarnados oferecerem tão pouca atenção aos seus grandes feitos, criticando-a sempre por suas ideias e ideais, mas os acusadores não têm coragem de realizar uma fração do que esse grandioso espírito fez em lugares tão flagelados do planeta, deixando sementes para que o plantio da caridade continuasse. Depois de estudar, Madre Teresa pediu permissão para trabalhar com os pobres e desamparados de Calcutá mudando-se para as favelas onde se confirmou seu enorme empenho na tarefa da caridade.

Fundadora da Ordem das Missionárias da Caridade, na Índia, Madre Teresa fez instituições para cegos, para aleijados, asilos para idosos abandonados e solitários, recolheu e acolheu incontáveis doentes agonizantes à beira da morte e construiu um leprosário. Suas obras tiveram repercussão mundial. Presenteada com uma limusine pelo papa Paulo VI, Madre Teresa rifou o automóvel com a única finalidade de prover as despesas de financiamento da fundação da colônia de leprosos. Em 1979, foi premiada com o Prêmio Nobel da Paz. Sua congregação, Ordem das Missionárias da Caridade,

---

1 Nota da Médium: Este livro foi psicografado em setembro de 1997, mês e ano em que Madre Teresa de Calcutá desencarnou. Provavelmente seja esse o motivo de a autora espiritual fazer-lhe a reverência de boas-vindas por seu retorno à Pátria Espiritual.

já existe em vários países e é subordinada somente ao papa. Católica fervorosa, conhecedora e tarefeira Cristã por inúmeras atividades caridosas junto aos irmãos que viveram na miséria, Madre Teresa teve e tem Moral suficiente para dizer: **"Sinto que o maior destruidor da paz no mundo é o aborto!...".**

É lamentável a não reflexão sobre este assunto por ocasião de seu desencarne, pois quem ocupará o seu lugar nas tarefas de socorro de encarnado para encarnado? Lembremos que a ajuda material e financeira mantida a distância é louvável, porém é mais fácil.

Dificilmente tem-se encarnado um espírito tão grandioso, disposto e abnegado a trabalhos tão nobres de caridade como o da Madre, independente de sua religião.

No Brasil, o ilustre e elevado espírito de Irmã Dulce, católica, conhecida por sua árdua dedicação à caridade. Criadora e dirigente de fundação de obras assistenciais. Provedora de orfanato e hospital em Salvador, na Bahia, e tantos outros trabalhos misericordiosos realizados em favelas ou lugares que ninguém ousava chegar, mesmo com a saúde considerada imensamente frágil, debilitada e impossibilitada sob a ótica médica. Sua lista de tarefas no campo da caridade é imensa, sempre pregando a fé, oferecendo esperança e muito amor! E uma das coisas que a doce Irmã Dulce apoiava em suas ternas palavras de amor era: **"Deixe o seu filhinho nascer!".**

Os encarnados não deram atenção a esses desencarnes, porém podem sentir muito a falta de criaturas divinas como essas sem nem mesmo saberem por que ou do quê.

Queira Deus que trabalhadores fiéis e abnegados deem continuidade a essas tarefas. Que Jesus os proteja.

16

EDUCAÇÃO SOCIAL

Os espíritos Túlio e Camila caminharam em direção a uma bela praça. Ela, ainda chocada, não conseguia esquecer as súplicas desesperadas daquela entidade que, indefesa, foi cruelmente arrancada, aos pedaços, do útero materno.

— Túlio, por que as pessoas, os direitos humanos, não se manifestam contra esse feito abominável, o aborto?

— Há muito, o plano espiritual vem avisando sobre a crueldade praticada contra essas criaturas abortadas. Alguns espíritas que fazem parte dessas comissões ou organizações que condenam o aborto procuram alertar que esse ato é um crime hediondo, cruel e covarde, independente de credo ou religião. É bem pouca a noção que os encarnados têm de quão horrendo é esse ato e de quanto sofrimento e lágrimas isso trará a quem o pratica, direta ou indiretamente, quem induz ou até quem é favorável, mesmo nunca o tendo feito.

— Os encarnados necessitam de mais conhecimento. É necessária mais divulgação contra esse crime, não acha?

— Sem dúvida que sim. Saliento que o plano espiritual está em polvorosa diante do número crescente de abortos praticados no mundo e, principalmente, no Brasil, mesmo tendo a legislação brasileira, atualmente, lei que considere esse ato um crime. Hoje o número de abortos diário praticados, só na cidade do Rio de Janeiro, ultrapassa quatro vezes o número de homicídios praticados no Brasil inteiro.

"Tu não imaginas como é desesperadora a situação de espíritos que estão em preparo para o reencarne e enfrentam a dúvida cruel de serem ou não aceitos por seus pais, pois podem ter seus corpinhos mutilados, esquartejados, queimados por injeções, comprimidos, ervas e depois jogados no lixo. Eles temem experimentar todas as dores e sofrimentos físicos que são passados para o perispírito, vivenciando, depois na espiritualidade, as torturas cruéis, as dilacerações e deformidades resultantes do aborto.

"Soube haver um trabalho no plano espiritual a fim de oferecer um maior número de mensagens aos encarnados, orientando-os sobre o que acontece com o espírito de um abortado ou de um rejeitado e quais as consequências que isso traz a quem o faz."

— Como podem as mulheres, com todas as suas aptidões natas para serem mães, não perceberem que o aborto é matar um filho? — lamentou Camila, ainda chorosa.

— Infelizmente, Camila, tenho de te dizer que a maior culpada pelas práticas de aborto é a mulher. Não que o homem saia ileso desse crime. Ele também é negligente ou imprudente sim, pois a mulher não fica grávida sozinha. Ele erra por não amparar, por não assumir e não arcar com as consequências de seus atos. Mas, infelizmente, temos, por outro lado, os movimentos feministas que a cada dia tomam mais vulto e divulgam desenfreadamente o que julgam de direito da mulher.

"As feministas querem disputar cada palmo de terreno com o homem no campo profissional, físico e mental. Elas não percebem que, muitas vezes, reivindicam contra a função nobre e magnífica reservada ao espírito feminino, que é o privilégio nos serviços de paciência próprio de sua natureza a princípio dentro de seu próprio lar. Com a riqueza de sua meiguice expressada em carinho diante de qualquer situação áspera, a mulher poderá, com toda a certeza, abrandar um momento extremamente difícil e conturbado, conduzindo os envolvidos à paz, à compreensão e aos melhores atos para uma nova ação construtiva e regeneradora.

"Muitas mulheres hoje querem duelar contra o homem e serem superiores. Elas não fazem do homem um parceiro, um aliado que a respeite e compreenda sua delicada, doce e bela natureza feminina. Elas lutam contra as verdadeiras atribuições do espírito feminino, por isso vêm se chocando com as incompatibilidades da sua natureza e não querem admitir isso.

"As feministas desviam seus requisitos quando exigem a "propriedade de si mesmas" como se elas fossem objetos de posse, objetos de uso descartável. Querem ser donas de si, donas de seus corpos...

"Exigem a liberdade feminina, a liberdade sexual e para tanto agridem a sociedade com gestos, comportamentos, com roupas ousadas e até com linguajar chulo como ato de protesto. Elas chegam a ser convincentes para alguns imprudentes que as apoiam em troca de popularidade ou fama, como são os casos de alguns políticos.

"Porém, diante do chamado da Natureza Divina para com as responsabilidades cabíveis ao espírito feminino, essa mesma mulher, que se dizia forte, dona de si e autossuficiente para tudo, acaba se abalando e começa a se desmilinguir no momento de arcar com as consequências de seus atos. Ela recua envergonhada. Não quer encarar a sociedade preconceituosa que ela mesma agrediu e desafiou, pois essa mesma sociedade e até suas companheiras de luta e opiniões irão vê-la como mulher vulgar e não como uma mulher liberada.

"Frágil, ela corre para o homem querendo seu apoio e proteção, mas esse muitas vezes se recusa a ampará-la e a entender sua natureza delicada. Por culpa dela mesma, ele não se vê como parceiro porque ela não quis tê-lo a seu lado e tratou-o como objeto, tendo-o num dia e, no seguinte, trocou-o por outro como uma roupa, não se dando respeito. Nesse caso, o homem não se considera um aliado porque a mulher não permitiu, não compartilhou com ele tudo o que deveria, deixando-o a par somente de seus assuntos supérfluos. Ele não tem o menor desejo de ampará-la porque não houve o cultivo de um sentimento forte, de verdadeiro carinho, parceria e amizade, pois a mulher se mostrou liberal e forte o suficiente igualando-se a ele na liberdade das ações que apresentou, não demonstrando respeito para com ele ou para consigo mesma.

"Inúmeras mulheres, covardes o bastante para não assumirem seus atos, não querendo ser ridicularizadas pelo falso pudor que a sociedade ostenta, correm para uma clínica abortiva, cometendo o maior crime que um ser humano pode realizar, sem imaginar a amargura futura que terá de encarar.

"Não há nada contra a mulher ocupar seu devido lugar na sociedade, porém que seja o seu devido lugar, isto é, que ela tenha todos os seus direitos e até mais direitos do que os homens, inclusive salariais e trabalhistas por assumirem seus deveres como mulher, mãe, esposa, filha, companheira... A mulher deve receber atenção, orientação, os melhores e mais dignos tratamentos por razão de sua natureza delicadamente abençoada e todo o respeito que lhe é meritório, por ser mulher, que representa o símbolo da vida, pois não nasceríamos sem elas.

"Nenhum homem conseguiu igualar-se a ela na atividade natural e divina da maternidade."

Camila ouvia atentamente. Depois de uma breve pausa, Túlio continuou:

— Espíritos maravilhosos perderam a oportunidade do reencarne pelo tão horripilante ato do aborto. Criaturas lindas e divinas, depois de séculos de aperfeiçoamento no plano espiritual, foram confinadas a longos anos de dor e sofrimento por causa dos assassinatos provocados por seus próprios pais que os abortaram.

"Imagina, Camila, se a mãe de Carlos Chagas o tivesse assassinado com o aborto ou a mãe de Osvaldo Cruz o tivesse matado com o aborto?! E se na França Kardec fosse barrado à vida pelo aborto? Se a querida mãe do nosso amado Chico Xavier não o tivesse deixado vir ao mundo?...

"Citando somente os dois primeiros possíveis abortos, podes imaginar quantas tragédias e mortes trariam as doenças e as pestes ao mundo. Citando os outros dois possíveis assassinatos através do aborto, podes ter ideia de quantos ensinamentos, quantos conhecimentos, quantas mensagens maravilhosas do bem, de amor, da edificação os encarnados deixariam de receber para guiarem-se no caminho da esperança e da fé em Jesus.

"Com isso, dá para se calcular quanto prejuízo a humanidade tem com a prática desse crime que ainda é defendido sem qualquer argumento plausível.

"O estranho é que algumas feministas dizem acreditar em Deus, mas não se aprofundam em nenhuma pesquisa religiosa para saberem realmente o que é certo ou errado diante das Leis Divinas ou o que acontece quando se realiza um crime desse porte. Não há preocupação com a criaturinha viva que foi morta ou com o que irá acontecer com quem pratica o aborto, induz ou aprova."

— Então tu és contra o ato sexual antes do casamento? — perguntou Camila.

— Nem eu nem a espiritualidade podemos ser contra o ato sexual, desde que esse seja praticado com responsabilidade e amor.

"Digo amor porque deveriam praticá-lo com quem realmente amam e não por uma necessidade física como é o caso de muitos, ou para demonstração de liberdade sexual como é o caso de várias mocinhas.

"Falo em responsabilidade porque se deve arcar com as consequências antes, durante e depois de tê-lo praticado. O ato sexual não é somente para a concepção ou troca de prazeres físicos. Nele há muito mais do que imaginamos. Há uma troca de energias perispirituais que atuam no âmago de cada um dos parceiros."

— E quando o casal não deseja ter filhos? E se a mulher for casada ou não quer antecipar seus encargos como mãe? Como ficam essas situações?

— Tu sabias que devido ao número crescente de aborto, o plano espiritual apoiou trabalhos científicos e pesquisas de anticoncepção como a pílula?

Camila pendeu a cabeça negativamente.

— Pois é. A pílula traz inúmeras alterações ao organismo feminino. Vista do lado espiritual e físico, ela impede a oportunidade de um espírito encarnar, em princípio. Mas diante do abominável crime de aborto, que é um assassinato com sequelas terríveis, é admissível a pílula ou o uso de preservativo.

"Cientistas e pesquisadores vêm, intuitivamente, recebendo grande amparo do plano espiritual para o trabalho no campo de prevenir a concepção e não, ou melhor, nunca interromper a evolução de uma já consumada.

"Esse apoio teve de ser feito baseado em que é mais terrível matar, através do aborto, do que impedir a concepção."

— E no caso de crianças deficientes? Como devem agir os pais diante da opção, pois a própria lei permite o aborto?

— É imensamente lamentável termos leis terríveis assim. Posso responder com uma pergunta, se tu me permites: Por acaso deixa de ser uma criatura viva aquela indefesa criancinha que porventura é deficiente já no ventre da mãe? Se todo ser vivo é um espírito e pode ocupar um corpo físico, por que não deve ser dado o direito à vida àquele que, muitas vezes, escolheu e implorou vir deficiente para cumprir sua missão?

"Matar um deficiente não é menos culposo do que matar uma criatura normal! Ao contrário, os pais estarão cometendo um crime ainda maior se deixarem assassinar um filho só porque esse é especial ou portador de alguma necessidade. Os pais, em princípio, não estariam aceitando o que lhes foi designado pela Natureza Divina e estarão matando só porque aquela criatura é indefesa, frágil e diferente do comum. Posso contar-te um caso curioso que acompanhei:

"Um espírito passou muitos anos em colônias para aperfeiçoar-se devidamente. Era uma criatura inteligente e prestativa, além de portar paciência ilimitável.

"Ao ser determinado seu reencarne, ele solicitou que se desse em corpo imperfeito, por motivos e razões próprias. Algo bem pessoal.

"Assim foi feito. Mas não contavam que os pais, portadores de ótimas condições financeiras, descobrissem, através de exames realizados no exterior, onde há mais recurso, que o feto era imperfeito.

"Sem hesitar os pais pediram a realização do aborto.

"Apesar de sofrer, ele o fez com resignação, por ser elevado, esse espírito se recompôs rapidamente na espiritualidade e não teve dúvidas, solicitou, junto ao Ministério de Reencarnação, novo pedido para retomar a carne, só que dessa vez com o corpo físico perfeito.

"Tudo se deu conforme o combinado. Os pais, felizes, orgulhavam-se do filho que a cada dia mostrava-se esperto e prodigioso, incrivelmente inteligente e sábio.

"Ao completar cinco anos, conforme solicitado por ele antes do reencarne, esse espírito sofreu um acidente. Ele se encontrava dentro do carro conduzido por seu pai que, inesperadamente, colidiu o veículo. Essa criança quebrou duas vértebras e ficou paraplégica.

"Numa noite, quando o pai acariciava-lhe a fronte, o garotinho se virou para o pai comovido e perguntou com toda sua inocência de criança: Papai, o senhor não vai mandar me matar só porque eu fiquei assim, não é?!

"Não poderia ter sido maior a dor desse pai! — enfatizou Túlio emocionadamente melancólico. — Quem acredita que devamos assassinar uma criatura em formação, só por ela não ser perfeita física ou mentalmente, concorda com os feitos nazistas durante a Segunda Guerra. Eu creio que os defensores do aborto de crianças imperfeitas defendem crematórios para as pessoas portadoras de necessidades físicas ou mentais especiais que já vivem e fazem parte do nosso dia a dia. Essas criancinhas, consideradas como seres imperfeitos no útero materno, estão tão vivos quanto os já nascidos e aqui provam, muitas vezes, possuírem mais determinação e força espiritual do que muitas criaturas consideradas normais.

"Em nada diferencia a dor, o desespero e o sofrimento de um espírito abortado e que tem o seu corpinho perfeito de um espírito cuja formação de seu corpinho ou mente não é comum. Muitas vezes essa criaturinha considerada anormal possui elevação espiritual mais digna e elevada do que seus pais.

"Quanto aos abortos para casos de estupro, creio não precisar de muito comentário. Só digo que é um crime e quem o pratica, mesmo com a permissão da lei, terá de arcar com as consequências e muito sofrerá e lamentará ter assassinado um filho. Um crime não justifica o outro. Além do que, em termos de crueldade e violência, alerto que o aborto é pior do que o estupro.

"Em muitos casos, a mulher se porta de maneira incoerente, com roupas sumárias, expondo partes íntimas e insinuantes de seu corpo, promovendo provocações ao instinto sexual masculino, o que é desnecessário ao espectador que não for o seu parceiro.

"Muitas mulheres encurtam suas saias, diminuem as blusas na largura e no comprimento, jogam uma insignificante jaquetinha por cima, sobem em suas botas de salto alto, ressaltam os seios e se debruçam ou desfilam para serem admiradas.

"Esse tipo de comportamento atrai para elas entidades femininas de níveis imensamente inferiores que, quando encarnadas, ocupavam o mais baixo escalão moral. Nada digno de respeito, segundo a sociedade. Promíscuos sexualmente, esses espíritos de mulheres não possuíam valores decentes ou caráter, porém sabemos que diante de Deus todos somos irmãos e merecemos nos respeitar mutuamente.

"Então ao encontrarem encarnadas que exibem seus corpos como provocação e exclusivismo, essas entidades sem instrução, sentem a compatibilidade no vestir e agir, começando a envolver a encarnada com sentimentos e pensamentos de provocação e conquista através do desejo de serem admiradas, atraentes, cobiçadas sexualmente e outras coisas mais.

"Por causa da exibição corpórea ou da sensualidade da mulher que se mostra de modo sedutor, o homem provocado, que não controla o desejo da carne, sem dúvida alguma, cultiva uma moral de pouco valor pelo fato de não se importar com quem irá se relacionar sexualmente. Ele simplesmente atende aos seus instintos. Envolvido por outros espíritos inferiores, animando-se com a provocação feita pela encarnada, vendo ele uma aproximação, tenta uma proposta de relacionamento sexual. Se não aceito, em casos extremos, chegam a partir para a violência sexual, podendo haver uma gravidez.

"Em muitos casos os ataques de violência sexual são feitos inesperadamente e contra mulheres de boa conduta moral, o que chamamos de estupro, podendo provocar uma gravidez na vítima.

"Há casos de crimes de "estupro culposo" por parte de uma mulher que nem mesmo sabe o que aconteceu, mas espiritualmente ela é responsável por ele."

— Como? — perguntou Camila.

— Devido às vestimentas reduzidas e gestos provocantes. Mulheres instigam alguns homens não equilibrados à prática de sexo, mas acabam se esquivando do ato posteriormente. Esse homem, como eu disse, um desequilibrado espiritual e psicológico, não consegue inibir sua vontade ou diminuir seus estímulos e sai em busca de vítimas realmente inocentes. Assim sendo, as mulheres que estimularam esses desejos também são culpadas, indiretamente, pelo crime de estupro ocorrido.

"Quantas vezes, no trabalho, na prática do lazer ou no transporte coletivo, um homem de boa conduta e possuidor de grande valor moral se surpreende com a aparição de uma mulher que não se dá ao respeito ao exibirem seus corpos através das roupas reduzidas e transparentes?

"Para um homem equilibrado mental, moral e espiritualmente, esse fato passará sem muita exaltação. Porém, para outro, poderá haver uma série de complicações.

"A mulher reduz seu respeito quando se vulgariza! Ela precisa se resguardar um pouco mais.

"Observando a atitude masculina, talvez, ela aprendesse um pouco. Vê, um homem não vai trabalhar em um escritório com um *microshort* só porque está calor. No entanto a mulher vai com uma minissaia. O homem não trabalha sem camisa, principalmente quando serve a uma empresa, escritório, mas a mulher reduz suas blusas ou usam bustiês só porque está calor.

"Estou só dando o exemplo do calor, sem entrar nos detalhes das provocações que algumas desejam fazer ou fazem.

"Mas todas elas, sem exceção, querem para si ou para contrair casamento um homem íntegro, fiel, de boa conduta, de elevado valor moral e espiritual. Elas esquecem que esses tipos de homem não se atraem ou dificilmente o fazem por mulheres que se expõem e se vulgarizam.

"Não existe nada contra as roupas justas ou curtas, só que há hora e lugar para tudo. É lógico que não se vai à praia de calças compridas ou paletó, mas também não deve pegar um coletivo com maiô de banho. Devemos ser sensatos e prudentes quanto ao vestir. — Breves instantes e declarou: — Desculpe-me, Camila. Acho que falei demais."

— Não, suas explicações foram ótimas. Aprendi muito.

— Já estamos chegando ao lar de Dora. Prometo ficar quieto — disse brincando e com belo sorriso amigável.

Ela somente sorriu de seu jeito espirituoso.

Túlio tem toda razão.

Naquela época, por volta do início dos anos setenta, muitas mulheres e garotas já expunham seus corpos considerando-se objeto de arte para serem admiradas, mesmo diante das polêmicas e das críticas da sociedade daqueles tempos, atualmente a situação se agravou.

Hoje em dia os próprios pais incentivam filhas pequeninas à degeneração e promiscuidade moral e espiritual quando as estimulam às danças em que meneiam o corpo com sensualidade e afetação. Esses movimentos provocam e incentivam estímulos e pensamentos sexuais em quem assiste a elas.

Esses mesmos pais dão-lhes roupas ousadas que exibem seus corpinhos quase nus e ainda aplaudem como se fosse um espetáculo grandioso. Na verdade deveria ser considerado macabro, tendo em vista o que acontece por de trás dos bastidores, isto é, no plano espiritual. Entidades extremamente inferiores passam a aproximar-se dessas criancinhas e se comprazem daqueles momentos. Como tais entidades têm todo o tempo do mundo, elas ficam aguardando que a criança cresça enquanto obtêm mais afinidade porque já se compatibilizam com aquela criaturinha. Tudo fica muito pior quando o espírito inferior foi adepto da pedofilia.

Isso não ocorre somente com as meninas. Os garotinhos nem bem aprenderam a falar ou a andar e seus pais já lhes perguntam, com nomes pitorescos, onde estão localizados os seus órgãos genitais, ou ainda fazem-lhes mostrar que são homens e viris. Como se a masculinidade e a honra de um homem pudessem ser comprovadas através de seus órgãos íntimos.

Acredito, às vezes, que esses pais têm inúmeras dúvidas quanto à masculinidade de seus filhos e ficam temerosos. Por essa razão ficam estimulando-os desde tão cedo ao sexo. Lembrando ainda os palavreados baixos, imorais e repulsivos que os fazem repetir desnecessariamente para provarem que *homem tem de falar palavrões*. Como se tudo isso fosse firmar o caráter e a personalidade de seus filhos.

Hoje em dia, inúmeros programas infantis distribuem imagens que, para terem uma ideia em nível espiritual, consideramos *programas de prostituição infantil*. Começando pelas apresentadoras que não se dão ao respeito, não possuem boa moral, boa índole e convocam, com seus feitos, a danças, gestos sensuais e palavreado a criança à mesma prática que a sua.

Esses programas lançam concursos que insinuam, através de danças e apresentações aparentemente inocentes, exibições de pequeninos treinados para danças eróticas e provocativas de estímulos sexuais.

As pobres criancinhas nem imaginam que estão sendo incentivadas ao cultivo de uma moral de pouco valor, coisa que ignoram e nem pediram para ter.

A espiritualidade não tem nada contra a dança, desde que seja voltada ao crescimento moral, psicológico, físico, mental. Como é o caso da psicomotricidade com movimentos corporais em concordância com a música. Qualquer pessoa, principalmente a criança, desenvolve-se mental, física e psicologicamente sem que sejam necessários gestos eróticos, roupas minúsculas etc.

É lamentável os direitos da criança e do adolescente nada disporem para orientar pais imprudentes que fazem desses programas infantis verdadeiras babás eletrônicas que deturpam a moral, a personalidade e jogam no lixo a doce e inocente ingenuidade de uma criança e em nada as instruem ou estimulam suas mentes.

Os direitos da criança e do adolescente poderiam voltar-se a esse tipo de episódio que não deixa de ser uma agressão moral, estímulo à promiscuidade, pois esses pequeninos nada entendem sobre o que adultos inescrupulosos forçam--lhes a fazer, gostar e praticar.

Não deixa de ser um crime contra a moral e aos bons costumes da criança o que poderosas redes de televisões vêm proporcionando a esse público. Quando o que é apresentado não os agridem com programas de baixo calão moral e espiritual, oferecem desenhos violentos que os incentivam às agressões físicas, psicológicas e à destruição de bens materiais. Essa é a origem de incentivo à violência que muitos pais procuram, sem saber, onde seus filhos aprenderam a ser agressivos. Isso acontece porque não acompanham a vida infantil deles e desconhecem o que assistem.

Por outro lado, a sociedade questiona o porquê de tanta destruição de patrimônios públicos. Como esses jovens aprenderam ou quem os incentivou à depredação de bens de utilidade do povo como um telefone ou a caixa de coleta de correspondência, entre outras coisas.

Muitas vezes, os pais têm como prioridade os bens materiais e não atentam para a formação moral e psicológica de seus filhos e, mais distante, ainda os deixam sem uma religião cristã, independente de qual seja ela, que poderia incentivá-los a *Amar a Deus sobre todas as coisas e ao próximo como a ti mesmo.*

Quando os pais exibem os corpinhos de seus filhos, perguntam-lhes sobre suas partes íntimas ou mandam que façam a outros, além de ridicularizarem o pobre pequenino, expõem seus mais sórdidos e íntimos desejos inferiores através da criança, uma vez que eles próprios não podem fazê-lo diante da sociedade que, com certeza, criticaria.

Há coisas muito mais construtivas a serem ensinadas a uma criança. Muitas vezes me pergunto:

— O que pretendem esses pais e familiares excitadores da masculinidade de um garotinho: que mais tarde seja um inescrupuloso, desequilibrado sexual, valendo-se de machão que, para se autoafirmar como homem, não respeita as filhas de outros e não se responsabiliza por seus atos?

Pretendem eles que, um dia, seus filhos saiam por aí praticando atentado violento ao pudor amparados nos pedidos ouvidos desde pequenos que queriam saber onde ficavam seus órgãos sexuais?

Ou será que esses genitores querem que seu filho se torne um desses repugnantes homens assediadores que costumamos encontrar, principalmente nos coletivos, desrespeitando e incomodando mulheres respeitáveis, mocinhas e até meninas pequenas com seus desequilibrados e voluptuosos desejos indecentes e incontroláveis?

Será que esses pais desejam que seus filhos, homens, tornem-se valentões, donos de um linguajar extremamente inferior, atraindo para si as espécies mais inferiores e ignorantes de entidades desencarnadas?

Creio que não.

E quanto aos pais de garotinhas que hoje se exibem com danças eróticas?

Querem eles que, mais tarde, sua filha amada vista seu corpo com decência? Como?! Hoje são eles que a deixam seminua!

Como esses pais vão querer que suas filhas cultivem boa moral e boa conduta se hoje eles as exibem como símbolo sexual infantil?

Se é a dança, se é a expressão corporal que procuram exercitar, o Brasil, além de ser um país lindo, é rico em cultura de norte a sul. Inúmeras danças folclóricas existem. Seus belíssimos bailados estimulam o corpo e a mente sem denegrir a moral e o espírito, tendo ainda o privilégio de conhecer a cultura, a história e preservar a memória desse maravilhoso país.

As músicas e ritmos que embutem um linguajar pobre e de extrema inferioridade, sexo, baixo valor moral e agressão, nenhum benefício acarretam à sociedade. Não necessitamos disso. Não necessitamos que tragam espíritos inferiores dos mais assombrosos abismos para conviverem com a população em geral e, principalmente, instigando os que apreciam esse tipo de linguagem e ritmo musical.

Os pais que hoje ensinam ou aprovam a filhinha a esse tipo de comportamento como às danças eróticas e provocativas, saibam eles que mais tarde é exatamente isso o que ela vai fazer.

Um dia, um grande espírito disse-me: **A criança aprende o que vive**. Eu sempre admirei essa frase. No entanto, se essa entidade me permite, gostaria de acrescentar: **A criança aprende o que vive e mais tarde viverá exatamente como aprendeu.**

Toda essa libertinagem a que é induzida e exposta a criança está acabando com a inocência desses pequeninos, guiando-os a um mundo devasso e pervertido que eles não necessitariam experimentar tão cedo. Em pouco tempo, serão adolescentes rebeldes e promíscuos e os pais dirão que não sabem ou não entendem por que isso ocorreu.

Essa promiscuidade e liberdade sexual dos adolescentes aumentam consideravelmente o número de meninas sem maturidade que se deixam engravidar. Depois disso, elas procuram, por conta própria e através de medicamentos, assassinar seus filhinhos indefesos ou, então, correm para seus pais e eles, por sua vez, para manterem uma falsa imagem perante a sociedade, pagam para esquartejarem o netinho.

Esses pais lamentarão, um dia, por terem sido tão liberais.

Não é necessário que crianças enlacem concórdia com moral de pouco valor, com a promiscuidade e muito menos com espíritos inferiores que as prejudiquem na evolução.

No entanto, hoje, nossas criancinhas estão sendo forçadas a tais feitos por culpa de seus pais ignorantes ou irresponsáveis que terão muito a chorar, muito a se arrepender, muito a corrigir e harmonizar.

17

SUICÍDIO E OBSESSÃO, ABORTO: REMORSO, PERDÃO E RECONCILIAÇÃO

Cada dia que passava Túlio, amorosamente, instruía à Camila, mostrando-lhe inúmeros exemplos de amor, fé, compaixão, paciência entre outras virtudes praticadas por inúmeras criaturas encarnadas independentemente de suas religiões.

Assim como lhe expôs às vistas crimes, violências, intolerâncias e cobiças praticadas por quem diz ter uma religião e *Amar a Deus sobre todas as coisas*, esquecendo-se do segundo mandamento em que Jesus diz ser semelhante ao primeiro que é *Amar ao próximo como a ti mesmo*.

Certo dia, bem cedo, Túlio procurou por Camila avisando-a: — Iremos às pressas agora para a casa de Monteiro, aquele amigo com quem seu pai enlaçou amizade, religião e negócios.

— O que há com Monteiro? — quis saber Camila.

— Vamos. Eu te explico depois.

Chegando à casa de Monteiro, Camila e Túlio presenciaram os esforços empreendidos por socorristas espirituais para impedir que Telma, filha de Monteiro, praticasse o suicídio.

Depois de aplicar em Telma fluidos magnéticos tranquilizadores, Genésio, um dos trabalhadores espirituais presentes, voltou-se para Túlio e Camila, cumprimentou-os rapidamente e logo explicou:

— Há muito a jovem Telma está sendo perturbada por um terrível irmão desencarnado que vive na ignorância e não aceita ajuda. Os pensamentos da moça estão voltados para o pior dos desencarnes: o suicídio. Esse espírito sofredor atormenta-a há dias e noites. Raramente, quando anestesiado com nossos passes, ele a deixa ter um pouco de paz.

Telma andava de um lado para outro da casa. Ela estava sozinha. Vez ou outra chorava inquieta e nem mesmo tinha motivos aparentes para isso.

Por um instante, Telma sentou-se no sofá e começou puxar seus próprios cabelos aos trancos como se portasse debilidade mental que atingiu o máximo do desequilíbrio, balançando o tronco para frente e para trás agitadamente.

— O que ela tem? — perguntou Camila. — Eu conheço a Telma. Ela nunca foi assim!

— É um caso de obsessão, Camila — esclareceu Túlio comovido.

— Como obsessão? Eu não vejo nenhum outro espírito aqui além de nós — afirmou ela teimosa.

— É necessário que a irmã Camila aguce a visão espiritual, nesse caso, para que possa vê-lo melhor — esclareceu Genésio.

Túlio, para auxiliar, colocou sua destra próxima da fronte de Camila, ministrando-lhe fluidos energéticos que facilitassem sua visão.

Em poucos segundos, Camila surpreendeu-se assustada:

— O que é isso?!

— É um abortado — respondeu Túlio de forma triste.

Havia em Telma uma grande mancha escura, na parte espiritual chamada duplo etérico ou perispírito, o corpo espiritual que envolve o espírito. Este é uma substância que parece vaporosa para os encarnados. Nessa mancha existia uma figura torcida e deformada lembrando um rosto humano.

Observando com mais atenção, Camila pôde ver, colado ao útero de Telma, um corpinho espiritual em estado fetal apresentando-se de forma irregular, deformado e trazendo em seu aspecto imensa queimadura e cortes. Quando esse corpo espiritual percebeu a presença dos socorristas, começou a urrar desesperado. Ele era o espírito abortado.

— Sumam! Sumam daqui!! — gritava a infeliz criatura.

Nesse instante, Telma começou a chorar e a se debater esperneando.

— Vê, Camila. O abortado transformou-se em obsessor — informou Túlio.

— Mas os abortados são socorridos, não são? — perguntou ela.

— Em alguns casos sim. Eles são levados a Postos de Socorros especializados em casos de abortados ou rejeitados, como queiras, mesmo assim têm o livre-arbítrio, que é o direito de escolha. Podem voltar ao plano físico para junto de quem quiserem, como de seus assassinos, e passarem a atormentá-los, como o que está acontecendo agora. Há casos de aborto em que os socorristas não conseguem levar o abortado para ser auxiliado. No instante do desligamento do corpo, ele se liga a sua mãe e ninguém consegue tirá-lo de lá.

— O que ele pretende fazer com Telma?

— Quer vingar-se do assassinato.

— Ele pode fazer isso?

— Matá-la, não. Porém os sofredores do plano espiritual desejosos de vingarem-se dos encarnados operam da seguinte forma: primeiro entram na mesma frequência vibratória dos pensamentos do encarnado. Depois lhe dizem coisas que o encarnado acredita serem ideias sua. O quanto antes, o espírito inferior e vingativo quer que o encarnado se prejudique, por isso passa-lhe ideias agressivas, principalmente. Quando esses pensamentos começam a penetrar na casa mental do encarnado e ele passa a aceitá-los, temos o que tu estás vendo ocorrer com Telma.

— Pobre Telma, acreditando que esses pensamentos são dela — apiedou-se Camila.

— Sem dúvida — afirmou Túlio. — Quando o encarnado se desespera, nunca consegue perceber que tais desejos e pensamentos pertencem a um obsessor.

Nesse instante, o abortado chorava e mesmo com a voz rouca, forte e descontrolada, dizia:

— Assassina!!! Tu me mataste sem dó nem piedade!!! Tu me queimaste e, não contente porque não morri, cortaste-me aos pedaços e jogaste-me no lixo. Até hoje todo o meu corpo dói!!! Assassina!!! Só vais livrar-te de mim quando morreres da mesma forma que me mataste!!! Só te livrarás de mim quando morreres!!!

Telma só pensava em morte, em suicídio. Chorava, gritando de forma desesperadora. Não podia ouvi-lo, porém captava seus sentimentos e pensamentos.

Ela sentia-se rejeitada, improdutiva, inútil no mundo. Uma grande angústia e enorme descontrole corroíam-lhe a alma. Muitos clínicos chamariam esse estado de depressão ou loucura. Sob a visão e entendimento espiritual, chamamos de obsessão.

Os trabalhadores aplicavam-lhe passe, mas a falta de fé e ignorância da moça não deixavam tais fluidos fazerem efeito.

— O que poderia ajudar Telma, Túlio? — perguntou Camila muito preocupada.

— Se Telma compreendesse o motivo de seu sofrimento, se ela entendesse como e onde errou e desejasse mudar essa situação, ajudaria muito o plano espiritual. A autoajuda, o verdadeiro desejo de contribuir com o plano invisível para harmonizar uma situação de tormento, auxilia imensamente a evolução e o esclarecimento das duas partes envolvidas: encarnado e desencarnado. Telma, apesar da religião, não se apega em Deus nem nos ensinamentos de Jesus. Isso dificulta muito o trabalho da espiritualidade.

— Eu nem mesmo sabia que Telma havia feito um aborto — disse Camila.

— Ela o fez porque Monteiro, seu próprio pai, levou-a a uma clínica. Porém foi Honório, teu pai Camila, quem o incentivou a isso.

Camila assustou-se e parecia assombrada por ignorar o fato.

Nesse instante, Telma começou a quebrar tudo o que havia naquela sala. E, infelizmente, a jovem estava sozinha em casa.

Indescritivelmente revoltado, o espírito abortado urrava seus desejos de vingança, seus lamentos e suas determinações de suicídio aos pensamentos da moça, e tais ideias eram cada vez mais aceitas por ela. Vendo que a situação perdera o controle e pressentindo o pior, o experiente espírito Túlio aconselhou:

— Vamos embora, Camila. Deixemos os outros irmãos tarefeiros espirituais cuidarem disso.

— Não, Túlio. Por favor! Deixa-me tentar falar com ela!

— Não é meu desejo subestimar-te. No entanto creio ser difícil Telma atender a alguém agora. Quero poupar-te de cenas horríveis de se verem e difíceis de serem esquecidas.

O espírito Camila não se importou com a orientação do instrutor. Aproximando-se de Telma, tentou envolvê-la com sugestões.

Foi louvável sua atitude, mas errônea a desobediência daquele que, sabiamente, transmitia-lhe conhecimento salutar. Entretanto percebeu-se que ela só quis ajudar. Apesar do momento crítico, não queria dispensar qualquer possibilidade ou alternativa. Porém foi em vão. Telma não a ouvia.

Num ato súbito de desespero e loucura, a pobre Telma foi ao banheiro, despejou um litro de álcool sobre si mesma e ateou-se fogo.

A cena foi horrível.

Telma, em chamas, gritava e urrava, mas o fogo propagou-se com facilidade pelas roupas. Não havia modo de ela apagá-lo.

Gritou por muito tempo no plano físico pelas dores horríveis das graves queimaduras que levaram à morte de seu corpo de carne. Seus berros de angústia e extrema dor no plano espiritual, através do que vivenciava em seu perispírito, prosseguiram de forma triste, aflitiva, demorada e lastimável.

O espírito Telma não conseguiu se desligar do corpo físico, ficando presa a ele por meios violentos: pela ação de sua própria consciência. Ao mesmo tempo via o plano espiritual e sentia as dores severamente graves das queimaduras que provocou para matar o corpo que lhe fora emprestado para aquela reencarnação.

O abortado, logo que se deu o início do suicídio, separou-se de Telma imaginando o seu corpo desprendido. Mas seu estado consciencial, nada elevado, plasmou seu perispírito tortuoso, maior e monstruoso. O pobre espírito abortado, sofredor e vingativo permaneceu ao seu lado, olhando-a queimar.

Vendo que ela continuava em sofrimento medonho no plano espiritual, ele dizia-lhe:

— Desgraçada!!! Foi isso o que eu senti!!! É isso o que eu sinto!!! Tu me assassinaste dessa forma!!! Sofre muito, infeliz!!! Eu agora tenho meu outro assassino com quem vou acertar as contas!

Manco e cambaleante, o abortado saiu quase se arrastando.

Camila recorria a Túlio, implorando:

— Por favor, Túlio, desliga-a do corpo. Acaba com esse sofrimento.

— Não podemos, Camila. Sinto imensamente, mas não podemos.

— Por quê?!

— Não somos trabalhadores ou técnicos no campo do auxílio ao desligamento por essa opção de desencarne. Em breve, eles chegarão e verão o que pode ser feito.

— Como os técnicos verão o que pode ser feito? Deveriam desligá-la e terminar logo com isso!

— Foi suicídio. Mesmo que seja desligada do corpo físico, as dores das queimaduras não cessarão. Vivenciará continuamente o desespero do que provocou a si mesma. Acredito que não será feito nada, pois foi livre-arbítrio. Ela matou o corpo que lhe fora emprestado por um período que não havia chegado ao fim, antecipando, propositadamente, a morte desse físico. Os técnicos em desligamento para os desencarnados através do suicídio chegarão e a examinarão para saber como poderão ajudá-la. A ninguém é negado o socorro, mas, como já disse, não somos técnicos para avaliar o caso.

O corpo físico de Telma estava inerte no chão, irreconhecível e ainda com chamas. Enquanto o espírito da moça debatia-se pelas queimaduras, seus olhos esbugalhados num rosto desfigurado com aspecto de derretido pelas chamas, ela gritava pedindo socorro, porém ninguém, em nível do plano físico, podia ouvi-la.

Depois de alguns minutos, um vizinho sentiu um forte cheiro de queimado e, ao ver a fumaça que saia pela janela chamou os bombeiros que logo, ao chegarem, localizaram o corpo.

— E agora, Túlio? — perguntou Camila extremamente triste.

— Virá uma equipe espiritual para dar auxílio e amparo aos pais e familiares. Lógico que será de acordo com o nível espiritual, entendimento e receptividade deles que receberão tais benefícios, apesar da deplorável situação. — Sentido, ele a chamou: — Vamos, Camila.

Chegando à casa de Dora, Camila sentia-se triste. Vendo-a muito pensativa, Túlio aproximou-se e perguntou com terna preocupação:

— Precisas de ajuda?

— Estou refletindo sobre tudo o que presenciei desde quando desencarnei. Choquei-me com muitas coisas que ignorava existirem, embora, na espiritualidade, no passado, já ter estudado muito a respeito.

— Estamos em constante aprendizagem, querida Camila. Nunca sabemos o suficiente. O dono da sabedoria e da verdade é o nosso Irmão Maior: Jesus.

— Túlio, se é que podes me explicar, gostaria de saber o que uma mulher deveria fazer caso ela já tenha errado cometendo um aborto e só veio saber de tamanho erro depois de já tê-lo consumado.

— Uma verdadeira reforma íntima — respondeu Túlio sabiamente. — Ao descobrir que errou, tem de haver nessa mulher o verdadeiro arrependimento. Terá de sentir uma imensa vontade de mudar tudo o que foi feito. Sabe aquele sentimento que nos abate corroendo por dentro e que nos faz desejar imensamente termos feito tudo diferente? — Camila acenou a cabeça positivamente e ele continuou: — Então, é isso. É esse o desejo que ela tem realmente de sentir. Já que depois de tudo consumado não se pode mudar a situação, essa mulher deve, através de seu arrependimento e vontade de mudar, pedir perdão a Deus e propor-se aos trabalhos dignos, nobres e edificantes do Evangelho. Ela deve sentir amor pela criatura que prejudicou com o aborto, mas sentir muito amor mesmo! É indispensável também cultivar, ensinar e exemplificar a compaixão e o perdão a todos, sem exceção.

— E se mesmo assim o ou os abortados quiserem vingar-se e prejudicá-la com a obsessão?

— Ela terá de ter uma fé inabalável acima de tudo. Não se deixar abater pelos mais fortes "ataques", pois, com toda a certeza, a partir do momento que passar por essa transformação íntima, desejar mudar, lamentar o que fez, querer corrigir a situação, já será amparada e auxiliada pelo plano espiritual superior.

"Quando ela se orientar através do Evangelho e praticá-lo com amor, já se estará socorrendo com a ajuda do plano superior, estará se renovando e buscando sua elevação espiritual, ligando-se a Deus.

"Se, junto a tudo isso, a mulher ou quem quer que seja se expuser a um tratamento espiritual em um Centro Espírita, encontrará mais facilidade de entender e saber como agir. Sem contar que os mentores terão melhores condições de ampará-la, auxiliá-la, socorrê-la.

"Ela deve envolver com muito carinho e imenso amor aquele ou aqueles que rejeitou através do aborto. Necessita, humildemente, pedir-lhes o perdão. Precisa orientá-los, ampará-los, ajudá-los a sair do vale tenebroso de vingança que os revoltados se encontram. Se não for um espírito abortado vingativo, suas preces vão ajudá-lo a se recompor incrivelmente. Através de seus pensamentos, ela pode passar-lhe o seu amor e mostrar-lhe o amor de Deus pelos ensinamentos de Jesus."

— Quer dizer que se deve ler o Evangelho para eles? — perguntou Camila.

— Por que não? Ela deve ler tanto o Evangelho como outras leituras clássicas da espiritualidade que esclareçam o amor de Jesus. Além disso, devem-se dar explicações sobre o que leu em voz alta, de forma calma e pausada como se estivesse lecionando em uma sala de aula, falando com os filhinhos queridos. Os espíritos escutam tudo o que os encarnados dizem. Esqueceste?

"Só para lembrar, o Evangelho deve ser lido quando sentirmos um incômodo nos pensamentos. Isso pode ser influência de irmãos sofredores. Com esse tipo de leitura e explicação, esses irmãozinhos terão a oportunidade de compreender o que lhes ocorre e será mais fácil colocarem-se à disposição para um tratamento em colônias apropriadas, deixando o encarnado livre do sofrimento."

— Isso seria como o perdão de Deus, não é, Túlio?

— Não. O perdão é alguém ficar livre de encargos por danos que tenha causado a si ou a outro. Nesse caso de transformação íntima, a mulher estará reformando suas ações, modificando suas atitudes e pensamentos, trabalhando para conseguir um objetivo: livrar-se do sofrimento. Porém antes de se libertar desse sofrimento terá de trazer alívio às dores daquele que prejudicou. Isso ocorre através do amor, do perdão, da compaixão, da fé, da dedicação ao bem, à paz, à concórdia em todos os sentidos. Praticamente, precisará reverter o quadro obsessivo, ou seja, em vez de aceitar o que seus obsessores lhes dizem sobre dor e sofrimento, de ficar ouvindo-os falar e aceitar o que dizem como se fossem seus pensamentos, ela terá de impregná- los com amor, fé, carinho, ensinamentos do bem, perdão, mesmo que não esteja se sentindo obsedada, pois quando o abortado é socorrido para uma colônia de rejeitados, ele não permanece junto à mãe para perturbá-la, como eu já disse. Mas poderá haver mágoa, trauma, tristeza... Ele poderá sofrer no perispírito a tortura do aborto à qual foi submetido. No entanto os sentimentos que sua mãe tiver de arrependimento pelo ato praticado chegará até ele e tu não imaginas como esse tipo de sentimento e pensamento muda o estado espiritual de um rejeitado. Quando lhes chega à colônia uma prece, o sentimento de amor, fé, carinho, transformam-se sensibilizados e passam a nutrir sentimentos muito mais edificantes. Quando as mães encarnadas leem para eles trechos do Evangelho, essas leituras os alcançam na íntegra. Há, inclusive, técnicos na espiritualidade que se esforçam no trabalho de fazerem-nos ouvir até a voz de seus genitores, eles conseguem captar também todas as emoções só para levarem como mensagem para o auxílio do tratamento do irmãozinho rejeitado, necessitado e carente.

"Isso é de imenso valor e elevação espiritual. É um resgate maravilhoso. O ser humano ainda não entendeu quando é dito no Evangelho do Senhor: "Bem-aventurado os que choram porque serão consolados. Bem-aventurado os que têm fome e sede de justiça porque sereis fartos. Bem-aventurados os que agora chorais porque rireis".

"O que chora por arrependimento sempre busca a Deus, sempre sai à procura dos ensinamentos, com isso ele aprende, evolui, corrige e auxilia os outros. Esse é o que verdadeiramente chora.

"Os que têm fome e sede de justiça são aqueles que divulgam e exemplificam os verdadeiros ensinamentos Divinos de Jesus para que as injustiças do mundo não prevaleçam.

"Aquele que realmente lamenta o que fez de errado corrige seus erros e auxilia os outros, um dia, rirá farto com glória por ter sanado tudo o que se fez necessário corrigir.

"Porém quando é dito: "Ai de vós, ricos, porque tendes no mundo a vossa consolação", faz-se um alerta àqueles que cultivam riquezas porque ninguém viverá no mundo por muito tempo.

"Ai de vós que estais fartos porque tereis fome", é um alerta aos que não repartem o que tem, não se apegaram aos valores religiosos e cristãos, não dão importância aos ensinamentos de Jesus, um dia sentirão imensa falta deles.

"Ai de vós que agora rides porque um dia chorareis e gemereis", alerta aos que se livram de situações de maneira criminosa ou leviana e depois se comprazem nos prazeres da carne, no conforto material abusivo, na prática do mal, um dia lamentarão muito os seus feitos, suas ousadias."

Camila ouvia atenta e Túlio, depois de uma breve pausa, prosseguiu:

— Eu conheço um caso curioso sobre pais que se arrependeram do aborto. Um casal, que já possuía um casal de filhos, negou a vida a um terceiro, assassinando-o com o aborto.

"Com o passar dos anos, esse casal, através do Espiritismo, tomou ciência da gravidade de seu erro.

"A mulher, quando soube o que acontecia com o espírito ao ser abortado, chorou inconformada. Se a idade lhe permitisse, ela teria mais um filho para reparar seu erro. Porém isso não lhe era mais possível.

"Com remorso, o casal apegou-se ao Evangelho buscando alívio para a dor que sentia. Passaram a orientar outras pessoas sobre o assunto, a gravidade e as consequências do aborto. A mulher passou a tirar alguns dias da semana para trabalhos voluntários em creches e orfanatos que cuidavam de crianças carentes.

"Sempre, em suas preces, eles rogavam perdão a Deus pelo que haviam praticado e direcionavam pedidos de perdão ao espírito a quem negaram a vida, procurando enviar-lhe pensamentos nobres, envolvendo-o com amor e carinho. Faziam-lhe preces e leituras para que ele compreendesse a ignorância e aceitasse o remorso de ambos, além dos pedidos de perdão.

"Todos os sentimentos do casal chegaram até a criatura que fora rejeitada por eles. Assim um belo processo de transformação se iniciou. A mágoa, a angústia e a revolta transformaram-se em amor, esperança e compreensão. A mudança ocorrida em sua mente foi tamanha que seu perispírito, que se encontrava deformado sinalizando ainda os sofrimentos do seu assassinato, moldou-se em forma e tamanho normais, e o espírito, por sua vez, começou a nutrir sentimentos de amor sincero aos pais que o rejeitaram.

"Mais tarde, essa criatura reencarnou como neta desse casal que a amava de forma incompreensível.

"Com a necessidade de trabalho da nora, o casal, maravilhado, foi quem tomou conta da querida netinha.

"O mais curioso nisso tudo foi que eles, sem conhecimento da situação, oravam duas vezes pela netinha: uma quando enviavam seus sentimentos de remorso, amor e esperança à criatura que eles rejeitaram e outra quando oravam pela própria neta, desejando-lhe toda a bem-aventurança possível.

"Quando a compreensão do erro lhes fez chorar e o remorso corroeu-lhes, eles buscaram a Deus e através do reconhecimento do erro, o trabalho no bem, eles mostraram-se arrependidos, por isso riram com a chegada da netinha e serão consolados ao descobrirem tudo o que fizeram e as consequências. "Bem-aventurados os que choram porque serão consolados". Dentro de uma existência podemos errar e procurar corrigir sem que sejamos dolorosamente punidos para acertarmos o que fizemos de errado."

— Obrigada, Túlio. Aprendi tanto contigo. Parece que te conheço há tanto tempo... — disse Camila emocionada, experimentando um sentimento indefinido.

Túlio, por sua vez, somente sorriu.

— Sabes, Túlio, hoje eu compreendi que tudo o que me aconteceu não foi por culpa de meu pai. Eu errei. Omiti-me ao presenciar situações acontecendo rapidamente a minha volta e, lamentavelmente, não fiz nada. Recusei-me a servir ao bem, ao próximo por puro comodismo. Tive medo do trabalho. Não assumi minhas responsabilidades. Deixei tudo para os outros. Não cometi erros graves, porém não edifiquei nenhuma tarefa para o bem do próximo. Independente da religião, eu poderia ter ajudado muita gente. Poderia ter, simplesmente, conversado com aqueles que chegavam desorientados diariamente à igreja em busca de amparo. Poderia ter orientado os que lamentavam injustamente com assuntos cansativos e depreciativos. Deveria ter ensinado o irmão crítico a agir com mais benevolência. Poderia ter barrado as conversas depreciativas, edificando com nobres e elevados conceitos o assunto vigente, a começar dentro da minha própria casa.

"No Posto de Socorro espiritual, ao ser recebida por meu tio Alfredo, através de meu vocabulário e pensamentos indignos àquele plano espiritual, afastei-me do socorro porque não igualei minhas vibrações com o bom nível espiritual existente ali, por isso retornei à crosta da Terra.

"De volta ao plano físico, ao reconhecer meu desencarne, cultivei profunda mágoa e rancor pelo meu pai, em vez disso deveria ter compreensão e amor. Infelizmente não compreendi a orientação que me deram e continuei julgando, reclamando e culpando-o por minhas atuais condições. Reconheço, agora, depois de tudo o que vi, que não estou em situação tão ruim assim.

"Se estou aqui presa à crosta da Terra, tenho de agradecer imensamente a Deus e aos amigos espirituais superiores por não estar em condições deploráveis e inferiores como alguns irmãos que vi ou por não ter sido incomodada por espíritos de pouca instrução ou mesmo por não ter ido parar no Umbral onde, com certeza, estaria sofrendo.

"Mesmo presa à crosta e sentindo-me desorientada, fui socorrida, aqui, neste Posto de Socorro Terreno. Fui amparada, orientada e muito bem tratada. Envergonho-me das reclamações que teci."

Depois de longa pausa e profundo silêncio, ela prosseguiu:

— Túlio, agradeço teus esforços para que eu pudesse reformular meus sentimentos e pensamentos. Hoje percebo e entendo que fui eu quem errou. A meu pai tenho que agradecer a oportunidade que me deu de reencarnar, não me deixando sofrer como tantos outros.

"Queira Deus que ele encontre orientação e consiga o quanto antes arrepender-se e corrigir suas falhas.

"Ele é um homem dotado de muita perseverança. Possui imensa força espiritual que, quando for voltada para o bem e para o amor, sei que será um grande e valioso trabalhador nesse sentido."

Nesse instante, lágrimas rolaram na alva e bela face de Túlio. Emocionado, quase sem conseguir argumentar, ele a congratulou:

— Parabéns, Camila! Tu realmente entendeste o motivo de ter ficado na crosta da Terra sem ir para um plano inferior ou superior. Tu és um espírito elevado que se deixou adormecer quando encarnada e desencarnada também. Faltou-te o perdão sincero para aquele que te tenha ofendido. — O espírito Túlio pareceu iluminar-se ainda mais e alertou: — Lembra-te sempre de agradecer a Deus por não ter colocado em nível inferior após o desencarne por falta desse grande sentimento, que é o perdão.

— Por favor, não fiques assim! — pediu ela por nunca tê-lo visto daquela forma. — Tive tudo o que mereci.

— Não te subestimes, querida. Cada qual tem de acordo com os méritos: não mais, não menos.

Camila chorou emocionada, abraçando-se ao amigo e instrutor que afagou seu rosto com carinho

— Sabes, Camila, tu deverias ter te lembrado das palavras do nosso irmão maior: "Bem-aventurados os misericordiosos porque obterão misericórdia" Mateus cap. V, v 7 – "Se perdoardes aos homens as faltas que cometeram contra vós, também vosso Pai Celestial vos perdoará os pecados. Mas se não perdoardes aos homens quando vos tenham ofendido, vosso Pai Celestial também não vos perdoará os pecados". Esse versículo ninguém explicou tão bem quanto Kardec, quando no capítulo X de *O Evangelho segundo o Espiritismo*, diz-nos: "A misericórdia é complemento da brandura, porém aquele que não for misericordioso não poderá ser brando e pacífico. A misericórdia consiste no esquecimento e no perdão das ofensas. O ódio e o rancor são o símbolo da alma sem elevação e sem grandeza. O esquecimento das ofensas é próprio da alma elevada que paira acima dos golpes que lhes possam desferir. Ai daquele que diz: nunca perdoarei. Esse, se não for condenado pelos homens, sê-lo-á por Deus". — Em seguida Túlio comentou: — Creio que ninguém mais, além de Kardec, poderia explicar de forma tão inteligível as palavras do Mestre Jesus.

O espírito Túlio parou por longos segundos fitando os lindos olhos de Camila, parecendo invadir seu âmago com um sentimento que atingiu o mais alto grau na escala dos valores morais.

Ela experimentou algo nunca vivenciado antes e, sem que esperasse, ouviu-o dizer:

— Eu te amo muito, filha querida, minha Camila.... Com toda força do meu ser. Eu te amo muito, filha. Venho procurando-te há tempo... — ele chorou, silenciando.

Em meio às lágrimas, ela se declarou:

— Não sei de onde te conheço nem como explicar o que sinto por ti. Mas posso afirmar que te amo também. Como se tu fosse um ente querido, um pai espiritual... Por que não me encontraste antes?

Afagando-lhe a face, ele confessou bondoso:

— Eu te encontrei, mas tu não me podias ver. Por acréscimo de misericórdia e bondade permitiram que eu retornasse à crosta terrestre para acompanhar-te e instruir-te o quanto possível. Se queres saber, isso fora ideia e pedido do nosso nobre Inácio, o operoso tarefeiro responsável e administrador do Posto de Socorro no qual foste atendida. — Breve pausa, na qual Túlio tentava reprimir a emoção exibida pelas lágrimas, e ele contou: — Eu fui teu pai há séculos, minha querida. Foste fruto de especial afeição entre mim e minha querida amada espiritual. Posso falar em nome dela, que se encontra em elevada condições espirituais, que te amamos imensamente. Tentamos ajudar-te, mas por força de tua vontade te desviaste do caminho de boa moral e precisaste aprender através das experiências mais diversas. Hoje sei que estás preparada, pois apresentas verdadeira vontade de evoluir, com resignação e sabedoria, aceitando os desígnios de Deus. Amo-te como filha espiritual e sei que o elevado espírito que foste tua mãezinha no passado ama-te como eu e está muito feliz com teu despertar para a elevação. Eu sei disso porque sinto. Posso senti-la. Não existe distância ou barreiras entre aqueles que se amam.

Abraçando-o firme, ela não tinha o que dizer. Deixou que as lágrimas de júbilo lavassem seu coração, tirando-lhe os pesares.

18

O REENCARNE DE TÚLIO

Na manhã seguinte, bem cedo, Luana foi à procura de Camila no alojamento.

— Bom dia! — Após ouvi-la retribuir o cumprimento, avisou: — Túlio pediu-me que te chamasse. Ele precisa ter contigo.

Ela apressou-se. Ao chegar à sala de estar, surpreendeu-se emocionada. Seus olhos encheram-se de lágrimas e, como que num suspiro, ela falou:

— Tio Alfredo! — Correndo, foi ao seu encontro abraçando-o. Emocionada, desculpou-se: — Perdoa-me por ter-te tratado daquela forma tão agressiva julgando-te inferior espiritualmente. Eu não atentei aos bons princípios e julguei querendo-te condenar. Perdoa-me.

— Claro, Camila. Eu te compreendo — disse Alfredo.

— Como é bom te ver, tio!

— Como é bom tu me veres agora — avisou Alfredo sorridente.

— O senhor esteve aqui, viu-me?!

— Inúmeras vezes, filha. Não só aqui como na casa de Honório quando tu, ao confirmar teu desencarne, sentiste-te ao desamparo e dominada por imensa dor. Quando encontrou Dora, eu te sugeri que a seguisse e tu o fizeste. E também quando o ilustre amigo André se fez ver e passou a ajudar-te expondo-te a tua atual situação, ali, ao lado de ti, eu estava ministrando-te passes magnéticos. Agora tu elevaste tuas condições espirituais, por isso me vês, como também aos outros que ignoravas estarem aqui.

— Sinto-me envergonhada, tio!

— Não deixes a vergonha abater-te nem o orgulho dominar-te. Procura manter o coração feliz e satisfeito pela maravilhosa evolução conseguida.

— Todos me ampararam, orientaram-me...

— Nós podemos ter feito isso, porém tu tiveste o direito de escolher e fazer o que quisesses. Seria fácil não dares atenção às orientações recebidas e saíres por aí enlaçando amizade com espíritos inferiores. Seria fácil tu te ligares a Honório, revoltada em busca de vingança por tudo o que te ocorrera. Ninguém te prendeu nessa oficina abençoada, que é o lar de Dora e de meus amados filhos. Foste tu quem decidiu ficar e aceitar tuas condições até compreenderes o que te falavam. Aceitaste o proposto e, acima de tudo, desenvolveste dentro de teu coração o sentimento necessário para tua evolução e o devido socorro.

Camila, com um suave sorriso no rosto, acenou a cabeça positivamente depois disse:

— Como posso agradecê-los?

— Vindo comigo e com Túlio para a Colônia Espiritual.

— Para uma Colônia?! — espantou-se ela, incrédula. — Não pensei que isso seria tão breve!

— Se estiverdes prontos, poderemos ir agora! — completou amavelmente Alfredo.

— Túlio, tu também irás?! — perguntou ela com imensa alegria.

— Sim, Camila. Se não te incomodares com minha companhia... — respondeu ele brincando.

— Imagina!... Tu me ajudaste tanto. Pensei que ficarias aqui, pois percebi que não tens somente o trabalho lá na praça.

— Devo te dizer que aquela tarefa na praça, que amo muito, foi um meio de chamar a tua atenção, assim como a aparência jovial com a qual me apresentei, pois tu ainda apreciavas a beleza da matéria vista através das enganosas percepções dos sentidos físicos e não espirituais. As demais tarefas serviram de humilde ajuda a outros tarefeiros espirituais e para tua instrução, compreensão e o descortinar do véu do perdão a todos que, um dia, possam ter-te ofendido. — Alguns segundos de reflexão e Túlio avisou: — Outros abnegados companheiros já assumiram os modestos, mas respeitosos serviços que pude prestar enquanto estive aqui. Retornarei para a Colônia porque tenho alguns últimos preparos a fazer. — Sorrindo largamente, contou: — Dirceu, filho do nosso amado Alfredo, prepara-se para contrair matrimônio com uma adorável moça e eu terei a honra de ser seu primogênito!

— Tu serás neto de Dora?! — surpreendeu-se Camila com um misto de alegria e preocupação.

— Sim. Mais uma vez estarei aconchegado nos braços da querida Dora, só que desta vez como seu neto.

Camila, refletindo de forma lógica e rápida, concluiu:

— Túlio, tu eras o outro filho que Dora tinha na encarnação em que ela se chamava Lavínea e tio Alfredo chamava-se Nicolau?

— Sim, Camila. Naquela época eu fui o terceiro filho desse nobre casal. Agora serei seu neto.

— Afinal, Camila — interferiu Alfredo sorrindo —, todos precisamos... vamos dizer... de um "herdeiro espiritual" para dar continuidade ao trabalho que começamos na área da edificação do Evangelho e da Doutrina Espírita. Túlio, reencarnado como filho de Dirceu, dará continuidade a essa tarefa, até que daqui a uns vinte e poucos anos... eu possa voltar à Terra, como filho de Túlio, para prosseguir com esse maravilhoso trabalho que abraçamos.

Camila, estarrecida, começou a entender que tudo, exatamente tudo no plano espiritual já é previsto e premeditado o quanto possível.

— Que maravilha, tio! Eu não imaginava... E quando Túlio reencarnará? — quis saber com algo triste na expressão.

— Não se sabe ao certo — respondeu Túlio sorrindo, adivinhando-lhe os pensamentos. — Isso pode acontecer a qualquer momento. Alguns namoros, hoje em dia, aceleram o reencarne. Por essa razão, quando sabemos quem são os pais e ao percebermos que eles se aproximaram e se apaixonaram, partimos o mais rápido possível para uma preparação reencarnatória, pois isso poderá ocorrer a qualquer momento e não podemos perder a oportunidade — riu com gosto.

— Parabéns, Túlio, por ir para uma família tão maravilhosa quanto a de Dora. Tu tens por merecer — cumprimentou ela sem muita empolgação, pois sentia como se perdesse um amigo ou se afastasse do pai amoroso que tanto a orientou.

— Espero conseguir cumprir os objetivos do meu reencarne. Queira Deus que eu possa vencer todos os obstáculos sem desviar-me do caminho de luz e amor que Jesus nos deixou para seguir.

— Será conforme o planejado, Túlio! — afirmou Alfredo convicto — Tu tens capacidade, preparo e grande elevação, meu querido. Deus e os espíritos superiores te darão amparo e sustentação a todo instante. Tem fé!

Túlio sorriu, completando alegremente:

— Queira Deus que eu te tenha nos braços, meu amado Alfredo! E como filho querido, consiga te passar com muito amor todos os ensinamentos Cristãos que te servirão de sustento para dares continuidade a tão belo trabalho da doutrina cristã que tu mesmo iniciaste.

— Assim será, Túlio! Tenhamos fé! — tornou Alfredo.

Repleto de esperanças e bênçãos Divinas, Túlio e Camila seguiram Alfredo para a Colônia Espiritual onde começaram a se preparar, cada qual para sua distinta tarefa.

Mesmo em lugar de verdadeira elevação e paz, houve várias surpresas para o espírito Camila.

Conforme o planejado, Túlio nascera como filho querido de Dirceu e neto de Dora.

Túlio, agora encarnado, recebera o nome de Tadeu por escolha de sua amada avó que tanto o mimou e ensinou. Quando Tadeu tinha dez anos, Dora desencarnou dormindo por causa de uma parada cardíaca.

Quinze anos depois do desencarne de Dora, Tadeu levava para seu pai conhecer uma simples e encantadora jovem. Apesar da pouca idade, a bela Cíntia, apresentada a toda família como namorada de Tadeu, era uma moça muito carismática e de uma singela beleza espiritual.

Júlio, que tanto se determinou e conquistou merecidamente a graduação de médico, já havia trabalhado muito em prol do sustento da família e em prestimosos atos caridosos que realizava com excelso amor. Júlio, já casado, vivia muito bem uma vida aconchegantemente simples, ao lado de sua companheira amada e quatro filhos moços.

Certa vez, como sempre fazia, Dirceu solicitou pelo irmão e amigo a fim de conversarem um pouco.

— É, Júlio — dizia Dirceu pensativo —, acredito que eu já esteja ficando velho. O Tadeu está namorando, daqui a pouco casa... Chegarão os netinhos... Não sei, não...

— Dirceu, dá-te por realizado! Alias nós devemos nos dar por realizados! Demos continuidade aos grandiosos trabalhos espirituais de nossos pais levando o entendimento do Evangelho redentor a muitos! Tivemos a oportunidade abençoada de fundar uma bela creche, que é mantida graças ao trabalho comunitário de nossa grande família e de nossos maravilhosos amigos encarnados, lembrando a sustentação que temos dos amigos espirituais, claro! Tudo isso realizado com honestidade, abnegação e muito amor, muito amor!...

— Júlio, não imaginas como me sinto realizado, só por colocar a cabeça tranquila no travesseiro enquanto durmo. Rogo a Deus que ilumine nossos filhos para que deem continuidade a esse belo trabalho.

Dirceu e Júlio não podiam ver, mas naquele exato momento chegavam, ali, os espíritos Dora, Alfredo e Camila.

Dora aproximou-se dos filhos e abraçou-os com carinho. Mesmo sem vê-la, eles puderam sentir que uma imensa dose de energia benéfica os envolveu. Júlio deu um longo suspiro e sorriu sem motivo aparente. Entendendo-o, Dirceu não disse nada por experimentar a mesma sensação. Ambos, extremamente emocionados, calaram-se ou chegariam às lágrimas.

O espírito Camila, por sua vez, comentou:

— Eles sempre foram unidos! Que lindo!

— É verdade, filha. São almas afins, ou melhor, fazem parte de uma bela família espiritual — explicou Alfredo satisfeito.

Nesse instante, entrou naquela sala uma senhora chamando Júlio para medicar uma das crianças da creche que estava febril. Rapidamente ele levantou e se foi para prestar os cuidados necessários ao pequenino.

Examinando e medicando a criancinha, o doutor Júlio comentou:

— Ainda bem que ele teve febre, agora, enquanto estou aqui. Eu já estava quase de saída para o hospital. Trabalharei hoje até bem tarde. Se ele não melhorar, liga-me imediatamente, certo?

— Podes deixar, doutor! — afirmou a nobre senhora muito prestativa.

— Camila — perguntou Dora —, tu sabes como começou esta creche?

— Não. Eu estava longe da crosta, em estudo, e desconheço sua origem.

— Dirceu era sócio de uma imobiliária e lá havia uma moça empregada como auxiliar de escritório que se chamava Penha. Isso aconteceu pouco depois do reencarne de Túlio, ou melhor, Tadeu — Dora riu de si mesma. Depois continuou: — Essa moça engravidou do namorado que não quis assumir a responsabilidade de seus atos e abandonou a pobrezinha, que procurou a ajuda de Dirceu. A jovem sabia que Júlio era médico e pensou na possibilidade de ele fazer-lhe o aborto por um preço razoável, uma vez que ela não tinha condições de pagar o que lhe fora pedido por outros profissionais.

"Dirceu levou Penha lá para casa e a deixou conversando com Júlio, sem nada dizer a ela sobre nossa filosofia, religião ou sobre os conceitos e conhecimentos que temos sobre o aborto.

"Júlio sempre ficava... de certa forma... irritado, ou melhor, indignado quando alguém lhe pedia que assassinasse um bebê em formação.

"A moça foi surpreendida por uma série de argumentações feitas por Júlio para que ela deixasse seu filho nascer. Por fim, meu filho pediu a criança para ele, como fez com a pobre Sissa, que, em vez de dar a criancinha, preferiu matá-la. A moça ficou confusa, sem saber o que fazer, e temerosa de realizar o aborto. Ela contou aos pais, mas eles não aceitaram a gravidez e a expulsaram de casa.

"Penha passou a morar na casa de uma amiga e continuou trabalhando com Dirceu e seu sócio que a ampararam em tudo: médico, hospital, exames, remédios, roupas.

"Dirceu até fez com que ela fosse ao Centro Espírita por várias vezes.

"Próximo de dar à luz um bebê, Penha acabou por ficar sem onde morar. No início ela ia para a casa da amiga somente para dormir. Entretanto, no final da gravidez, necessitava ficar de repouso durante algumas horas por dia, o que estava incomodando imensamente a família da amiga. Revoltada, Penha procurou por Júlio numa noite de chuva e, toda molhada, bateu a nossa porta. Ela dizia frases fortes e baixas do tipo: "Se tivesse matado, quando ainda era pequeno, ele não estaria me atrapalhando a vida como está!". "Tu me disseste que o queria para criar, para eu dá-lo a ti que tomaria conta dele! Por que não começas agora?!"

"Júlio, como sempre muito calmo, disse à moça: "Por isso, não. Entra, cuidaremos de ti até o bebê nascer. Depois disso tu podes deixá-lo conosco se quiseres. Terás tempo para pensares e decidires se seguirás tua vida sem ele ou se o levas contigo para onde fores". Depois de mais ou menos duas semanas e meia, a criança nasceu. Um belo menino."

— E a moça?! — perguntou Camila ansiosa.

— Após recuperar-se — continuou Dora —, poucos dias se passaram e ela foi embora sem nem menos dar um nome ao seu filhinho.

"Júlio ficou triste pela atitude da mãe, porém sentia-se maravilhado com a criança! Parecia até que ele era o pai! — Dora riu lembrando-se de diversas cenas. Em seguida prosseguiu: — Confesso que fiquei imensamente preocupada por inúmeras razões, claro. Ajudei Júlio a tomar conta do bebê, a quem ele deu o nome de Maurício.

"Faltava regularizar muita coisa perante a lei que, em princípio, diante do abandono da mãe, deu a posse e guarda da criança a mim e ao Júlio. Ele tinha muita afeição, muito amor pelo pequeno Maurício que já lhe fazia algumas gracinhas, já o reconhecia... Aconteceu que, seis meses depois, Penha apareceu. Ela não tinha onde morar nem para onde ir. Havia abandonado o emprego na imobiliária e não conseguiu outro. Ao vê-la a nossa porta, Júlio imaginou o que a moça queria e foi muito firme com ela. Eu nem acreditei no que ouvi Júlio dizer: "Se tu pretendes não fazer nada, tu não farás esse nada aqui! Se queres teu filho, leva-o agora. Mas dar apoio a alguém que não produz nenhum benefício para si ou para os outros, isso eu e minha mãe não faremos. Teu filho é indefeso, por isso eu o sustento. Mas tu és muito experiente e esperta para o meu gosto. Se estás pensando que te sustentaremos para termos o Maurício conosco, engana-te. Pega teu filho e podes ir se achares que tens condições e capacidade de cuidar tão bem dele quanto estamos cuidando, dando-lhe amor, atenção e carinho acima de tudo".

"Fiquei incrédula! Júlio era pai e mãe para aquele menino. Meu filho trocou horário de serviço para estar com a criança durante a noite, dava-lhe amor, atenção, carinho... Eu mesma nunca fiquei em claro por causa do pequeno Maurício. Eu amava aquela criança e não queria que a mãe o levasse. Porém Júlio foi mais esperto do que eu que, talvez, ficasse implorando para ela deixar a criança conosco ou para que ficasse morando com a gente para não nos afastarmos de Maurício.

"Diante da firmeza e determinação de Júlio, Penha propôs humilde: "Doutor Júlio, a senhora tua mãe já não tem mais idade para tomar conta de criança e até mesmo alguns serviços domésticos são pesados demais. Se o senhor quiser, eu posso trabalhar de empregada doméstica aqui nem se for à troca de dormir, comer e ficar com meu filho. Gostaria que soubesse que me arrependo muito de ter pensado em matá-lo quando engravidei, de tê-lo abandonado e ter feito tudo o que fiz. Nos últimos meses, a vida foi dura demais comigo. Como sofri!... — Nesse instante, ela chorou e mesmo com as lágrimas seguidas, Penha continuou: — Não tive amparo de meus pais nem do meu ex-namorado. Minhas amigas sumiram. Tive vergonha de procurar pelo senhor Dirceu, seu irmão, pois foi ele quem me trouxe aqui para ouvir tantas explicações. Se queres saber, passei muita fome e tornei-me uma pedinte de rua para não ter de me prostituir, pois acho que preferiria a morte a fazer isso... Não vim até aqui para aproveitar e abusar da bondade de todos só porque amam e têm tanta afeição por meu filho. Se não me quiseres como empregada, não tem problema. Vou embora e nunca mais vão me ver. Só peço que continuem cuidando do meu filhinho". Foi nesse momento que Júlio, engolindo seco e disfarçando as lágrimas que brotaram, segurou-a pelo braço e pediu-lhe desculpas, convidando-a para entrar e se sentar à mesa conosco depois que lhe apresentou Maurício.

"Assim Penha ficou em nossa casa. Acompanhava-nos em tudo, principalmente, nas tarefas do Centro.

"Dias se passaram e uma mulher bateu a nossa porta com o filho nos braços dizendo não querê-lo. Parecendo enfurecida, ela praticamente empurrou a criancinha nos braços de Penha e foi embora sem que conseguíssemos argumentar nada, pois a mulher correu e sumiu. Nunca a vimos antes, muito menos depois. Penha passou a cuidar da criança com a supervisão e orientação de Júlio.

"Não demorou muito tempo e, numa manhã fria, encontramos em nossa porta uma caixa e nela havia outro recém-nascido. Acolhemos o pequenino com todo o amor.

"De outra vez, uma vizinha encontrou no lixo uma menininha enrolada em alguns jornais que parecia ter problemas para respirar. Levou-a para meu Júlio, pois sabia que ele era médico e poderia ajudá-la.

"Júlio e Penha começaram a cuidar dessas crianças, apegando-se e enlaçando imenso amor por elas.

"Amigos e conhecidos passaram a ajudar com roupas, móveis e enxovais enquanto os bebês apareciam um a um, dia após dia.

"Quatro anos depois, somavam doze órfãos. Sem contar com Maurício que Júlio registrou como se fosse seu filho com Penha.

"Penha era e é o braço direito de Júlio para cuidar das crianças e organizar as coisas. Ela era incrivelmente criativa, ativa e abençoada em conseguir pessoas de confiança que se revezavam para ajudá-la em algo.

"Júlio apaixonou-se por Penha enquanto ela já estava, silenciosamente, apaixonada por ele. Não demorou para se casarem e tiveram mais três filhos. Com o passar dos anos, Júlio comprou um terreno ao lado de nossa casa. Com a ajuda de Dirceu instalaram ali a creche que hoje ampara cerca de vinte e cinco órfãos dia e noite. Além desses, tem as crianças que permanecem ali durante o dia enquanto as mães trabalham. Tudo legalizado perante a lei.

"Os cinco primeiros que ali chegaram hoje já são adultos e não se foram. Trabalham fora, estudam e ajudam os outros órfãos nos momentos livres. Eu soube até que um casamento já vai haver ali entre a menininha encontrada na caixa e o que foi deixado nos braços de Penha."

Alfredo, sabiamente, falou:

— "Ditosos serão os que houverem trabalhado no campo do Senhor com desinteresse e sem outro móvel senão a caridade". Isso é dito em *O Evangelho segundo o Espiritismo* – Capítulo XX.

Camila se surpreendeu e comentou:

— Penha poderia ter conseguido para si um terrível destino caso tivesse matado seu filho, não é mesmo?

— Sem dúvida — afirmou Alfredo. — Vejamos Sissa.

— O que tem ela?

— Mesmo com todo o entendimento espírita, mesmo diante de todo o alerta que recebeu, ela teimou em assassinar seu filho. Hoje se encontra num vale de tristeza e dor por causa disso.

— Ela ainda frequenta o Centro? — perguntou Camila.

— Sim — respondeu Alfredo. — O marido nunca soube que Sissa abortou deliberadamente seu filho. Ela jurou a ele que tudo foi espontâneo, que perdeu o bebê sem fazer nada para que isso acontecesse. Até representou sua tristeza lamentando, falsamente, que se arrependera de querer tirar o filho.

"O pobre homem aceitou inocentemente a representação feita pela mulher mas, com o passar dos dias, Sissa foi sentindo-se mal, mental e espiritualmente. Tudo para ela se tornou um grande sacrifício. Nada em sua vida parece dar certo.

Mesmo frequentando o Centro, entidades perversas passaram a atormentá-la. Sissa começou a ter acessos e crises de choro. O desespero toma conta dela. Seus pensamentos sempre são tenebrosos, voltados ao pior. Nada a satisfaz."

— É o abortado que a deixa obsedada? — perguntou Camila.

— Não — tornou Alfredo. — O filhinho que ela rejeitou foi socorrido e passou cerca de quatro anos sob intenso tratamento espiritual e psicológico para livrar-se do terrível trauma de seu assassinato através do aborto, reequilibrando-se através do amparo recebido e aceito dada sua elevação. Esse tempo de recuperação foi curto pelo fato de ser um espírito de muita luz com uma magnífica aptidão e missão de cuidar tanto da saúde física como da espiritual dos encarnados, tarefa semelhante à de Júlio. Por mérito, ele, o filho rejeitado por Sissa, solicitou, junto ao Departamento de Reencarnação, seu reencarne entre Júlio e Penha porque, tempos atrás, Júlio quis adotá-lo solicitando à Sissa que não o matasse, deixasse nascer para que ele cuidasse da criança. Júlio e Penha já foram chamados, durante o sono, para serem questionados sobre a aceitação de deixar nascer entre eles aquela criatura que não estava no planejamento reencarnatório com alguma possibilidade de ser filho deles.

— E eles?! — perguntou Camila ansiosa.

— Creio não precisar responder, já que Penha está grávida e ainda nem desconfia — respondeu com um riso gostoso. Mais sério, Alfredo contou: — A pobre Sissa, por sua vez, está sendo obsedada por irmãos sofredores que, apesar de suas condições espirituais inferiores, não concordam com o assassinato através do aborto e passam a punir quem o praticou.

— O que vai acontecer com ela?

— Até que Sissa não faça uma verdadeira transformação íntima através do remorso, do verdadeiro arrependimento, ela não terá paz. Tememos que sua situação piore ainda mais depois de seu desencarne, uma vez que hoje, reencarnada, ela poderia dedicar-se a trabalhos edificantes e nobres exemplos cristãos, o que auxiliaria o plano espiritual superior a lidar com seus obsessores.

Camila ficou admirada diante de tanto conhecimento. Entendia que as Leis de Deus são justas e imutáveis. O Pai Celeste não nos castiga, o que nos faz sofrer é nossa própria consciência que nos cobra pelos erros cometidos.

Criaturas maravilhosas e dignas são assassinadas diariamente através do aborto.

Dando ênfase, mais uma vez, sobre o que Madre Teresa de Calcutá disse: **"Creio que o maior destruidor da paz no mundo é o aborto"**, cabe esclarecer que o aborto assassinou inúmeros pacifistas, bacteriologistas, infectologistas e muitos outros espíritos conceituados que se dispuseram para nascer após muitos preparos no plano espiritual para apaziguar, defender, livrar ou amenizar este mundo de tantas guerras, pestes e epidemias como as que temos vigorando atualmente.

Antes de nascerem cientistas respeitáveis foram mortos através do aborto por suas mães.

Terríveis doenças infectocontagiosas, bem como vírus que produzem resultados funestos, estão persistindo em meio aos encarnados por culpa do aborto, pois aquele que poderia ser o descobridor do controle ou um exterminador epidêmico foi assassinado com o ato abominável do aborto. Como se sentirá uma mulher ao descobrir que, quando condenou seu filhinho a um desencarne tão horripilante, indefeso e cruel, condenou também milhares, talvez, milhões de seres humanos, só por causa de sua vaidade, de seu egoísmo ou por suas luxúrias? Que terrível destino não terá essa pobre criatura que condenou inúmeros irmãos ao sofrimento junto com a morte de seu filho?!

Não julguemos. Porém devemos lançar um alerta para que esse tão abominável ato deixe de ser praticado.

O ser humano não imagina como está desequilibrando a espiritualidade, assim como sua própria existência com esses crimes.

O aborto deveria ser considerado um crime contra a humanidade.

Deveria ser feita uma conscientização para que homens e mulheres sejam mais prudentes e responsáveis ao lidarem com a vida humana, com a concepção, inclusive com as concepções em laboratórios.

Rogo a Deus que envie, através de Seus mensageiros de luz, orientações aos encarnados para frearem esse crime que vem sendo praticado com imenso descaso, com terrível frieza, sem que seus praticantes pensem nas consequências.

Muitos encarnados, conscientes de que o aborto é um crime pavoroso, programam a concepção, ou melhor, fazem um planejamento familiar. No entanto, diante de uma gravidez inesperada, acatam o desejo da natureza Divina e deixam vir ao mundo a criatura que insistiu para ali estar para cumprir sua missão. Assim sendo, dão-lhe amor, compreensão, ensino e atenção. Esse é o verdadeiro ato de amor praticado por criaturas encarnadas de diferentes religiões.

Como já foi dito, a religião não faz de um homem um grande espírito, por isso mesmo estão aí grandes líderes pacifistas de diferentes religiões que pregam o amor, doam amor, ensinam a fé e a esperança. Praticam a caridade acima de tudo e orientam, com benevolência, em diferentes partes do mundo.

Posso mencionar agora poucos nomes como: Gandhi, que promoveu a convivência pacífica entre muçulmanos e indianos, além de libertar a Índia do tirano regime Britânico sem derramar uma gota de sangue; Francisco Cândido Xavier, o nosso amado Chico, que tanto conforto e entendimento trouxe à Pátria do Evangelho; Madre Teresa de Calcutá, Irmã Dulce tão pouco lembrada, Herbert José de Souza, nosso querido Betinho, que depois de sua partida para a Pátria Espiritual nunca mais se ouviu falar, com tanta convicção, sobre o extermínio da miséria e da fome no Brasil. Nomes conhecidos mundialmente e de diferentes religiões, mas com um único objetivo: trabalhar por amor e com amor incondicional em favor dos necessitados.

Não é tão difícil praticarmos, ensinarmos e exemplificarmos o amor incondicional.

Podemos começar pelas pequenas coisas, pelo próximo mais próximo: dentro dos nossos lares, a começar pelos nossos pais e filhos. Oferecendo aos queridos espíritos que Deus nos confiou os cuidados, no início, o direito à vida, condições dignas de seres humanos, ensinamento moral cristão, amparo e orientação para que se tornem criaturas abençoadas e firmes na missão que Deus lhes reservou.

19

HONÓRIO, HERDEIRO DO ATAQUE DAS SOMBRAS

Depois de visitar seus primos e o querido Túlio, que agora se chamava Tadeu, Camila solicitou à Dora e Alfredo que fossem juntos à casa de seus pais.

Ao chegarem, Dora percebeu que a cunhada, Clara, sentia-se deprimida e aparentava profundo abatimento físico.

Honório, por sua vez, estava agitado ao telefone tratando de seus negócios.

A casa apresentava-se muito moderna, requintada, com o maior conforto. Vários empregados uniformizados prestavam diversos serviços com destreza.

Camila assustou-se ao ver o pai controlar todos os negócios através de seus computadores, inclusive seus empregados domésticos e, principalmente, a fiscalização extrema das arrecadações dos numerários doados à igreja.

— Sem dúvida! — dizia Honório ao telefone. — Em breve seremos uma potência dentro deste país medíocre. O mais importante agora é elegermos, na política, o maior número de candidatos possível, sejam eles membros de nossa igreja ou que apoiem o nosso trabalho evangélico, para futuramente...

— Meu pai está se envolvendo na política! — lamentou Camila. — Eu não acreditava que ele fosse tão longe.

— Filha, quando um homem se determina em armazenar bens materiais, ele o realiza sem pensar no espírito que, desencarnado, nada obterá dessa riqueza e nenhum proveito tirará dela.

— ...sim — continuava Honório —, daqui a uns três ou quatro anos inauguraremos "megatemplos" que terão um sistema antieco para não incomodar os vizinhos safados que reclamam, um estacionamento digno de shopping center para não atrapalhar o tráfego, assentos confortáveis, ar-condicionado e monitores especializados para lidar com o público. — depois de breve pausa: — ...sim, sim, irei colocá-lo a par das informações que eu trouxe dos Estados Unidos. Percebi lá que o luxo nas igrejas evangélicas atraiu muito mais fiéis e dinheiro, consequentemente!... — gargalhou.

— Tio, num passado remoto, meu pai, ou melhor, o irmão Honório, que nesse meu último reencarne recebeu-me como filha, foi líder de falanges espirituais terrivelmente inferiores. Como ele conseguiu reencarnar numa condição física tão excelente? Com a oportunidade de ocupar uma posição que deveria ser bem séria e importante? Ele usa o nome de Deus

O BRILHO DA VERDADE | 263

para sustentar seus luxos, todo esse bem-estar e ilude pessoas de bem... Parece que ele tem algum tipo de privilégio. Como isso pode acontecer?

— Não te precipites, Camila. A Natureza Divina é sábia. Acredito que tenham dado uma oportunidade a Honório.

— Continuo não compreendendo, Tio. Contudo lamento imensamente o que ele está fazendo a si mesmo.

— É sim, Camila. Realmente é lamentável a posição de Honório.

— Tio, e quanto ao sócio dele, o senhor Monteiro, continua como antes?

— Podemos vê-lo. Tu desejas?

A princípio Camila titubeou, depois aceitou. Assim, foram os três para a casa de Monteiro.

Ao entrarem na casa, puderam sentir um terrível odor que só se propagava em nível espiritual. Raramente era sentido por encarnados, pois quando isso acontecia era pelo fato da pessoa ter atributos sensíveis ao mundo espiritual ou ser dotada de mediunidade.

Dora os alertou:

— Não nos abalemos para não deixarmos cair nossas vibrações.

— Com o quê, Tia?

— Tu verás, filha.

Ao chegarem à sala, Camila aterrorizou-se ao ver a filha de Monteiro, Telma, que desencarnara através do suicídio havia muito tempo.

O espírito Telma estava verdadeiramente monstruoso, irreconhecível, deformado pelas queimaduras que provocara a si mesma. Gemendo, arrastava-se pela dor extrema, pois ainda sentia as fortes queimaduras como se elas acabassem de acontecer. Chorando e gritando, às vezes, chegava a rastejar de um lado para outro da casa.

— Telma... — disse Camila.

Dora logo a advertiu firme:

— Camila, não te deixes levar pelos sentimentos de piedade. Tu poderás te envolver com ela e isso, hoje, ainda não é bom. Além do que, Telma não nos pode ver ou ouvir, porque se encontra em vibrações espirituais muito inferiores.

— Eu não imaginava que os suicidas sofressem tanto assim!

— Telma está nessas condições há poucos anos.

— Tia! A senhora diz "poucos anos"?!

— Filha, há espíritos que sofrem por causa da prática do suicídio por séculos. Especificamente neste caso, pelo que sei, é provável que Telma fique presa ao lar por muitos anos. Mas isso não é uma regra. Ela sairá caso mude suas vibrações e seja muito perseverante em preces sentidas a Deus, o que eu acredito ser difícil pela sua falta de fé. Então alguma outra condição pode tirá-la daqui e levá-la para o Vale.

— Como assim, Tia?

— Telma suicidou-se pouco antes dos vinte e três anos. Ficaria encarnada até os oitenta e quatro anos. Isso quer dizer que "jogou fora" cerca de sessenta anos de sua vida. Por causa das minúcias e características especiais deste caso, sei que ela ficará vagando pelo seu lar, nessas condições até... só Deus sabe.

— Por que ela não está no Vale dos Suicidas como acontece com muitos outros no ato de seu desencarne por esse meio?

— Cada caso é um caso. Pelo que me consta, Telma foi culpada pela morte antecipada de seu corpo, sem dúvida. Entretanto, indiretamente, seu pai a prejudicou, apoiando-a a assassinar o próprio filho. Ela, por vergonha da sociedade, quis e gostou de ter ajuda e condições para praticar o crime de aborto. Aconteceu que Monteiro não só auxiliou financei- ramente um assassinato, mas também abandonou seus de- veres paternos quando não quis oferecer atenção às condi- ções espirituais, morais e psicológicas da filha, o que a levou mais rapidamente à prática do suicídio. Telma não se atraiu para o Vale dos Suicidas ainda por procurar no pai ou no lar, através de um pensamento forte, um alívio para as aflições e tenebrosos sofrimentos ininterruptos das dores provocadas pelo suicídio.

— E o senhor Monteiro?

— Monteiro está passando por terríveis problemas obsessi- vos, semelhantes aos que Telma passou.

Camila ficou assustada, mesmo assim perguntou:

— Depois de tantos anos, o rejeitado não desistiu de sua vingança?

— Não. Ele continua perseguindo os culpados por sua morte. Primeiro obsedou a mãe, Telma, agora quem a levou para matá-lo, que foi Monteiro.

— Mesmo depois de tanto tempo ele insiste e não se cansa?!

— O obsessor tem todo o tempo do mundo, Camila. Lembra: o espírito é eterno. Assim sendo, o rejeitado não se cansa quando sua vítima não tem fé, não procura a Deus nem possui bons pensamentos, entre outras coisas. Por isso a religião é importante ao encarnado.

— É melhor irmos para a oficina de trabalho. Já é tarde — avisou Alfredo amável.

Elas concordaram, e todos seguiram.

Chegando lá, puderam presenciar Tadeu e Dirceu con- versando descontraidamente. O filho comentava com o pai sobre a data de seu noivado com Cíntia e que no mesmo dia avisariam a data do casamento, o qual ele não gostaria de que demorasse.

Na espiritualidade Alfredo e Dora começaram a sorrir, satisfeitos por tudo acontecer conforme o planejado, e Camila compartilhou dessa felicidade, abraçando-os.

Com o passar dos dias, Dora e Alfredo souberam que socorristas estavam se empenhando ao máximo para Monteiro não cometer o suicídio. Eles decidiram ir até lá, e Camila os seguiu.

Ao chegarem, observaram Telma agarrada ao seu pai lamentando-lhe sua morte e as miseráveis condições espirituais que se encontrava. O espírito Telma revivia a todo instante o momento de seu suicídio. Apesar dos anos, a agonia experimentada na ocasião de seu desencarne ainda perdurava. A aflição de ver e sentir as chamas queimando o seu corpo e crescendo em torno de si, as dores indescritíveis provocadas pelo fogo em sua carne e o desejo de querer deixar de experimentar constantemente tudo aquilo era desesperador. Além disso, passavam por ela desencarnados, donos de uma terrível monstruosidade, que a agrediam, maltratavam e ofendiam.

Tudo isso ela experimentava ali, longe do Vale dos Suicidas, onde suas condições piorariam, com certeza. Para esse lugar Telma, futuramente, seria atraída ou levada por causa das condições em que se deram seu desencarne.

Nenhum suicida escapa de tal região mesmo tendo antecedentes espirituais positivos. Para o Vale dos Suicidas será levada toda criatura humana que pratique suicídio consciente ou inconsciente. O tempo de permanência, em tão terrível lugar, depende do espírito.

No Vale dos Suicidas as trevas são eternas. Os gemidos, as dores, os sofrimentos são indescritíveis. Embora nós tentemos descrever aos encarnados as horripilantes condições do Vale, ainda faltarão características inferiores para atribuir-lhe, pois só os suicidas podem experimentar. A todo momento eles reveem, sentem, sofrem com as dores e com as cenas, não só de seu desencarne, mas também com as dos outros companheiros infelizes que se encontram naquele lugar.

O arrependimento é constante. Nenhum sofrimento experimentado durante qualquer encarnação, por mais terrível que possa ser a experiência vivida, jamais poderá ser comparada ao sofrimento existente no Vale dos Suicidas.

Telma passou a abraçar Monteiro, que não podia ouvi-la, mas captava seus sentimentos e suas vibrações inferiores.

Por outro lado, o rejeitado abortado por Telma obsedava-o com terríveis desejos para que Monteiro praticasse o suicídio.

— Morre!!! Tu deves morrer!!! Enquanto não morreres, eu não te darei sossego. Hoje vivo como um aleijão monstruoso por tua culpa!!! Fui queimado e esquartejado!!! Cortaram-me aos pedaços e jogaram no lixo!!! Como eu sofri!!! Senti dores por todo o meu corpo, que até hoje dói! Agora tu vais sofrer como eu!!! Morre, infeliz!!! Só assim pra eu te dar sossego!!!

Monteiro, desesperado, não conseguia ter fé. Experimentava uma infelicidade impressionante, mas não tinha motivos para isso. Estava desgostoso com a vida. Lembrava-se da filha que se matou queimada e imaginava onde ela estaria: se no céu ou no inferno.

Os socorristas aplicavam-lhe passes magnéticos, porém sua vontade de morrer era maior.

Monteiro guiou-se até uma via férrea, bem próxima, e lá ficou à espera de um trem.

O espírito Telma o acompanhou e pedia constantemente que ele a ajudasse a sair daquelas condições dolorosas, prejudicando mais ainda os pensamentos de Monteiro.

Telma acreditava que, se seu pai desencarnasse, iria tirá-la daquela situação deplorável e de dores intermináveis.

Com a aproximação de um trem, Monteiro se jogou, suicidando-se.

O corpo, esquartejado, só foi identificado pelos documentos encontrados nas roupas. O rejeitado, no instante do suicídio, passou a gritar:

— Eu venci!!! Eu venci!!! Os dois morreram como eu: um queimado e o outro aos pedaços!!! Somente agora me sinto satisfeito!!! Vou tratar-me e deixar de ser deformado. Vou à busca de uma renovação. Renascerei em lar perfeito junto àqueles que me amam. Eu venci!!!

— E agora? — perguntou Camila. — Será socorrido e encaminhado como imagina?

— Não. Isso é pura ilusão. Ele é um homicida. Telma e Monteiro suicidaram-se por culpa dele. Mesmo sendo suicídio, esse rejeitado é tão culpado quanto um homicida, ou até mais. Terá de arcar com a responsabilidade de seus desejos que conduziram duas pessoas ao autoextermínio antecipadamente. Se ele tivesse aceitado o socorro, quando veio no momento do aborto, estaria livre de toda essa culpa.

Nesse instante, espíritos tenebrosos, os quais não convêm descrever, aproximaram-se de Monteiro e começaram a envolvê-lo para carregar seu corpo espiritual que ficara com um aspecto quebrado e retalhado.

O espírito de Monteiro achava-se adormecido, como se estivesse desmaiado. Porém por pouco tempo. Em breve, muito breve, ele retomaria a consciência já no Vale dos Suicidas.

— Tia, o que é isso? — perguntou Camila.

— São os irmãos das sombras do Vale.

— Para onde o estão levando?

— Para o Vale dos Suicidas.

Nesse momento, Telma, com medo, afastou-se e retornou para sua casa. Um daqueles irmãos tenebrosos que levava Monteiro virou-se para ela e gritou:

— Ninguém se esconde de nós. Iremos buscá-la!

Em nenhuma ocasião eles puderam sentir a presença dos espíritos Alfredo, Dora e Camila.

— Vamos — solicitou Alfredo —, temos de ir para a casa de Honório.

— O que há com meu pai?

— Lá te explicaremos.

Honório encontrava-se muito nervoso, irritando-se com qualquer coisa. Ele não tinha sossego: ora as redes de televisão o incomodavam, ora os jornais e revistas o atormentavam ou então a queda de alguma aplicação financeira.

Depois de algumas horas, um dos telefones da casa tocou comunicando a morte de Monteiro.

— Não!!! — gritou incrédulo. — Isso não pode ser!!!

Após ouvir seu interlocutor, respondeu:

— Que testemunhas, que nada!!! Isso foi um acidente!!! De forma alguma eu aceitarei um suicídio!!! Isso tem de parecer um acidente!!!

Nessa hora Clara, paciente, entrou na sala perguntando o que havia acontecido e Honório, desligando brutalmente o telefone, explicou:

— Foi o Monteiro! O desgraçado se matou e deixou testemunhas! Isso não podia ter acontecido! Tem de parecer um acidente!

— Bem que vi o Monteiro diferente. Isso já observei há tempo — disse Clara.

— Cala a boca!!! — gritou desesperado. — Foi um acidente, entendeste?!!

Nesse momento Honório começou a passar mal. Algo parecia sufocá-lo.

Sem serem percebidos, Dora, Alfredo e Camila presenciavam aquela situação.

— O que ele tem, tio? — indagou Camila.

— Seu pai tem consideráveis anos vividos, Camila. Não é velho, mas atualmente não vem cuidando de sua saúde como deveria. Agita-se com tantos compromissos gananciosos que visam aos bens materiais e enerva-se quando eles não se processam como desejaria e... — Alfredo silenciou.

Honório colocou ambas as mãos no peito e deixou-se cair subitamente. Clara tentou ajudá-lo, porém sentia-se impotente. Ela correu ao telefone e chamou por socorro.

Honório estava sofrendo um infarto.

Camila observava uma forte mancha acinzentada no peito de seu pai. Ela pôde ver também inúmeros vultos presentes ali, sendo que eles não podiam perceber sua presença nem a de seus tios.

— Tio, olha esses vultos! Eu já os vi antes! Assim que desencarnei eu os vi. Parece que eles querem atacar meu pai!

— São entidades perversas que acompanham seu pai há muito tempo. Eles, juntamente com Honório, num passado remoto, quando encarnados e desencarnados, também eram criaturas cruéis e desumanas. Praticavam os mais terríveis crimes contra os semelhantes, e Honório era chefe dessa legião. Desencarnado e no Umbral, simpatizou com o terrível lugar continuando na liderança desse grupo.

— Eu sei. Ele me perseguiu muito quando desencarnei naquela época em que recebi o nome de Samara e, por mais de cinquenta anos, fiquei sendo torturada no Umbral.

— A Sábia Natureza Divina tudo faz para que nós nos corrijamos. Por isso foi dada a Honório uma reencarnação digna como pai de boas criaturas, como chefe de família e próximo a uma religião cristã da qual poderia adquirir bons conhecimentos e desenvolver ótimos sentimentos. Infelizmente, ele desviou-se do que lhe foi traçado.

"Nos momentos difíceis, embora tendo-me a seu lado dando-lhe todo o apoio moral, espiritual e material, na medida do possível e dentro das minhas condições, deixou-se dominar por pensamentos terríveis de exterminar com toda a sua família e depois suicidar-se. Nessa época, minha casa já era uma oficina de trabalho para o plano espiritual superior. Eu já sentia isso. Diante das preces que direcionei a Honório, mesmo ignorando suas ideias, amigos do plano espiritual o ampararam e o guiaram e, num momento crítico fizeram-no entrar em uma casa de oração onde pôde encontrar pessoas que o amparassem de forma espiritual e material.

"Nessa casa de oração, ele se estabeleceu sem abrir seu coração para que sua alma se iluminasse. Perdeu grande oportunidade para ganhar conhecimento do bem, elevar seu espírito e corrigir suas falhas. Deixou prevalecer, em seu coração, sua aptidão para líder do mal e conquistas materiais. Para isso Honório passou a usar e falsamente defender o nome de Deus, os ensinamentos Sagrados do Mestre Jesus em troca de bem-estar e fortuna.

"Não atentou que esses valores conquistados são passageiros e o bem-estar conseguido é temporário e ilusório. Suas preocupações e perturbações com a ordem de tudo, com os ganhos levaram-no a cultivar grave doença física que não seria necessário adquirir."

— Esse problema cardíaco parece ter sido provocado por essas entidades perversas que o perturbam — observou Camila.

— Nada permanece no corpo físico se o espírito, desde que preparado e com a permissão do Pai, não autorizar — filosofou Dora.

— Por que essas entidades o querem prejudicar se ele fora seu líder, seu amigo em zonas inferiores? — perguntou Camila.

— Foi dada a Honório a oportunidade de elevação espiritual, de aprendizagem para o bem, de cultivar bons costumes, respeito e auxílio ao próximo através de uma religião cristã que prega e defende todas essas qualidades e ensinamentos retirados do livro Sagrado, dos conceitos deixados por Jesus. Ele obteve acesso a tudo isso. Depois teve duas opções: primeira para seguir, entender e praticar tudo aquilo de maneira honesta a ponto de receber amparo e sustentação do plano espiritual superior e segunda aprender todos aqueles ensinamentos, seguindo-os e vivenciando-os só de aparência, com uma deslealdade inimaginável aos verdadeiros princípios trazidos pelo Evangelho. Transgrediu inúmeras leis naturais devido a suas dissimulações. Além de adquirir uma terrível dívida por usar e manipular ensinamentos sagrados para obter bens e poder materiais, Honório traiu também seus antigos amigos e aliados do plano espiritual inferior. Embora, em seu íntimo, fosse oposto àquelas verdades ditas, temos de concordar que em suas pregações elevava o nome de Deus e os ensinamentos de Jesus. Isso causou imensa discórdia entre o que ele defendia antigamente a seus antigos amigos de baixa vibração espiritual. Por isso eles sempre o perseguiram, nesta encarnação: esperando uma oportunidade para lançarem nele suas baixas vibrações, procurando provocar-lhe qualquer mal. Eles acreditam que Honório os traiu e traição, para eles, é imperdoável.

— E agora, tio?

— Não há nada que possamos fazer. Se Honório fosse verdadeiro quando defendia e elevava o bom ensinamento, se ele tivesse sido fiel ao que pregava, sem dúvida, não estaria à disposição de criaturas tão perversas e inferiores como essas. Ele teria toda a proteção do plano espiritual superior e não se encontraria assim, tão exposto, tão indefeso.

Camila ficou pensando em tudo o que ouviu. Ela sentia imensa compaixão por ver aquele que foi seu pai naquelas condições, Porém não havia nada a ser feito.

20

LIÇÕES QUE A VIDA OFERECE

Já no hospital, Honório era socorrido pelo médico de plantão que, inexperiente, solicitou à enfermeira chamar um outro médico.

Enquanto o ligavam a equipamentos clínicos para assegurar-lhe o bem-estar físico, chegava o doutor Júlio àquela sala do pronto-socorro para auxiliar seu colega.

Júlio ouvia atentamente de seu colega médico tudo sobre o estado clínico do paciente que, até aquele instante ignorava, ser o seu tio. Porém Honório conseguiu reconhecê-lo.

— Ele não!!! Ele não!!! — gritou exaltado.

Júlio e o plantonista aproximaram e Honório desmaiou com o impacto de um outro enfarte.

Mesmo com as tentativas de ressuscitá-lo desencarnou. Seu desligamento do corpo não aconteceu de imediato. Ele não percebeu o desencarne e continuou gritando com seu sobrinho como se esse pudesse ouvi-lo ainda.

Júlio, por sua vez, lamentou ter assistido ao desencarne de seu tio.

— Seu burro!!! Incompetente!!! Tu queres me matar!!! Tirem-no daqui!!! — vociferava, tentando agredir o sobrinho médico.

O espírito Alfredo aproximou-se dele e, junto com Dora e Camila, fizeram-se visíveis a Honório que se sobressaltou. Calmamente Alfredo lhe disse:

— Não adianta, meu irmão. Tu não podes mais ser ouvido por eles. Tu estás desencarnado agora.

Honório esbugalhou os olhos assustados e reparou que estava ao lado do seu corpo sobre a maca.

Sem saber o que fazer passou a gritar:

— Saia daqui, Satanás!!! Eu te expulso!!! Eu determino que se afaste de mim, em nome de Deus!!!...

— Pai — disse Camila com a voz branda —, compreenda o quanto antes que somente quando fores honesto com Deus, honesto com tuas palavras e sentimentos, o senhor poderá se livrar dos espíritos inferiores que te fazem tanto mal. Somente quando temos o coração repleto de sentimentos verdadeiros e nobres como o perdão, a resignação, a humildade e o amor incondicional é que Deus nos ouve e atende aos nossos gritos de socorro. O Pai Celeste é justo, por isso Ele dá a todos os filhos oportunidades iguais e quantas vezes forem necessárias para que eles entendam, aprendam e se corrijam. Deus é bom e perfeito. Geralmente sofremos pelo que provocamos a alguém. Confie Nele e ore muito.

— Sai daqui tu também, filha da besta!!! Eu te expurgo em nome de Deus!!! — gritava em seu desespero.

Alfredo fez um sinal para ambas, informando ser qualquer tentativa, agora, inútil.

Ficaram invisíveis novamente para Honório, que começou a ver as sombras turvas aproximarem-se dele.

O barulho produzido por aquelas criaturas espirituais, que se achegavam, era horrível, pavoroso.

Em poucos instantes, seres perversos e monstruosos, possuidores de uma maldade indescritível, aproximaram-se de Honório aterrorizado e gritando por socorro.

Alfredo, Dora e Camila não podiam fazer nada, pois as criaturas não possuíam condições espirituais para vê-los.

Foi então que esses seres monstruosos envolveram Honório em uma energia escura e chamando-o de traidor junto a outros predicados indecorosos, foram arrastando-o sem que pudesse se defender das agressões começadas ali mesmo.

— Para onde vão levá-lo, tio? — perguntou Camila, entristecida.

— Para o Umbral, com certeza — respondeu Alfredo. — Entretanto em que nível de inferioridade, nós não sabemos.

— É melhor irmos embora — propôs Dora. — Precisamos do devido descanso.

Vendo Camila chocada com aquela cena, Alfredo ressaltou:

— Camila, tudo o que deveria ter dito a teu pai durante toda a tua convivência com ele, tu resumiste em poucas palavras.

— Será que adiantou alguma coisa, tio?

— Nada do que falamos sobre a fé, a resignação, o amor sem medidas e os atributos de Deus é desnecessário ou frívolo.

— Mas será que adiantou de algo para ele?

— Com certeza Honório recordará tuas palavras. Aqui, no plano espiritual, temos a mente livre e tudo nos vem à memória de acordo com o nosso desejo.

De volta à oficina de trabalho espiritual, que fora a casa de Dora e Alfredo, Camila, apesar de triste, encontrava-se mais tranquila.

Tadeu, todo satisfeito, passava pela sala quando Júlio o chamou.

— Tadeu?

— Sim, tio! — respondeu ele de pronto.

— Soube por Dirceu que ficarás noivo. Qual é a data?

— Ah! Estou para confirmar tudo com a Cíntia. Creio que será daqui a uns dois meses. Pretendemos, no dia do noivado, anunciar a data que devemos nos casar.

— Tadeu — tornou Júlio —, sei que já és um homem feito, maduro e muito responsável. Desculpa-me se te ofendo, mas já pensaste no fato de Cíntia não ser maior de idade?

— Claro, tio. Apesar dela ter dezessete anos, vejo que a Cíntia é muito responsável. Ela não é como muitas garotas que há comumente por aí. Os pais a educaram muitíssimo bem.

— Certo — respondeu Júlio pensativo.

Porém Tadeu continuou:

— Além do que, a Cíntia fará dezoito anos seis meses após ficarmos noivos e é essa a data que pretendemos nos casar.

— Tadeu, tu já explicaste à Cíntia o trabalho que executamos no Centro Espírita e na creche?

— Sim, tio! Lógico! Ela está ciente e concorda com tudo o que fazemos e sabe que futuramente fará parte dos tarefeiros. Inclusive os pais dela, que são católicos, concordam e apoiam o nosso trabalho. Sabe, a mãe da Cíntia tem vindo visitar a creche e auxiliado em algumas tarefas, soube até que ela é muito apegada àquele garotinho, o Zezinho, e que está ensaiando para pedir-te que o deixe passar um dia na casa dela.

— Fico feliz por saber disso. Entretanto tu sabes como sou rigoroso quanto a esse tipo de concessão. Como todos os outros, é um caso para ser estudado — respondeu Júlio firme.

— Tio, não te preocupes. Esforçarei-me ao máximo para dar continuidade ao trabalho que o senhor e meu pai vêm desenvolvendo junto à creche e, sem dúvida, continuarei a dar seguimento na tarefa de doutrinação que meu avô iniciou. Queira Deus que eu consiga incentivar, ao máximo, meus filhos para prosseguirem com esse maravilhoso e edificante trabalho.

"Sempre peço a Deus que meus filhos venham com a vontade e o prazer de servir, desapegados dos valores materiais e com imensa vontade de auxiliar ao próximo com paciência e resignação."

Júlio levantou-se do sofá, espalmou as costas do sobrinho dando-lhe um forte e demorado abraço.

Nesse momento, no plano espiritual, Alfredo que ouvia atentamente Tadeu expor seus sinceros desejos deixou rolar lágrimas de emoção e alegria.

Dora, para confortá-lo, abraçou-o com ternura, dizendo:

— Meu querido, estás colhendo exatamente o que plantaste. Foi isso, exatamente tudo isso, que tu vens ensinando a esses maravilhosos espíritos há muito tempo e foram esses tipos de pensamentos e sentimentos que passaste de forma tão maravilhosa que lhe ficaram encravados na alma deles, mesmo diante do esquecimento provocado pelo reencarne.

Alfredo não conseguiu conter as emoções e chorou um pouco mais, só que de alegria.

Camila, também emocionada, ficou pensando alto:

— O casamento de Túlio, isto é, de Tadeu trará Alfredo ao reencarne como seu filho. Alfredo, por sua vez, dará continuidade ao serviço de seu pai Tadeu, de seu avô Dirceu e de seu bisavô, que é ele mesmo!!! Puxa!!! — Encantada com a dedução, ela salientou à Dora: — Tia, se a senhora e o tio Alfredo tivessem decidido não dar a vida a Dirceu e Júlio, se vocês os tivessem abortado, agora, o tio Alfredo não poderia reencarnar dando seguimento ao seu próprio trabalho nem teria essa oportunidade bendita de viver no meio de tão maravilhoso lar.

— Percebeste, agora, Camila, o quanto é importante planejarmos bem uma família e não matarmos nenhum filho que Deus nos tenha designado para cuidarmos? É essencial, acima de tudo, ensinarmos uma boa moral, passarmos os ensinamentos Cristãos e mostrarmos aos nossos filhos a importância do amor a Deus e do respeito ao próximo porque estaremos fazendo isso para nós mesmos.

— E quanto à senhora, tia? Reencarnará, em breve, para se encontrar com o tio Alfredo, não é?

— Sim, filha. É claro.

— E com quem isso se dará? — perguntou ela, curiosa.

— Ficarei aqui na crosta cuidando de quem será minha mãezinha, que atualmente se encontra muito desorientada.

— A senhora sabe quem é?!

— Sim, filha. Eu tive permissão para isso. É uma menina de rua que foi escolhida para assegurar meu encontro com Alfredo.

— Mas... uma menina de rua, tia!...

— Claro. Por que não? Só terei de ampará-la, e muito, para que ela não contraia nenhuma doença ou para que não se envolva em grandes problemas que a prejudiquem ainda mais.

— Mas, tia, e se ela te assassinar com o aborto? E se ela te der a outra pessoa? Ou então...

Não deixando que Camila continuasse com suas indagações desenfreadas, Dora respondeu tranquila:

— Atualmente, querida, corremos menos riscos de sermos assassinados através do aborto por criaturas materialmente pobres do que pelas que estão razoavelmente estabilizadas. Tudo indica que ela não irá me abortar porque não tem dinheiro para isso e também tem medo o bastante para tentar o aborto sozinha. Quanto ao fato dela me dar a outro ou abandonar-me, bem... é esse o objetivo.

— Como, tia? Por quê?

— Sem dinheiro, sem condições, ela me abandonará na creche de Júlio, pois uma amiga dessa menina já fez isso antes e é esse o caminho que tenderá a seguir. Por sua vez, Júlio me acolherá e cuidará de mim assim como fizemos com as outras crianças que lá apareceram.

"Ao longo dos anos, crescerei e participarei mais diretamente do belo trabalho ali realizado. Nessa mesma época, meu querido Alfredo estará participando arduamente das tarefas a ele designadas. Não será difícil nos apaixonarmos."

Camila sorriu satisfeita, porém ainda preocupada:

— Tia, e se tua mãe, a menina de rua, não te levar para a creche ou te der para outra pessoa?

— Aqui Camila, no plano espiritual, temos inúmeros amigos que se empenham para nos guardarem e nos guiarem pelos caminhos retos que devemos traçar enquanto estamos encarnados. Caso isso ocorra, confio imensamente nos espíritos amigos, donos de luzes e bondades divinas, para conduzirem-me até o Centro Espírita ou até a creche para que eu e Alfredo nos conheçamos e, a partir daí, prossigamos com nossa missão. Porém tudo indica que serei recebida como um bebê, por um dos meus filhos, Dirceu ou Júlio, com muito carinho e tratada com muito amor.

— Camila — avisou Alfredo —, esses são nossos planos. Viste agora como é importante não termos preconceitos quanto à classe social dos que nos rodeiam? Se Dirceu desprezar a menina que enlaçar namoro com seu neto, discriminará sua própria mãe. Se Tadeu protestar meu namoro ou casamento com uma moça só porque é filha de uma menina de rua, ele estará criticando ou tendo preconceitos por aquela que foi sua avó e, em período mais distante, sua tão amada mãe.

"Observa o risco que corremos quando direcionamos julgamentos preconceituosos a algum ato ou a alguma criatura, seja ela quem for. Já pensaste se quando Júlio iniciou a creche, junto com Penha, Dora fosse ambiciosa, egoísta a ponto de aconselhá-lo a viver a vida, deleitar-se nos prazeres terrenos? Como médico, Júlio poderia ganhar muito dinheiro, viajar, passear, divertir-se sem se preocupar com o filho dos outros, não é? Se assim fosse, agora, estaria próximo a um reencarne sem ter o amparo e o apoio daquele que no passado foi seu filho. Isso por ela ter sido egoísta e preconceituosa e o aconselhado a não cuidar do filho dos outros, entendeste? Hoje, será a filha de uma desconhecida para Júlio e Dirceu. Mas como espírito nobre, que é Dora, ensinou-os, acima de tudo, o amor incondicional, pois nunca sabemos com quem estamos lidando ou o porquê dessa tarefa."

— O senhor tem razão, tio. É emocionante saber de tudo isso. — Depois de alguns segundos pensativa, Camila prosseguiu: — Sei que não tenho o direito de pedir... mas, eu gostaria muito de ser filha do Túlio... digo... Tadeu e Cíntia. Gosto tanto deles. Amo Túlio, digo, Tadeu como um pai que nunca recordei ter. Ele foi tão importante para mim.

— Sem dúvida. Tadeu e Cíntia são criaturas dignas e maravilhosas. No entanto tu não poderás ser filha deles. — Ao vê-la entristecer e abaixar o olhar, Alfredo sorriu e avisou: — Sinto muito, Camila. Dora e eu decidimos cuidar de ti, por isso solicitamos que teu próximo reencarne se dê entre nós dois.

Assim, queira Deus eu consiga manter-te na linha, menina! Não deixaremos que tu fujas das responsabilidades, certo?! Ah! E ainda terás Tadeu e Cíntia que, como todos avós abobalhados, certamente vão te amar, mimar e orientar. Está bom assim?! — Camila parou petrificada por alguns instantes, mas logo reagiu em lágrimas e os abraçou, chorando de alegria. E Alfredo confirmou: — Daqui alguns anos, filha, nós a receberemos com muito amor e prometemos guiá-la no caminho cristão para que eleve teu espírito e auxilie na edificação do trabalho que teremos, que é o de espalhar, principalmente com exemplos, os ensinamentos do querido Mestre Jesus.

"Agora entendestes tudo, "conhecereis a verdade e ela vos libertará", disse Jesus. A verdade é como um brilho, um clarão que nos assusta como relâmpago a surpreender. Porém, quando a entendemos, a verdade é um brilho que nos eleva."

Fim.
Schellida

Eliana Machado Coelho & Schellida

...em romances que encantam, instruem, e emocionam...
e que podem mudar sua vida!

A CONQUISTA DA PAZ
Eliana Machado Coelho/Schellida
Romance | 16x23 cm | 512 páginas

Bárbara é uma jovem esforçada e inteligente. Realizada profissionalmente, aos poucos perde todas as suas conquistas, ao se tornar alvo da perseguição de Perceval, implacável obsessor. Bárbara e sua família são envolvidas em tramas para que percam a fé, uma vez que a vida só lhes apresenta perdas. Como superar? Como criar novamente vontade e ânimo para viver? Como não ceder aos desejos do obsessor e preservar a própria vida? Deus nunca nos abandona. Mas é preciso buscá-Lo.

LÚMEN EDITORIAL

Entre em contato com nossos consultores e confira as condições
Catanduva-SP 17 3531.4444 | boanova@boanova.net | www.boanova.net

A certeza da *Vitória*

Psicografia de Eliana Machado Coelho
Romance do espírito Schellida

Romance | Formato: 16x23cm | Páginas: 528

E se a vida te levasse a se apaixonar pelo filho do homem que matou sua mãe?

Neste romance apaixonante e impressionante, A certeza da Vitória, o espírito Schellida, pela psicografia de Eliana Machado Coelho, mais uma vez, aborda ensinamentos maravilhosos e reflexões valiosíssimas em uma saga fascinante de amor e ódio, trazendo-nos esclarecimentos necessários para a nossa evolução.
Boa Leitura!

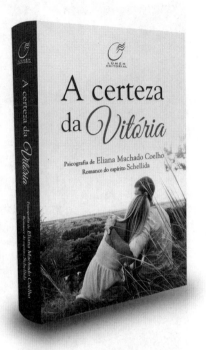

 www.boanova.net

 www.facebook.com/boanovaed

 www.instagram.com/boanovaed

www.youtube.com/boanovaeditora

LÚMEN
EDITORIAL

Entre em contato com nossos consultores e confira as condições
Catanduva-SP 17 3531.4444 | boanova@boanova.net | www.boanova.net

Eliana Machado Coelho & Schellida
...em romances que encantam, instruem, e emocionam... e que podem mudar sua vida!

Mais forte do que nunca
Eliana Machado Coelho/Schellida
Romance | 16x23 cm | 440 páginas

Abner, arquiteto bem resolvido, 35 anos, bonito e forte, decide assumir a sua homossexualidade e a sua relação com Davi, seu companheiro. Mas ele não esperava que fosse encontrar contrariedades dentro de sua própria casa, principalmente por parte deseu pai, senhor Salvador, que o agride verbal e fisicamente. Os problemas familiares não param por aí. As duas irmãs de Abner enfrentarão inúmeros desafios. Rúbia, a mais nova, engravida de um homem casado e é expulsa de casa. Simone, até então bem casada, descobre nos primeiros meses de gestação que seu bebê é portador de Síndrome de Patau: o marido Samuel, despreparado e fraco, se afasta e arruma uma amante. Em meio a tantos acontecimentos, surge Janaína, mãe de Davi e Cristiano, que sempre orientou seus filhos na Doutrina Espírita. As duas famílias passam a ter amizade, Janaína orienta Rúbia e Simone, enquanto Cristiano começa a fazer o senhor Salvador raciocinar e vencer seu preconceito contra a homossexualidade.

Entre em contato com nossos consultores e confira as condições
Catanduva-SP 17 3531.4444 | boanova@boanova.net | www.boanova.net

O amor é uma escolha

PSICOGRAFIA
ELIANA MACHADO COELHO
ROMANCE DO ESPÍRITO SCHELLIDA

Romance | Formato: 15,5x22,5cm | Páginas: 848

Em O Amor É uma Escolha, mais uma vez, o espírito Schellida, pela psicografia de Eliana Machado Coelho, passa-nos ensinamentos sobre a necessidade que temos de sermos amados, dependência emocional, pessoas que não amam, transtorno de personalidade narcisista, egoístas com dificuldade para amar.
Mostra também que o respeito a si, manter um posicionamento e saber dizer não são também formas de amar.

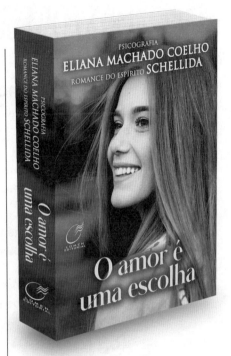

 www.boanova.net

 www.facebook.com/boanovaed

 www.instagram.com/boanovaed

 www.youtube.com/boanovaeditora

LÚMEN
EDITORIAL

Entre em contato com nossos consultores e confira as condições
Catanduva-SP 17 3531.4444 | boanova@boanova.net | www.boanova.net

Levamos o livro espírita cada vez mais longe!

Av. Porto Ferreira, 1031 | Parque Iracema
CEP 15809-020 | Catanduva-SP

www.**lumeneditorial**.com.br
www.**boanova**.net

atendimento@lumeneditorial.com.br
boanova@boanova.net

17 3531.4444

17 99777.7413

Siga-nos em nossas redes sociais.

@boanovaed   boanovaeditora

CURTA, COMENTE, COMPARTILHE E SALVE.
utilize #boanovaeditora

Acesse nossa loja   Fale pelo whatsapp